国家出版基金项目
科技创新与科技强国丛书

科技创新
与社会责任

薄智泉　徐　亭　张玉臣　林子薇　编著

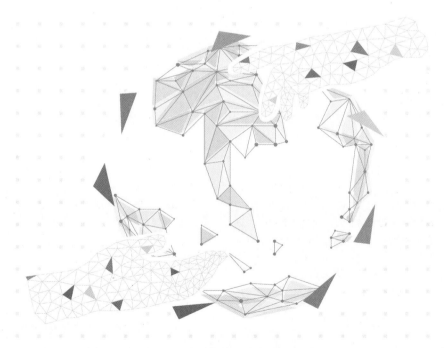

清华大学出版社
北京

内 容 简 介

本书从国际视野全面梳理科技创新与社会责任，扩展了企业社会责任模型，并在深刻分析科技创新在多维度对社会责任的影响之后，创造性地提出"社会责任 2.0"。本书从产业链全局对新信息技术、新能源、新材料、生命科学 4 大核心科技及未来科技创新领域进行深度总结，从多个重要领域揭秘科技创新与社会责任之间的内在联系和相互影响，充分支持基于 ELEPES 模型的"社会责任 2.0"。希望在科技创新快速发展的同时，能够优化和协调社会责任，并将社会责任放在应有的重要位置，为人类创造一个更加和谐、可持续的生存环境。

本书具有系统性、实用性、科普性和启发性，适合广大读者，包括政府和企业等各行从业和管理人员、教师、学生及普通民众等。希望读者能提升科技创新的认识，自觉地宣传和承担社会责任，并推动社会责任的创新和发展。

版权所有，侵权必究。举报：010-62782989，beiqinquan@tup.tsinghua.edu.cn。

图书在版编目(CIP)数据

科技创新与社会责任 / 薄智泉等编著. -- 北京：清华大学出版社，2024.9. --（科技创新与科技强国丛书）. -- ISBN 978-7-302-67165-7

Ⅰ. F279.2

中国国家版本馆 CIP 数据核字第 2024323L9S 号

责任编辑：白立军　薛　阳
封面设计：刘　乾
责任校对：王勤勤
责任印制：沈　露

出版发行：清华大学出版社
　　　　网　　址：https://www.tup.com.cn，https://www.wqxuetang.com
　　　　地　　址：北京清华大学学研大厦 A 座　　　邮　编：100084
　　　　社 总 机：010-83470000　　　　　　　　　　邮　购：010-62786544
　　　　投稿与读者服务：010-62776969，c-service@tup.tsinghua.edu.cn
　　　　质量反馈：010-62772015，zhiliang@tup.tsinghua.edu.cn
　　　　课件下载：https://www.tup.com.cn，010-83470236
印 装 者：三河市龙大印装有限公司
经　　销：全国新华书店
开　　本：185mm×230mm　　　印　张：19.5　　　字　数：334 千字
版　　次：2024 年 9 月第 1 版　　　　　　　　　印　次：2024 年 9 月第 1 次印刷
定　　价：69.00 元

产品编号：098715-01

"科技创新与科技强国丛书"
出版说明

科技是国之利器。建设世界科技强国不仅重要,而且复杂,唯有创新才能抢占先机。当前以人工智能、大数据、互联网、数字孪生、新材料、新能源等颠覆技术为基础的新一轮技术变革,使人类进入创新爆发时代。

"科技创新与科技强国丛书"包括首批规划出版的《科技与创新改变世界》《智能时代的科技创新——逻辑与赛道》《科技创新的战略高地——关键核心技术与原创策源》《能源革命与碳中和——创新突破人类极限》《科技创新与社会责任》,以及规划中的《科技服务赋能先进制造——深度融合与模式创新》《科技简史——从中国到世界》《创新联合体——战略科技力量与关键核心技术》《科学基金与科学捐赠——推动科技进步与人类发展》《科学原创——从科学原创到产业集群全链融合》《科技创业家——科技创新与产业创新深度融合》《链长制——产业链与创新链融合发展》《数实融合——高质发展与内涵增长》《AI大模型——算力突围与行业应用》《科技创新之路——案例、路径与方法》等书。

本丛书由SXR科技智库上袭创新联合体理事长徐亭及国际应用科技研究院院长薄智泉担任总策划,薄智泉院长担任总编审,丛书在策划立项与组织编写过程中,得到了编委会顾问邬贺铨院士(中国工程院院士、中国互联网协会原理事长、中国工程院原副院长)、赵沁平院士(中国工程院院士、教育部原副部长)、干勇院士(中国工程院院士、中国工程院原副院长)、陈清泉院士(中国工程院院士、香港大学荣誉讲座教授)、褚君浩院士(中国科学院院士、复旦大学教授)、王中林院士(中国科学院外籍院士、爱因斯坦世界科学奖得主、中国科学院北京纳米能源与系统研究所创始所长)、薛其坤院士(中国科学院院士、南方科技大学校长)、黄维院士(中国科学院院士、俄罗斯科学院外籍院士、美国工程院外籍院士、西北工业大学学术委员会主任)、唐本忠院士(中国科学院院士、香港中文大学(深圳)理工学院院长)、谭建荣院士(中国工程院院士、浙江大学教授)、陈纯院士(中国工程院院士、浙江大学教授)、贺克斌院士(中国工程院院士、清华大学教授)、王金南院士(中国工程院院士、生态环境部环境规划院院长)、何友院士(中国工程院院士、海军航空大学教授)、杨善林院士(中国工程院院士、合肥工业大学学术委员会主任)十五位院士联袂推荐。本丛书还得到了联合国科学和技术促进发展委员会主席、世界数字技术院理事长彼特·梅杰;世界数字技术院执行理事长、联合国数字安全联盟理事长、乌克兰工程院外籍院士李雨航;第十三届全国政协常委,国际核能院院士、中国科协原党组副书记、副主席张勤;中华人民共和国科学技术部原党组成员、第十一届全国人大教科文卫委员会委员吴忠泽;中国上市公司协会会长、中国企业改革与发展研究会会长宋志平;中企会企业家俱乐部主席、深圳国际公益学院董事会主席马蔚华;第十二届全国政协常委、中国石油化工集团公司原董事长、党组书记傅成玉;福耀玻璃工业集团创始人、董事长曹德旺;海尔集团董事局主席、首席执行官周云杰;360公司创始人、董事长兼CEO周鸿祎等的大力支持。

  本丛书从3个不同的角度,全面诠释科技创新与科技强国的重要意义。首先是"高度",从国际视野的高度分析整体科技的格局,比较核心科技领域的状况,揭示科技战略的规划,反映我国在科技方面的理论创新和实践创新。其次是"宽度",从全面科技领域及实践的宽度对颠覆科技领域进行分析,对重大科技工程进行介绍,对未来科技领域进行展望。最后是"深度",从科技创新理论和实践的深度对分散的相关理论进行梳理,对实践中的规律进行理论总结和提升,对科技创新理论的进一步发展提出思考空间。

  科技是第一生产力;创新是一个民族的灵魂,是建设现代化经济体系的战略支撑,也是实现高质量发展的必由之路。科技人员是科技创新的主体,"科技创新与科技强国丛书"为科技人员量身打造。本丛书通过重点关注科技人员和科技工作者关心的一些热点问题,涵盖目前科技创新的方方面面,如对科技场景的深入分析,包括结合颠覆科技人工智能、大数据、云计算、区块链、边缘计算、数字孪生、虚拟现实、元宇宙等,为读者展示智慧时代、共享时代、数字时代典型应用场景的商业模式及创新要点。

  那么,本丛书的价值主要体现在哪些方面呢?

  第一,较高的体系价值与学术价值。首先是"体系价值",作为一套丛书,形成一个完整知识体系非常重要。本丛书从科技创新理论、创新力培养、创新力实践、各种科技场景及社会责任等方面创造完整的知识体系,在很大程度上体现了"体系价值"。其次是"学术价值",本丛书对创新理论进行全面梳理,对科技场景进行深入分析。同时,总结创新管理和创新力培养的实践指南，提出构建综合创新生态系统的思路和模式，全面梳理新型研发共同体的特征和核心领域。

第二，核心的教育价值和创新实践价值。本丛书由院士担任编委会主任和名誉主任，核心作者有的来自高校、有的来自研究院、有的来自产业界，阵容强大、专业权威，他们长期从事科技创新的教学、研究和实践工作，能够保证图书内容的系统性和实用性。对创新既有理论研究，又有产业实践，使学校的创新和创业课程不但能够做到既有很好的理论支持，又有很好的实践指导，而且能够很好地做到产学研融合，达到产学研的深度合作和交流。

第三，关键的科普价值和启发价值。本丛书从科技创新管理、广泛的科技实践等方面进行科普，无论是管理类人员还是各个不同领域的科技人员都会感到既熟悉又新鲜，具有很强的"科普价值"。丛书从不同角度列举多个创新案例，提出多个创新方案，研究多个创新模式，并加以分析、启发思考，具有"启发价值"。如果希望将"创新"发挥到极致，就必须从"启发"开始。

第四，深远的国家战略意义。通过对创新理论和创新体系的全面梳理，为个人创新、企业创新指明方向，通过个人创新和企业创新推动国家创新，从而为科技强国做贡献。

本丛书策划的初心主要是实现其社会效益。内容涉及科技创新、科技合作、科技成果转化和"科技向善"，有系统性、实用性、科普性和启发性。读者通过阅读这套丛书，可以提升对科技创新的认识，自觉地宣传和承担社会责任。相信本丛书在激发新时代科技人才创新，以及服务国家战略等层面将产生积极、深远的影响。希望广大读者发扬创新精神、加强创新意识、提升创新力，成为在科技时代能够不断寓意创新的重要贡献者，用科技与创新改变世界。

薄智泉　徐亭
2023 年 8 月

"科技创新与科技强国丛书"
编委会名单
（排名不分先后）

顾　　问：

邬贺铨　赵沁平　干　勇　薛其坤　陈清泉　褚君浩　谭建荣　陈　纯
贺克斌　王金南　何　友　杨善林　王中林　黄　维　唐本忠　彼特·梅杰
李雨航　张　勤　吴忠泽　傅成玉　宋志平　马蔚华　曹德旺　周云杰
周鸿祎　杨　军　潘　毅　吴东方　郝志峰　刘常青　杜　兰　卢建新

名誉主任：

陈清泉　王中林　唐本忠

主　　任：

黄　维

联席主任：

徐　亭　薄智泉

副 主 任：

张玉臣　沈寓实　廖文剑　高文宇　吴启锋　王　坤

编委会成员：

徐贵宝　谢　坚　贺晓光　杨冰之　林子薇　乔　琦　龚　丽　吴高斌
谢安娜　徐汉群　张世光　王丁桃　王宝臣　王　彬　王志东　徐惠民
陆道云　李　菲　许木娣　沈一涵　徐稚淇

编委会秘书长：

白立军

"科技创新与科技强国丛书"
序 1

近年来,全球很多国家都在大力发展科技创新,科技创新是国家核心竞争力的体现,也是推动经济社会发展的重要引擎。在过去几十年里,中国科技创新取得了巨大的成就,从基础研究到应用技术,从学术界到企业界,都涌现出一大批优秀的科学家和创新企业。然而,我们也要看到科技创新面临的挑战和问题。一方面,中国科技创新与发达国家相比仍然存在差距,特别是在核心技术领域;另一方面,科技创新还需要更好地与经济社会发展相结合,解决实际问题,推动产业升级和转型。为了回应这些挑战和问题,由SXR科技智库上袭公司、国际应用科技研究院、同济大学和清华大学出版社等单位共同牵头出版本套"科技创新与科技强国丛书",意义重大、影响深远。

我非常高兴受徐亭理事长和薄智泉院长邀请,担任"科技创新与科技强国丛书"的顾问和编委会主任。作为多国科学院院士,我深感科技创新对于国家发展的重要性,本丛书从多个角度探讨科技创新的重要性、现状和未来发展方向。例如,《科技与创新改变世界》一书,立足国际视野,展望未来科技领域,对全球科技创新格局进行了深入分析,为科技创新理论的完善与发展开拓了思考空间。从科技理论和实践的相互作用切入、构建成熟技术,到未来科技的发展逻辑框架、遵循现有成果总结,再到未来面临挑战的探索思路,本书循序渐进、环环相扣、阐幽显微,极具启发性,为广大读者奉上了一场丰富而精彩的"书香盛宴"。本丛书中的《能源革命与碳中和——创新突破人类极限》《科技服务赋能先进制造——深度融合与模式创新》《智能时代的科技创新——逻辑与赛道》《科技创新的战略高地——关键核心技术与原创策源》都是从产业变革与场景革命的高度,梳理新一轮产业革命的重点成就和未来趋势,既具有科普性、启发性、前瞻性,也具有核心的教育价值和创新实践价值,更具有深远的国家战略意义,特别是能够很好地做到产学研融合,达到产学研的深度合作和交流。

本丛书正在规划中的《科技服务赋能先进制造——深度融合与模式创新》《科技创新与社会责任》《科技创新之路——案例、路径与方法》《科学原创——从科学原创到产业集群全链融合》《创新联合体——战略科技力量与关键核心技术》《链长制——产业链与创新链融合发展》《科技创业家——科技创新与产业创新深度融合》《科学基金与科学捐赠——推动科技进步与人类发展》等在组织编写的新书，深入研究当前科技创新的热点、难点、痛点、卡点和关键点，既从发展趋势和应用前景进行规划和分析，也充分关注科技创新与经济社会发展的关系，探索如何更好地将科技创新成果转化为经济效益和社会福祉，极具创新思路，也比较务实，为广大读者了解中国科技创新的现状和未来发展提供有益的参考。

人是科技创新最关键的因素，创新的事业呼唤创新的人才。国家科技创新力的根本源泉在于人。一个又一个举世瞩目的科技成就的取得，靠的是规模宏大的科技人才队伍。而科技人才的培养，离不开重视科技、重视创新的教育。在科技创新过程中，需要弘扬科学家精神和学风建设，要求大力弘扬胸怀祖国、服务人类的奉献精神，勇攀高峰、敢为人先的创新精神，追求真理、严谨治学的求实精神，淡泊名利、潜心研究的进取精神，集智攻关、团结协作的协同精神，甘为人梯、奖掖后学的育人精神。牢记前辈们的殷殷嘱托，接过科技创新的接力棒，传承科学家精神，胸怀"国之大者"，不单是广大科技工作者的责任，也是教育工作者的责任和育人的基本遵循。

不创新，不发展科技，企业就难以在竞争环境中生存；国家就会落后，甚至失去真正的主权。因此，通过个人创新和企业创新推动国家创新，从而为科技强国做贡献。希望本丛书能够成为广大读者了解科技创新的重要渠道，激发更多人投身科技创新的热情，共同推动科技创新和科技强国的目标。

科技创新是民族振兴、社会进步的基石，科技报国、强国有我，让我们共同努力。

黄　维

中国有机电子学科、塑料电子学科和柔性电子学科的奠基人与开拓者

中国科学院院士、俄罗斯科学院外籍院士、美国工程院外籍院士

西北工业大学学术委员会主任

"科技创新与科技强国丛书"
序 2

当前的国际经济形势对经济增长的动力带来挑战,同时,也为科技与创新引领的新产业、新业态和新模式等带来机会。解决经济跨周期问题、克服企业的困难、在国际市场竞争中取胜,都要靠"创新",而且是"有效创新",因此,人们需要了解创新的体系,认识创新的底层逻辑,这样才能把握有效创新的重要性。

首先,了解创新的体系对"有效创新"至关重要,虽然市面上关于"创新"的介绍的书籍很多,但是很难找到将"创新"体系化的。本丛书将创新首次进行了全面分类,给读者呈现了一幅创新导图,在完整梳理创新过程的同时,将创新类型与创新过程的关系进行了清晰的展示,提出创新过程模型选择的具体方案,对"有效创新"具有实际的指导意义。

其次,认识创新的底层逻辑是"有效创新"的重要基础。创新活动会产生知识,而创新活动也需要知识要素的投入,创新本质上是一项复杂而系统的、以知识资源为核心的创造活动。从知识的相互转换及知识管理的底层逻辑出发,本丛书对"创新的模式"进行了深入浅出的分析,系统地阐述了科技成果的转化。从政府、企业、教育及科研机构、第三方技术服务、资本和中介机构6方面说明了科技创新和这6方面的关系。科技创新通常被视为一个纯粹的市场化活动,为了持续创新,需要建立一个创新联合体,将政府、企业、高校和科研机构等各方力量凝聚起来,形成一个协同创新的生态系统。高校和科研机构应加强基础和前沿技术的研究,培养更多的科技创新人才,为科技创新的发展提供有力支持。企业应加强与高校和科研机构的合作,共同开展科技研发和技术转移,实现科技成果的产业化和商业化。本丛书中对科技成果转化成功典范"硅谷模式"的总结成为点睛之笔。

著名的管理学大师德鲁克讲过,"未来商业的竞争,不再是产品的竞争,而是商业模式的竞争"。在科技快速发展的当下,商业模式变得越来越重要,而且商业模式也成为创新最活跃的领域之一,不仅新创立的公司需要认真设计商业模式,运营中的公司也要根据市场发展、行业竞争、新产品和服务的推出,以及科技和经济环境的变化进行调整，以确保企业的核心竞争力。企业不是为了创新而创新，而是为客户创造价值而创新，要在商业模式上动脑筋，学会在价值链或价值网中思考问题，通过改变商业模式的构成要素或组合方式，用不同以往的方式提供全新的产品和服务，不断提高价值创造能力和盈利水平。商业模式创新虽然看起来没有高科技，却创造了很高的商业价值，而且颠覆了科技的发展；商业模式的创新更是推陈出新。本丛书中的《科技与创新改变世界》详细总结了20种类型的商业模式，并介绍了把握商业模式的创新时机，是重要的商业实战指导材料；《链长制——产业链与创新链融合发展》更是从产业链和创新链的深度融合角度，将模式创新提升到产业链的维度。

经过30多年的从基层管理到大型企业的领导工作，我在一些尝试创新方面获得了一定成功，深刻体会到创新的重要和不易。本丛书对科技创新丰富翔实的介绍和分析，既提供了扎实的理论基础，包括创新图谱、创新过程、创新战略、创新管理、创新力培养、社会责任和创新范式的思考，又展示了丰富的创新场景，包括能源革命与碳中和、智慧时代、共享时代、数字时代、新材料、生命科学，甚至未来科技。本丛书逻辑清晰、分析透彻，兼具理论性、实用性、科普性和启发性，读之受益匪浅，是对广大管理人员及各行从业者非常友好的工具书。

宋志平

中国上市公司协会会长

中国企业改革与发展研究会会长

"科技创新与科技强国丛书"
序 3

世界经济论坛主席克劳斯·施瓦布说,第四次工业革命将颠覆几乎所有国家的所有行业。这也使得科技与创新在国家发展和企业竞争中上升到了前所未有的战略高度。

习近平总书记在二十大报告中指出,必须坚持科技是第一生产力、人才是第一资源、创新是第一动力,深入实施科教兴国战略、人才强国战略、创新驱动发展战略,开辟发展新领域新赛道,不断塑造发展新动能新优势。

立足于时代大背景,着眼于国家战略,清华大学出版社出版"科技创新与科技强国丛书",从国际视野分析了整体科技的格局,并从全面科技领域及实践的宽度对颠覆科技领域进行了分析,对重大科技工程进行了介绍,对未来科技领域进行了展望。更可贵的是,丛书对实践中的规律进行了理论总结和提升,对科技创新理论的进一步发展提出思考空间。这套丛书既有顶级院士、学者的前沿力量研究支持,又有产业管理者的鲜活实践加持,很好地做到产学研融合,为无论是个人创新还是企业创新提供了启发。

关于技术与创新的关系,战略专家凯翰·克里彭多夫提出了这样一个观点:最伟大的创新都是概念的创新,而非技术本身的创新。他认为,当我们开始思考概念转变是如何推动技术发展,并开始了解改变演变的方式时,我们就能更好地理解创新是如何发生的。

概念或者是理念的提出或革新让我们对认识事物、认识世界、理解世界趋势形成了一种新共识。这种新共识将推动我们对技术形成新的理解,进而推动技术变革,并应用到更新的领域,为人们的美好生活、为社会的发展、为人类的进步创造价值。

创新的概念最早是熊彼特定义的,他认为创新就是建立一种新的生产函数,也就是说把一种从来没有过的关于生产要素和生产条件的"新组合"引入生产体系。而这种创新被认为是企业家的特质和职能。德鲁克对创新则定位为"创新就是创造一种新资源"。但他不再将"创新"归结为仅是企业家个体的行为,而是提出"每个人都是自己的CEO",也就是每个人都是创新的主体。

物联网时代是一个"流动的时代"。对企业而言,用户的需求是不确定的、时刻变化的。只有让人人都创新,才能为科技持续和更深刻的创新提供源源不断的动力,才能为用户提供持续迭代的最佳体验。

而这也需要企业从理念到机制上全面创新的支持。

海尔正在全面推进向物联网生态的转型,这是一个自理念到机制、到技术全面转型和创新的系统性工作。自创业开始海尔便明确的"人的价值最大化"宗旨在今天更凸显出其价值和意义。我们推进了从小微到链群合约生态的组织变革,搭建了让人人都有机会成为创业家的平台,释放了每个人的自主创新意识。链群中每个节点围绕用户的体验迭代、围绕用户的美好生活自主创新、迭代升级。也正因如此,海尔在智慧住居生态和产业互联网生态等赛道上无论是从技术创新,还是体系变革,乃至在带动产业转型方面都取得了一些成果。这也让我们对科技与创新改变世界有了更深刻的理解。

诺贝尔经济学奖获得者埃德蒙·菲尔普斯说,万众创新是经济增长和社会活力的源泉。让人人都创新,让人人都成为自主创新的主体,会带来更美好的世界。

周云杰

海尔集团董事局主席、首席执行官

PREFACE
序 1

科技创新的时代引发了全球翻天覆地的变化,信息技术、生命科学、人工智能、新材料等领域的科技创新,不仅改变了我们的生活方式,还对社会经济、文化和伦理产生了深远的影响。随着科技的进步,社会对企业和政府的期望也在不断地提高。人们期望科技企业更加注重社会责任和环境责任,政府需要制定政策来引导科技创新的方向。企业越来越意识到,除了追求经济利润以外,还需要履行社会责任。企业社会责任不仅包括在创新中考虑社会影响,还包括如环境保护、员工福祉和慈善活动等方面的行动。科技创新不仅带来了机会,还引发了伦理和法律挑战。例如,人工智能的发展涉及隐私、自主权和道德问题,需要制定相关政策和规范。在科技创新的时代,从一个新的高度去审视和研究社会责任是很有必要的,这样才能更有效地指导社会责任实践。因此,我很欣慰地接受了徐亭董事长的邀请,为薄智泉院长和徐亭董事长团队编写的《科技创新与社会责任》一书作序。

科技创新与社会责任都是我积极思考和努力实践的两个领域。福耀玻璃工业集团股份有限公司的文化就是学习型的、创新型的,坚持持续创新,这是我们总的纲领性思想。而企业的真正责任在于创造价值,让国家更强大、社会更进步、人民更富足,承担社会责任。企业家也是做事先做人,承担社会责任就是先做人的体现,企业和企业家积极履行社会责任也是企业基业长青的基础。量力而行去做慈善,不刻意、不强求,培养怜悯心、敬天爱人、善心善行,践行并传承在每个当下,企业家应有这样的境界和胸怀。而《科技创新与社会责任》一书更是深刻地探讨了科技创新和社会责任之间的紧密联系,以及对未来的深远影响。

在这本书中,创作团队全面梳理了社会责任的各方面,包括其历史发展、核心要素,以及全球企业社会责任的状况,深入探讨了科技创新时代的社会责任,包括科技创新对社会经济效益、伦理治理、慈善和生产关系的影响,从一个更高的视角重新审视社会责任,给读者带来了一个全新的认识。本书又明确制定了科技创新的准则——"科技向善"。例如,"科技向善"是强调科技应该以社会责任为导向,关注人类价值、道德考量和可持续发展的理念。它鼓励科技创新者和科技公司在开发、应用和推广技术时,不仅要追求商业成功,还要考虑其对社会、环境和人类福祉的影响,以创造一个更公正、可持续和人本的科技未来。"科技向善"要求科技创新承担起社会责任,确保科技的应用符合社会伦理和法律要求,同时,为社会做出积极贡献。"科技向善"强调科技创新应该尊重和体现人类的尊严和价值,人类幸福应该始终是科技创新的中心目标。编者通过对重要的数字技术、新能源、新材料、生命科学和未来科技等科技创新领域的分析,展示了科技创新对社会的深刻影响,以及全社会在推动科技创新中所承担的社会责任。

《科技创新与社会责任》一书内容丰富、分析深刻、观点清晰、深入浅出,是充满智慧和远见卓识的作品,对未来科技的展望、为社会责任的创新,提供了思考和发展的空间。期待这本书能够成为企业领袖、决策者、社会各界从业人士及学生的重要参考,使"科技向善"在科技创新的时代更充分地承担起社会责任,也希望更多人参与到科技创新时代的社会责任研究与实践中,为社会责任的创新发展做出贡献。

曹德旺

福耀玻璃工业集团股份有限公司创始人、董事长

安永企业家奖获得者

2024 年 3 月

PREFACE
序　2

在这个科技创新蓬勃发展的时代,社会责任成为引领企业和社会前进的重要动力。科技创新是国家战略的核心和企业成功的关键,科技创新的不断发展深刻影响着经济、社会和生活方式。因此,深入探讨科技创新与社会责任的关系,对于实现可持续发展目标至关重要。

时光如梭,一晃儿我已经离开招商银行10年,而恰恰这10年是我投身公益的10年。2014年,在李连杰和王石的盛邀下,我担任了深圳壹基金公益基金会理事长。在美国与老友瑞·达理欧相遇,瑞·达理欧又拉来了比尔·盖茨,在他们的支持下,我于2015年11月创建了中国乃至世界上仅有的独立注册的公益学院——深圳国际公益学院,并担任董事会主席。所以,这10年是我投身公益、参与社会责任实践和推动可持续发展的10年。在创新的时代,无论做什么都需要创新。公益事业的发展创新一定要和社会、经济、科技的发展创新相联系。而科技创新又推动和影响着社会责任的发展创新。在2021年12月的BEYOND国际科技创新博览会上,我分享的题目是"企业社会责任和可持续发展"。因为我深刻感受到科技创新与社会责任密切相关。ESG是企业社会责任(CSR)的晋级,可以更好地衡量一家企业,但是我已经感觉到ESG在科技创新时代下对社会责任实践指导的局限性。因此,我在收到薄智泉团队的《科技创新与社会责任》一书时产生了强烈的共鸣,也非常欣慰地分享一些我的理解和思考。

此书深入探讨了科技创新和社会责任之间的重要关系,并将这一主题分成了9个引人入胜的章节。开篇第1章中对科技创新进行了深入的概述,强调了其在全球范围内的政策和现状,以及当前的核心科技趋势。这有助于我们更好地理解为何科技创新对社会责任至关重要。第2章梳理了社会责任(CR)以及企业社会责任(CSR)的发展脉络,介绍了ESG引入的背景,并将卡罗尔的企业社会责任"金字塔"模式升级为ELEPE模式,强调了企业社会责任对竞争力的增强作用。这对于企业领袖和决策者来说是一份宝贵的指南,帮助他们将社会责任融入战略规划中。

第3章是本书的核心章节之一。在此章节中,从多个维度深刻分析了科技创新对社会责任的作用及影响，并提出了"社会责任2.0"的概念。第3章不仅展示了科技创新对经济产生的作用，还阐述了伦理治理、社会慈善和生产关系等对社会责任的影响，为科技创新时代建立"社会责任2.0"体系和概念奠定了扎实的基础。本章还有一个重要贡献就是提出了CSR、ESG和SR 2.0"三态共存"的思想，解开了ESG局限性的困惑。

接下来的几章也非常精彩，通过4个重要科技创新领域大量例证的深入分析，为"社会责任2.0"的体系和概念提供了充分的例证，如数字人民币、电动汽车等都是国家创新战略或政策引导型的科技创新，社会责任都是在其中起着重要角色的科技创新领域。而对几个未来的科技创新方向的展望也为"社会责任2.0"进一步的发展和创新提供了思路，我这里就不再赘述，留给读者去发现和评估。

最后，编者对未来科技创新与社会责任的挑战和展望使本书更具前瞻性。这对我们来说是一份宝贵的指南，鼓励我们在面对新的科技趋势时保持谨慎，同时，积极投身社会责任的实践。

《科技创新与社会责任》的确是一部引领我们深入思考的佳作；提供了全景视野，使人产生"会当凌绝顶，一览众山小"的感觉，从科技创新的高度重新审视社会责任，站得高才能看得远；是企业领袖、政府职员、学者和社会各界的重要参考书，能够帮助我们更好地应对科技创新时代社会责任所带来的挑战，具有报效社会的责任感和胸怀全球的大视野，共同创造可持续、高质量发展的未来。

马蔚华
中企会企业家俱乐部主席
深圳国际公益学院董事会主席
招商银行原董事、行长
2024年3月

PREFACE
序 3

如今在科技创新日新月异的时代,科技创新早已不再是一些独立的实验室里的活动,它已经深刻地嵌入我们的社会和生活之中。科技的进步为我们带来了前所未有的便利和机会,同时也伴随着伦理、法律和社会等多层面的挑战。正因如此,我们不得不思考,科技创新不仅是一项技术性工作,更是一项伴随着巨大社会影响的使命。《科技创新与社会责任》一书就是具有这样使命感的作品,我很荣幸参与了第一次编委会会议并担任总顾问。下面就分享一下我对《科技创新与社会责任》一书的认识及理解。

回顾历史,人类文明进程与科技创新休戚相关,每一次科技革命与产业变革都对产业的形态、分工和组织方式产生了重大影响,重构着人们的生活、学习和思维方式,对社会的道德价值体系、人格品质的发展也造成了深远影响。

当前,以人工智能、大数据、互联网、数字孪生、区块链等数字技术为基础的新一轮技术变革使人类从传统的农业社会与工业社会迈入"数字社会"。数字技术变革引发生产方式与劳动方式的根本性转换,重塑了劳动力形态,使得社会化大生产成为可能。传统产业组织与微观企业基于产业内的协同创新、企业研发团队的封闭式创新、企业间的联盟式战略创新被基于大数据与互联网环境下的开放式创新所颠覆。数字技术不仅对社会责任的扶贫、公益及社会生活质量有直接影响,也为社会运行带来一系列挑战,如数字化造成的个人隐私、智能机器人造成的企业责任主体的模糊性、"数字社会"数字资源不均造成的社会不平等和矛盾等,都是要面对的问题。另外,新能源、生命科学以及我自己从事的新材料科学,会对社会责任带来怎样的影响?会带来什么伦理挑战和文化冲突?我们如何规范、引导和治理?这些问题都值得我们去探讨。

《科技创新与社会责任》全方位地展示了前沿科技对社会责任各层面的影响与挑战,甚至社会责任的创新,改善了医疗、教育、扶贫、环保、气候变化等全人类面临的重大挑战。在梳理和总结解决方案的同时,能够尽可能多地、精准地发现问题也是我们的贡献。

在《科技创新与社会责任》一书中,通过对科技创新多个维度,如社会经济效益、社会伦理治理、社会慈善、生产关系等的深入分析，创造性地建立了基于ELEPES模型的"社会责任2.0"。更引人入胜的是用4章的篇幅，就人们最关注的，也是前面提到的4大科技创新方向展开了分析，即数字技术、新能源、新材料、生命科学。通过不断引入新的技术和创新解决方案，从国家到社会、从企业到个人，都能够提高效率、优化资源利用、改善服务和体验，形成核心竞争力。深入分析了科技创新对社会和环境问题的作用和影响及带来的可能挑战。非常出彩的是本书详细介绍了丰富的、可持续发展的、具有战略意义的科技创新场景，如"东数西算"、智慧安防、电力数字化、电动汽车、碳化硅、再生医学等，这些都是与社会责任高度相关的科技创新领域，大量翔实的场景呈现，使科技创新与社会责任的关系展现得更清晰、更系统、更形象。科技创新需要各方力量的支持和努力，而社会责任意识又促使在科技创新中考虑社会、环境及伦理等的影响。只有将科技创新与社会责任相结合，才能实现可持续的发展和社会的共同进步。

正如本书所提到的，企业和科研机构乃至政府都在科技创新中扮演着关键的角色。除了创造技术和产品外，还需要思考如何最大限度地减少负面影响，促进社会的可持续发展。这不仅是一种责任，更是一种机会，通过积极履行社会责任，可以树立良好的声誉，推动可持续增长，并在竞争激烈的市场中脱颖而出。

在当前世界百年未有之大变局的形势下，新一轮科技创新和产业变革正在加速推进，正以新理念、新业态、新模式，全面融入人类经济、政治、文化、社会、生态文明建设各领域和全过程，并带来广泛而深刻的影响。通过《科技创新与社会责任》一书的努力，不仅采用有效的科技创新手段获得"科技向上""科技向善""科技向美""科技向真"的创新效果，而且推动积极的社会责任获得创造和谐、精准扶贫、绿色环保、传递关爱的社会氛围。希望本书成功的尝试能够激发更多贡献者加入社会责任的创新与实践中，希望本书系统的呈现能够带给政府工作人员、企业管理者、教师、学生、相关从业者及广大读者积极的影响，使大家一起践行科技创新与社会责任，助力社会可持续、高质量发展，为构建世界命运共同体贡献力量！

唐本忠

中国科学院院士

发展中国家科学院院士

香港中文大学（深圳）理工学院院长

2024年3月

FOREWORD
前　　言

科技创新是增强经济竞争力的关键，也是推动可持续发展目标的首要引擎，因此科技创新被赋予更多社会使命和责任，遵循"科技向善"，解决医疗、教育、扶贫、环保、气候变化等全人类面临的重大挑战。全球新一轮科技创新和产业变革正在加速发展，赋能各国的社会责任、重塑世界竞争格局、改变国家力量对比。

科技创新加快了社会的进步，社会责任也被赋予更重要的地位，各国在科技创新的引领下重塑社会责任，以获得经济及社会效益的最大化，提升社会和谐及幸福指数。政府推动科技创新战略、投入建设发展基础设施、提出履行社会责任的政策、制定完整的管理标准和检验制度、设立绿色可持续高质量发展目标。在科技创新的引领和影响下，在政府、科研机构、企业、创新联合体等多重主体的参与推动下，社会责任将被赋予新的意义，因此编者提出"社会责任2.0"的概念，并在重要的科技领域充分展示。

数字技术是每个人最感同身受的。人们从早到晚、从工作到生活、从线上到线下、从居家到出行，都在享受着新数字技术带来的便利。大家比较熟悉的人工智能、区块链、云计算、大数据、5G、物联网，以及最近开始被关注的边缘计算和数字孪生，已经结成了密不可分的新数字技术的大家庭。数字技术不仅对社会责任的扶贫、公益及社会生活质量有直接影响，而且与文化、政治乃至国家战略密切相关。数字技术的快速发展也带动了各行各业的转型升级，包括制造、能源、金融、材料、农业、生物医药等非常广泛的领域，同时对社会责任产生了深刻影响。如本书详细谈到的"东数西算"、数字人民币、智慧安防、智慧农业都是直接影响社会责任的科技创新领域。其中，"东数西算"是国家数字能源战略的重要规划，而数字人民币是国家数字金融战略的长期布局，二者都是以政府主导的科技创新。智慧安防和智慧农业也是政府、企业及相关组织多方参与的科技创新，都是对可持续、高质量发展的重要保证，进一步强化了社会责任，需要我们重新认识社会责任，赋予社会责任更新的意义。同样，在其他几个核心科技创新领域也可以看到将社会责任推向新的高度的例证。

在新能源和新材料的例证中，"百乡千村"计划、电动汽车、纳米材料等也是国家战略科技创新,电力数字化、碳化硅、光伏玻璃也是政策引导多方参与的科技创新领域。这些科技创新不仅具有社会责任的强相关性,也赋予了社会责任以新意,必须从新的视角认识和实践社会责任。

还有一个科技创新领域是不容忽视的,那就是关于人本身,即生命科学。虽然生命科学包括广泛的技术领域,但是基因工程、再生医学、脑科学最能体现科技创新的分量,这些科技创新领域依然具有国家战略或都需要多方参与,在为健康医疗带来解决方案的同时,也带来了社会伦理的挑战,同样需要一个全新的社会责任概念来表达。

以上4大科技领域是最为核心的科技创新,可以充分展示促进科技成果转化和应用推广,揭秘两化融合推进和数字化转型,并用来探讨相关的社会责任及带动着社会责任的创新。而科技创新的车轮还在继续向前,不断地突破人类极限,也挑战和赋予着社会责任。本书从摩尔定律、机器人、能量及寿命4方面做了初步探讨,希望给社会责任的创新和发展开一个头。

本书力求从国际视野及产业链全局对4个核心科技创新和一些未来科技创新对社会责任的影响进行展示,通过对这些核心科技创新领域对社会责任的作用进行深度分析,以人为本、创造和谐、精准扶贫、绿色环保、传递关爱,为促进经济与社会共同可持续、高质量发展指明方向,为建立"社会责任2.0"的体系概念打下扎实的基础。科技创新提升社会责任,而社会责任也在不断创新。

本书为"科技创新与科技强国丛书"的核心之一。"科技创新与科技强国丛书"由国际应用科技研究院和SXR科技智库共同策划。国际应用科技研究院是一家以科技成果产业化为主的非营利国际组织机构,通过全领域及全地域覆盖,定位高科技产业应用技术研究、战略性新兴产业培育、科技成果转化、应用技术培训为核心,搭建一个推广应用技术的平台、交流应用技术的桥梁、科技创新培训的中心。凭借先进的技术优势、人才优势和管理经验,整合国际科技资源,充分挖掘和调动国际各领域科技资源,赋能科技成果转化和科技创新实践。SXR科技智库是一家以科技为主的非营利、综合性的战略研究和决策咨询机构,携手战略合作伙伴,为政府、高校、企业提供科技决策咨询、科研成果产业化和持续经营体系解决方案,努力成为新时代科技咨询综合性思想库、科技咨询开创者和代言人。

本书由薄智泉和徐亭策划,由薄智泉完成整个体系的设计和创作。第1章由张玉臣和薄智泉共同编著,前言、第2章~第9章、结束语由薄智泉编著,在编著过程中还与徐亭、张玉臣和林子薇进行了有益的交流,最终由薄智泉对全书整体审阅修改。在本书的编著过程中还得到了编委会顾问邬贺铨院士(中国工程院院士)、赵沁平院士(中国工程院院士)、干勇院士(中国工程院院士)、陈清泉院士(中国工程院院士)、褚君浩院士(中国科学院院士)、王中林院士(中国科学院外籍院士)、薛其坤院士(中国科学院院士)、黄维院士(中国科学院院士)、唐本忠院士(中国科学院院士)、谭建荣院士(中国工程院院士)、陈纯院士(中国工程院院士)、贺克斌院士(中国工程院院士)、王金南院士(中国工程院院士)、何友院士(中国工程院院士)、杨善林院士(中国工程院院士)及清华大学出版社白立军老师的大力支持,在此一并表示衷心的感谢。

  本书对科技创新时代的社会责任的重新认识做了初步探讨,为了说明科技创新与社会责任的关系,本书列举了4大核心科技创新领域的丰富例证,以及一些未来科技创新的思考,涉及广泛的科技创新及相关的社会影响,因此本书适合广大读者,包括政府职员、企业从业和管理人员、学生及普通民众等。本书兼具系统性、实用性、科普性和启发性,希望本书能够激发读者的思考,引发有益的对话,并促进科技创新与社会责任的更加紧密融合,吸引更多的贡献者来丰富和完善科技创新时代的社会责任。

薄智泉　徐　亭　张玉臣　林子薇
2024 年 3 月

CONTENTS 目 录

第1篇 概 述

第1章 科技创新概述 003
- 1.1 关于科技创新 003
  - 1.1.1 创新及科技创新 003
  - 1.1.2 科技创新的发展历程 007
- 1.2 全球科技创新的政策与现状 017
  - 1.2.1 全球科技创新的投入及专利 017
  - 1.2.2 美国的科技创新政策与现状 020
  - 1.2.3 欧洲的科技创新政策与现状 023
  - 1.2.4 日韩的科技创新政策与现状 027
  - 1.2.5 中国的科技创新政策与现状 030
- 1.3 当前核心科技图谱 034
  - 1.3.1 数字世界 035
  - 1.3.2 人工智能 036
  - 1.3.3 5G通信 037
  - 1.3.4 新能源 038
  - 1.3.5 新材料 039
  - 1.3.6 生命科学 039
- 参考文献 040

第2章 社会责任概述 044
- 2.1 关于社会责任及相关概念 044
  - 2.1.1 社会责任 044
  - 2.1.2 企业社会责任 045
- 2.2 社会责任的发展历程 046
  - 2.2.1 全球的发展历程 046
  - 2.2.2 中国的发展历程 050
- 2.3 企业社会责任的核心要素（ELEPE模型） 051
- 2.4 全球企业社会责任的状况 056

2.5 企业社会责任增强竞争力及实践 ... 058
    2.5.1 企业社会责任增强竞争力 ... 058
    2.5.2 企业社会责任的实践 ... 059
    2.5.3 从企业社会责任到ESG ... 062
2.6 企业社会责任的实施案例 ... 064
    2.6.1 中国电信——数字科技，开创美好未来 ... 064
    2.6.2 美团——帮大家吃得更好，生活更好 ... 066
    2.6.3 盐湖股份——百年盐湖，生态钾锂镁 ... 069
2.7 社会责任小结 ... 072
参考文献 ... 073

第3章　科技创新时代的社会责任 ... 076
3.1 科技创新与社会经济效益 ... 076
3.2 科技创新与社会伦理治理 ... 078
3.3 科技创新与社会慈善 ... 080
3.4 科技创新与生产关系 ... 081
3.5 科技创新时代的社会责任 ... 084
3.6 "科技向善"及其要素 ... 085
    3.6.1 "科技向善"的概念 ... 085
    3.6.2 "科技向善"的要素（PECELEP）模型 ... 086
3.7 其他相关概念 ... 091
    3.7.1 "科技向上" ... 091
    3.7.2 "科技向美" ... 094
    3.7.3 "科技向久" ... 096
    3.7.4 "科技向真" ... 098
3.8 科技创新时代的"三态共存"模式 ... 099
参考文献 ... 100

第2篇　当前科技创新与社会责任

第4章　数字技术 ... 103
4.1 数字技术概况 ... 103
    4.1.1 数字技术的发展现状 ... 104
    4.1.2 数字技术的全球格局 ... 105
    4.1.3 数字技术的产业链 ... 107
4.2 "东数西算" ... 108

   4.2.1　"东数西算"的背景　108
   4.2.2　"东数西算"的总体规划　108
   4.2.3　"东数西算"技术创新　109
   4.2.4　"东数西算"与社会责任　112
  4.3　数字人民币　112
   4.3.1　数字人民币的背景　112
   4.3.2　数字人民币的总体规划　114
   4.3.3　数字人民币技术创新　115
   4.3.4　数字人民币与社会责任　117
  4.4　智慧安防　117
   4.4.1　智慧安防的背景　118
   4.4.2　智慧安防的总体规划　118
   4.4.3　智慧安防技术创新　119
   4.4.4　智慧安防与社会责任　122
  4.5　智慧农业　123
   4.5.1　智慧农业的背景　124
   4.5.2　智慧农业的总体规划　125
   4.5.3　智慧农业技术创新　127
   4.5.4　智慧农业的未来发展趋势　128
   4.5.5　智慧农业与社会责任　128
  4.6　数字技术创新与社会责任　129
   4.6.1　数字技术创新与国家战略　129
   4.6.2　数字技术创新推动社会创新　130
   4.6.3　数字技术创新实现社会价值　132
   4.6.4　数字技术创新与社会责任　133
  参考文献　135

第 5 章　新能源　137

  5.1　新能源技术概况　137
   5.1.1　新能源技术的发展现状　138
   5.1.2　新能源技术的全球格局　139
   5.1.3　新能源技术的产业链　140
  5.2　"百乡千村"计划　141
   5.2.1　"百乡千村"计划的背景　141
   5.2.2　"百乡千村"计划的总体规划　142

- 5.2.3 "百乡千村"计划技术创新 … 143
- 5.2.4 "百乡千村"计划与社会责任 … 144
- 5.3 电力数字化 … 145
  - 5.3.1 电力数字化的背景 … 145
  - 5.3.2 电力数字化转化路线图 … 146
  - 5.3.3 电力数字化技术创新 … 147
  - 5.3.4 电力数字化与社会责任 … 149
- 5.4 电动汽车 … 150
  - 5.4.1 电动汽车的背景 … 150
  - 5.4.2 电动汽车的发展路线图 … 151
  - 5.4.3 电动汽车技术创新 … 153
  - 5.4.4 电动汽车与社会责任 … 157
- 5.5 新能源创新与社会责任 … 157
  - 5.5.1 新能源创新与国家战略 … 158
  - 5.5.2 新能源创新推动社会创新 … 158
  - 5.5.3 新能源创新实现"碳中和" … 159
  - 5.5.4 新能源创新与社会责任 … 160
- 参考文献 … 163

第6章 新材料 … 165

- 6.1 新材料技术概况 … 165
  - 6.1.1 新材料技术的发展现状 … 166
  - 6.1.2 新材料技术的全球格局 … 167
  - 6.1.3 新材料技术的产业链 … 169
- 6.2 纳米材料 … 170
  - 6.2.1 纳米材料的背景 … 171
  - 6.2.2 纳米材料的发展路线图 … 171
  - 6.2.3 纳米材料技术创新 … 173
  - 6.2.4 纳米材料与社会责任 … 175
- 6.3 碳化硅 … 176
  - 6.3.1 碳化硅的背景 … 177
  - 6.3.2 碳化硅的发展路线图 … 177
  - 6.3.3 碳化硅技术创新 … 179
  - 6.3.4 碳化硅与社会责任 … 181
- 6.4 光伏玻璃 … 182

          6.4.1　光伏玻璃的背景　　183
          6.4.2　光伏玻璃的发展路线图　　184
          6.4.3　光伏玻璃技术创新　　185
          6.4.4　光伏玻璃与社会责任　　187
      6.5　新材料创新与社会责任　　188
          6.5.1　新材料创新与国家战略　　188
          6.5.2　新材料创新推动社会创新　　189
          6.5.3　新材料创新实现可持续发展　　190
          6.5.4　新材料创新与社会责任　　191
      参考文献　　194

第7章　生命科学　　195
   7.1　生命科学概况　　195
       7.1.1　生命科学的发展现状　　196
       7.1.2　生命科学的全球格局　　197
       7.1.3　生命科学的产业链　　198
   7.2　基因工程　　199
       7.2.1　基因工程的背景　　200
       7.2.2　基因工程的发展路线图　　200
       7.2.3　基因工程技术创新　　203
       7.2.4　基因工程与社会责任　　204
   7.3　再生医学　　205
       7.3.1　再生医学的背景　　206
       7.3.2　再生医学的发展路线图　　206
       7.3.3　再生医学技术创新　　208
       7.3.4　再生医学与社会责任　　210
   7.4　脑科学　　212
       7.4.1　脑科学的背景　　213
       7.4.2　脑科学的发展路线图　　214
       7.4.3　脑科学技术创新　　218
       7.4.4　脑科学与社会责任　　220
   7.5　生命科学创新与社会责任　　220
       7.5.1　生命科学创新推动社会创新　　221
       7.5.2　生命科学创新与伦理　　221
       7.5.3　生命科学创新实现社会价值　　223

	7.5.4 生命科学创新与社会责任	224
参考文献		228

第3篇 未来科技创新与社会责任

第8章 未来科技 233

- 8.1 未来科技综述 233
- 8.2 摩尔定律 235
  - 8.2.1 摩尔定律的现状 235
  - 8.2.2 突破摩尔定律的可能的技术创新 236
- 8.3 机器人 240
  - 8.3.1 机器人的现状 240
  - 8.3.2 突破机器人极限的可能的技术创新 242
- 8.4 能量 247
  - 8.4.1 能量的现状 248
  - 8.4.2 突破能量极限的可能的技术创新 250
- 8.5 寿命 253
  - 8.5.1 寿命的现状 253
  - 8.5.2 突破寿命极限的可能的技术创新 254
- 8.6 未来科技与社会责任 259
- 参考文献 260

第9章 未来科技创新与社会责任的挑战与展望 262

- 9.1 未来科技创新的挑战 262
- 9.2 未来科技创新的展望 263
- 9.3 社会责任的挑战 265
- 9.4 社会责任的展望 266
- 9.5 科技投资与社会责任 267
- 9.6 "科技向善"与时代责任 269
- 9.7 "科技向上"与精神风貌 270
- 9.8 "科技向美"与人文融合 272
- 9.9 "科技向久"与持续发展 273
- 9.10 "科技向真"与严谨态度 275
- 9.11 "社会责任2.0"的创新 275
- 参考文献 277

后记 278

第1篇 概 述

第 1 章

科技创新概述

学习目标

(1) 了解创新及科技创新概念和历程。
(2) 熟悉全球创新状况。
(3) 认识科技创新图谱。

1.1 关于科技创新

1.1.1 创新及科技创新

"科技创新"一词尽管在实践中经常使用,但从严格意义上说,其并非一个被学术界清晰界定过的概念,而是科学研究、技术开发、成果应用等一系列相关活动的综合称谓。基于当代科学和技术的高度综合与相互融合性,科学研究、技术开发、成果应用等活动往往难以清晰划分彼此之间的界限;同时,科学研究、技术开发、成果应用也不是简单的线性发展过程,彼此之间存在着不可或缺的知识供给、信息反馈等循环往复,故将这些相互交融的活动统称为科技创新也并非是不可接受的概念。首先,本书接受、使用科技创新概念,并将对其做出界定。其次,人类社会历史上已经发生多次科学、技术及产业革命。既然是革命,科学研究、技术开发、成果应用(统称为科技创新)等活动形式和内容一定发生了重大的、足以引致"质"的变迁的变化。这个革命性变化的实质是什么?实际上,揭示了这个革命性变化的实质,也就找到了区分不同时代科学研究、技术开发等科技创新活动的依据,进而可以成为认识科技创新活动本质的逻辑构架。

因此，本章共分为3部分内容：一是重点介绍自现代科学革命产生以来，包括其后发生的技术及产业革命的历史，从历史发展中提炼和总结科学和技术、产业的周期性发展特征；二是借鉴科学研究范式等概念和相关理论，界定科技创新范式的概念及构成要素，剖析科技创新范式变革和发展的规律，分析其在不同时代或发展阶段的异同；三是基于范式变革视角和当代科技创新的基本特征，结合康德拉季耶夫的长波理论，特别是当前所处的康德拉季耶夫周期阶段，阐释中国建设世界科技强国战略的重大意义，以及应该采取的科技创新战略。

1. 创新的概念

创新的概念由美籍奥地利经济学家 J. A. 熊彼特（J.A.Schumpeter）于1912年在他发表的著作《经济发展理论》中首次提出。熊彼特提出，创新本质上是建立一种新的生产函数，把生产要素与生产条件的新组合引入生产体系，实现生产要素和生产条件的重新组合。熊彼特认为，创新是以最大限度地获取超额利润或经济价值为追求的经济活动[1]。熊彼特将创新视为技术在商业上的首次应用，并归结了5种形式的创新活动，具体包括生产一种新产品或提高现有产品质量，引入一种新的生产方法、新技术或新工艺过程，开辟一个新的市场空间或领域，利用一种新的原材料或半成品的供给来源，采用一种新的组织方法或管理方法。在后续研究中，学者们将上述创新活动的5种形式依次对应为产品创新、工艺创新、市场创新、资源配置创新、组织创新。科学是技术之源，技术是产业之源，技术创新建立在科学道理的发现基础之上，产业创新主要建立在技术创新基础之上。

20世纪70—80年代，有关创新的研究进一步深入，开始形成系统的理论。J.M.厄特巴克（J. M. Utterback）在20世纪70年代的创新研究中独树一帜，他在1974年发表的《产业创新与技术扩散》中提出，与发明或技术样品相区别，创新就是技术的实际采用或首次应用[2]。缪尔赛（Muirsay）在20世纪80年代中期对技术创新概念作了系统的整理分析，进一步提出，技术创新是以其构思新颖性和成功实现为特征的，有意义的非连续性事件。著名学者弗里曼把创新对象基本上限定为规范化的重要创新，从经济学的角度考虑创新，他认为，技术创新在经济学上的意义只是包括新产品、新过程、新系统和新装备等形式在内的技术向商业化实现的首次转化。其后，他在1982年发表的《工业创新经济学》修订本中明确指出，技术创新就是新产品、新过程、新系统和新服务的首次商业性转化[3]。中国自20世纪80年代以来开展了技术创新方面的研究，傅家骥先生对技术创新的定义是：企业家抓住市场的潜在盈利机会，以获取商业利益为目标，重新组织生产条件和要素，建立起效能更强、效率更高和费用更低的生产经营方法，从而推出新的产品、新的生产（工艺）方法，开辟新的市场，获得新的原材料或半成品供给来源或建立企业新的组织，它包括科技、组织、商业和金融等一系列活动的综合过程[4]。彭玉冰、白国红等学者也从企业的角度为技术创新下了定义：企业技术创新是企业家对生产要素、生产条件、生产组织进行重新组合，以建立效能更好、效率更高的新生产体系获得更大利润的过程[5]。进入21世纪，在信息技术推动下，学者们对知识社会的形成及其对技术创新影响的理解加深，认识到，技术创新是一个科技、经济一体化的过程，是技术进步与应用创新"双螺旋结构"共同作用催生的产物。宋刚等在《复杂性科学视野下的科技创新》一文中，指出技术创新是各创新主体、创新是交互复杂作用下的一种复杂涌现现象，是技术进步与应用创新的"双螺旋结构"共同发展的产物；信息通信技术的融合与发展推动了社会形态的变革，催生了知识社会，使得传统的实验室边界逐步"融化"，进一步推动了科技创新模式的嬗变。随着经济增长理论和创新理论的不断发展，创新的范式经历了从1.0阶段封闭式创新到2.0阶段开放式创新再到3.0阶段创新生态系统的转变[6]。

2. 科技创新的概念

显然，不论是按照熊彼特的经典理解，还是按照后续其他学者的阐释，创新或技术创新都是技术成果在商业上的应用，是一个企业家主导的经济行为。那么，科技创新是什么？它应该包括哪些内容？编者认为，科技是科学和技术的统称；科技创新应该包括3方面内容。一是科学研究，即以增进知识（包括关于人类文化和社会的知识）及利用这些知识去发明新的技术而进行的系统的创造性工作。科学研究又称基础研究，其核心主体是科学家，主要成果形态是发现新知识、提出新原理、发明新技术。二是技术开发，即以创造性地运用科学技术或探索现有技术的实质性改进，将新技术成果转化为质量可靠、成本可行、具有创新性的产品、材料、装置、工艺和服务等的系统性活动。技术开发又称应用性研究或开发研究，其核心主体是企业研发及工程技术人员，主要成果形态是专有技术（专利等知识产权）、新产品或服务、新材料、新工艺、新装置等。三是成果应用，即为了将技术成果成功应用于社会生产及生活等过程而开展的系统工作。成果应用的核心主体是企业家或企业家的企业，主要成果形态是被市场接受的商品或服务及其实现的商业价值。

实际上,在科技创新理论发展过程中,也有一些学者对技术创新内容进行了拓展,并逐步深入地揭示了技术创新的发展过程。S. C.索罗(S. C. Solo)在1951年提出技术创新活动的"两步论"认为,创新包含新思想及创意的产生、创新的发展和实现两个阶段[7];1962年,J. L.伊诺思(J. L. Enos)进一步指出,创新是技术发明及其选择、资本投入保证、组织建立、制订计划、招用工人和开辟市场等几种行为的综合[8]。可以用图1-1表示一般科技创新活动的发展过程。其中,科技创新过程包括4个阶段:科学发现和知识创造、应用研究及工程化开发、技术成果应用及价值模式构造、产品或服务商业价值实现。当然,科学发现和知识创造活动的动力可能是科学家的自由探索精神,也可能是经济社会发展提出的需求;应用研究及工程化开发的动力主要来自工程技术人员洞悉市场有未被满足的需要,或者现有技术在满足社会需要上存在的问题;技术成果应用及价值模式构造的动力既来自企业家的创造欲望,又来自新成果应用的超额垄断利润对其产生的诱惑;产品或服务商业价值实现的动力主要来自商业企业的商业价值追求,或者以实现多元化目标为目的的商业企业可持续成长。

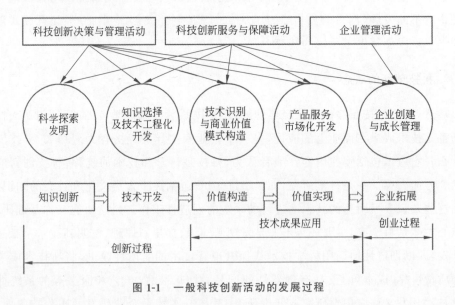

图1-1　一般科技创新活动的发展过程

科技创新是指创造和应用新知识和新技术、新工艺,采用新的生产方式和经营管理模式,开发、生产新产品,提高产品质量,提供新的服务的过程。按钱学森提出的开放复杂巨系统理论[9],可将科技创新分为3类:知识创新、技术创新及现代科技引领的管理创新。知识创新的核心科学研究,是新的思想观念和公理体系的产生,其直接结果是新的概念范畴和理论学说的产生,为人类认识世界和改造世界提供新的世界观和方法论;技术创新的核心内容是科学技术的发明、创造和价值实现,直接结果是推动技术进步与应用创新的创新"双螺旋结构"互动,提高社会生产力的发展水平,进而促进社会经济的增长;管理创新既包括宏观管理层面上的创新——社会政治、经济和管理等方面的制度创新,也包括微观管理层面上的创新,其核心内容是科技引领的管理变革,其直接结果是激发人们的创造性和积极性,促使所有社会资源的合理配置,最终推动社会的进步。从微观上讲,科技创新有助于企业占据市场并实现市场价值,从而提升企业核心竞争力乃至区域竞争力;从宏观上讲,能推动技术的创新发展,促进整个社会生产力的提高,同时减少环境污染,满足社会需求,解决社会问题。

1.1.2 科技创新的发展历程

正如前文指出的,自1911年熊彼特提出创新概念并逐步得到学术界认同,使科技创新成为一个系统性理论。1928年,熊彼特在其首篇英文版文章《资本主义的非稳定性》中,从论证技术变革对社会发展非稳定性影响出发,首先论证了创新是一个过程[10]。1939年,熊彼特在其另一本著名经济学著作《商业周期》中,全面系统地提出了科技创新理论[11]。由于当时凯恩斯理论正合时宜,"凯恩斯革命"光芒四射,熊彼特的理论并没有得到人们的重视。直到20世纪50年代,科学技术迅猛发展,科学技术对人类社会和经济发展产生了重大影响,人们才重新审视技术创新对经济的巨大作用,并开始研究技术进步与技术创新规律。经过几十年的发展,几代学者为技术创新研究积累了丰硕的理论成果。按照人们对创新规律性认识的程度,我们把技术创新研究大致分为以下几个发展阶段。

1. 创新效应及创新内容阶段(20世纪50—60年代前期)

人们早期对创新的研究,并没有把注意力放在对创新规律的揭示上,而是主要分析创新对经济增长和社会进步的作用,以及创新本身包含什么内容。在20世纪50年代,由于新技术革命对经济发展推动作用的显现,创新研究得到了迅速复兴。一批经济学家和管理学家从各自不同的角度,开始了对技术创新问题的重新探索。一部分经济学家采用当时盛行的新古典经济学理论构架,对技术创新的效应进行研究。他们根据新古典经济学的均衡理论,把技术创新作为一项活动或一个整体,看作经济系统之外的一个外生变量,重点研究技术创新对经济增长的作用和影响。另外一些学者,则对技术创新本身予以关注,试图说明创新本身是什么。美国当代著名管理大师德鲁克提出,创新包括技术创新和社会创新两种创新概念。在德鲁克看来,技术创新是指为某种自然物找到新的应用,并赋予新的经济价值;社会创新是指在经济与社会中创造一种新的管理机构、管理方式或管理手段,从而在资源配置中取得很大的经济与社会价值。

索罗则从对技术创新实现条件的探讨中,对技术创新概念给予了界定。1951年,索罗对技术创新理论重新进行了较为全面的研究,并提出技术创新的实现条件问题。他在《在资本化过程中的创新:对熊彼特理论的评论》中首次提出技术创新成立的两个条件,即新思想来源和以后阶段的实践发展。这一"两步论"被认为是技术创新概念界定的一个里程碑[7]。此后,不少学者(如 Maclaurin、Ruttan、Jewkes 等)都在技术创新概念上做过类似的研究。直到1962年,伊诺思首次从行为集合的角度对技术创新作出了直接明确的定义。伊诺思认为:"技术创新是几种行为综合的结果。这些行为包括发明的选择、资本投入保证、组织建立、制订计划、招用工人和开拓市场等"[8]。

与此同时,还有一些管理学者研究了技术创新对组织管理的冲击与影响。他们着重从创新主体的决策行为和管理策略、创新机构的组织结构变动等角度,研究与技术创新相适应的管理架构。如 E. E.卡特(E. E. Carter)的企业行为与高水平团队决策研究,E. V.莫斯(E. V. Morse)等的创造性专利与组织结构研究、W.欧内克(W. Wolek)等的技术与信息转移研究及对工业组织实践的调查等。这一时期研究的主要特点是:一方面,一部分学者把技术创新作为一个整体变量,将其看成一个"黑箱",只注重"黑箱"对经济与管理的影响,而没有对"黑箱"的构成及内部机理进行研究;另一方面,一部分学者试图探究"黑箱"本身是什么,力图从外部对"黑箱"予以描述、从内部揭示其构成。因此,这一时期的研究并没有形成统一的理论体系,研究内容比较庞杂、分散。

2. 创新过程机理揭示阶段(20 世纪 60 年代中后期—20 世纪 80 年代初期)

在20世纪50—60年代前期研究的基础上,自20世纪60年代中后期开始,技术创新研究进入持续兴旺阶段。除了一部分学者仍然对技术创新本身进行描述外,阿伯内西(Abernathy)和厄特巴克·林恩(Utterback)等首先开创了从创新时序过程角度描述技术创新的思路。林恩认为,技术创新是"始于对技术的商业潜力的认识而终于将其完全转化为商业化产品的整个行为过程"[12]。曼斯费尔德(Mansfield)主要从产品创新的角度对技术创新过程进行阐释,他认为,产品创新是从企业对新产品的构思开始,以新产品的销售和交货为终结的探索性活动[13]。曼斯费尔德的结论得到很多后来学者的认同和引用。

美国国家科学基金会(National Science Fund of USA,NSF)从 20 世纪 60 年代上半期开始发起并组织了对技术变革和技术创新的研究。该项研究的主要倡导者和参与者 S.迈尔斯(S. Myers)和 D. G. 马奎斯(D. G. Marquis),在其 1969 年发布的研究报告《成功的工业创新中》中,将技术创新定义为技术变革的集合。他们认为技术创新是一个复杂的活动过程,它开始于新思想和新概念,通过不断解决各种问题,最终使一个有经济价值和社会价值的新项目在实际中成功应用。厄特巴克对创新的定义更为简洁和直接,他在 1974 年发表的《产业创新与技术扩散》中认为,"与发明或技术样品相区别,创新就是技术的实际采用或首次应用"[14]。著名经济学家 C.弗里曼(C. Freeman)也基本采用了这样的定义,他认为技术创新是包括新产品、新过程、新系统和新装备等形式在内的技术向商业化实现的首次转化。弗里曼指出,"技术创新是一个技术的、工艺的和商业化的全过程,其导致新产品的市场实现和新技术工艺与装备的商业化应用"[15]。

在这一时期,人们把创新视为在技术推动下的纵向发展过程。按照简单的线性模式,从基础科学知识到应用产业技术,再到产品服务技术,通过生产活动形成可销售的新产品,最后进入市场、在市场中得以实现,形成第一代创新模型。理论上对创新的认识,自然影响了人们的创新实践。20 世纪 50—60 年代中期,创新实践中的主导模式基本是按照上述思路展开的,我们将其称为技术推动型模式,如图 1-2 所示。

图 1-2　技术推动的创新过程模型

除了对技术创新过程进行揭示外,这个时期研究的另一项主要内容是技术创新的分类。不同学者从不同角度出发,提出了不同的技术创新分类方法。比较有影响的分类方法有两种:一是按照技术创新活动中技术变动的强度和影响后果,把创新分为渐进性创新和根本性创新;二是按照创新活动的内容,把创新分为产品创新和过程创新。

关于技术创新的来源和动力也是这个时期研究的重要内容之一。由于自 20 世纪 60 年代后半期开始,世界经济进入激烈竞争时期,市场需求对创新实践的拉动作用日益显现,人们越来越重视市场需求在创新中的地位与作用,所以导致了线性的需求拉动型创新模式的产生。如图 1-3 所示,在这种模式下,创新的产生是消费者需求拉动的结果,而研究与开发活动是企业对市场需求变化所做出的一种反应。

图 1-3　需求拉动型创新过程模型

进入 20 世纪 70 年代,人们逐渐认识到把创新的动力源泉仅限定于技术推动和需求拉动过于简单。麻省理工学院(MIT)的冯·希普尔(von Hippel)等根据创新者与创新之间的联系,把创新分为用户创新、制造商创新和供应商创新,并且对不同技术领域各类创新所占比例进行了实证研究。根据他们的研究结论,上述 3 种创新都是重要的创新源泉。显然,现实中的创新并不是单纯的技术推动,也不限于需求拉动,而是一种在基础科学知识、应用技术及市场需求之间综合平衡的结果。因此,创新被描述为一个综合平衡过程,导出第 3 种创新模型,如图 1-4 所示。按照这一模型,创新既可以被看作由一系列相互独立、可以分离,逻辑上相互联系、相互作用的活动构成的一个连续过程;也可以被视作一个由组织内各部门、外部市场、技术等机构紧密联系在一起的复杂信息交换网络。也就是说,创新是在市场需要和技术可能性之间取得平衡的结果。

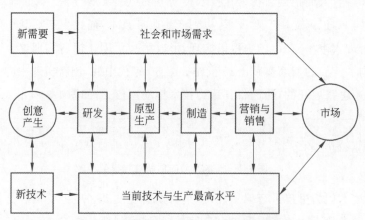

图 1-4　需求与技术平衡的过程创新模型

还有学者对创新主要来自大企业还是小企业进行了研究,如布雷顿(Breton)于 1975 年根据美国商业部的报告指出,在 20 世纪美国所有具有的开创性创新中,2/3 是由小公司或独立的发明家推出的。但这样的结论并没有得到广泛的支持,梅耶斯和马克维斯等的研究表明,企业大小与创新数量之间并没有一致的关系。曼斯费尔德也认为,企业规模大小对创新没有实质性影响。

这一研究阶段的特点主要有以下几条：一是技术创新研究的对象开始细化和分解，人们从不同侧面、不同层次对技术创新过程进行了较为全面的探讨，如归纳了技术创新定义、剖析了技术创新的过程与机理、分析了技术创新的动力与起源等；二是技术创新研究开始从管理科学和经济学中分化出来，初步形成了相对独立的理论体系；三是技术创新的研究方法日益多样化，许多经济与管理学方法被引入技术创新研究中，如组织管理理论、行为科学理论、决策理论、信息理论、数理统计方法等。

3. 创新综合研究阶段（20世纪80年代中前期）

上述各阶段的技术创新研究虽然取得了丰硕的成果，但也存在一些局限。一是研究仍然比较分散，重复性研究很多，许多具体问题没有得到充分深入研究便被搁置一旁。二是研究的重点不突出，一般组织意义上的创新研究比较多，而对企业技术创新的研究相对薄弱。三是对技术创新过程的研究不系统，前重后轻，创新采用环节研究较多，创新实现研究较少。当时的学者也意识到了这种情况，从20世纪80年代中后期开始，技术创新研究进入综合化阶段。

综合化研究首先体现在对技术创新概念的综合。1985年，R.缪尔塞（R. Mueser）研究了300多篇有关技术创新的文献，他发现其中约有3/4的文献对技术创新的界定接近以下描述：一种新思想和非连续的技术活动，经过一段时间后，发展到实际和成功应用的程序就是技术创新。基于这种状况，缪尔塞将技术创新重新定义为：技术创新是以其构思新颖和成功实现为特征的有意义的非连续性事件。这为进一步科学、完整、准确地定义技术创新奠定了基础。其次，这个阶段对创新活动本身的过程模式也进行了综合研究。人们跳出了用简单的时序性过程描述创新的局限，而把创新看作多项活动并行展开的一个综合事件[①]，提出了创新的第4代模型，如图1-5所示。这种模式最初出现在日本的汽车制造和电子行业，当时称为并行（parallel）创新模式。这种模型在20世纪80年代中期以后直至20世纪90年代初期被世界上许多大企业竞相采用。与创新有关的各阶段活动高度重叠，同时并列展开，促进了不同部门、阶段之间的信息交流，降低了创新活动中信息的不对称性和不确定性。同时，多项活动并行展开，缩短了创新时间，提高了对市场的反应速度。

对于技术创新研究中的许多争论，这个研究阶段也在折中协调的基础上进行了综

[①] 注：一些学者把并行模式视为过程模式，本文认为，过程应该存在活动之间的明显时序性。并行模式中并不存在活动的时序性，或者活动的时序性并不明显，我们不将其视为过程模式。

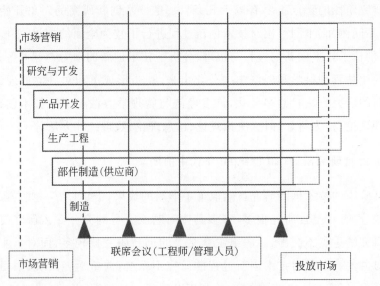

图 1-5　并行一体化型综合创新模型

合。如针对技术创新动力源泉上长期存在的"需求拉动"与"技术推动"的争论,H.芒罗(H. Munro)等结合当时的情况,提出了推拉综合模式和技术轨道论等新的观点。对技术创新中技术的界定,对技术的渐进性改进是否属于技术创新,如何认识市场实践等问题,都有学者作了归纳性研究,并得出一些有益的结论。

对于过去一些分散的研究成果,在这一研究阶段也有学者做了系统化归纳,在寻找其共同点的基础上,综合为更高层次的理论成果。如 1982 年,P.斯通曼(P. Stoneman)出版了《技术变革的经济分析》,系统阐述了当时各种观点和模型,并提出了自己的观点。1988 年,D.格温(D. Gerwin)提出了以创新不确定性为前提的创新过程理论。1989 年,W. B. 布朗(W. B. Brown)等提出了以创新目标、创新阶段和决策输入变量为中心的相关性系统分析方法等。

这一研究阶段的特点主要有以下几点:一是科技创新理论得到规范化和系统化;二是在相对统一的理论构架下,研究的重点更加突出;三是更加注重研究的内容和结果对社会技术经济活动的指导。

4. 创新系统研究阶段(20 世纪 80 年代后期至今)

20 世纪 80 年代后期,在技术创新综合化研究的基础上,有学者注意到技术创新的系统化特征。学者们主要从两方面对创新的系统化进行描述:一是创新活动本身的系统化;二是创新是一个综合的社会系统。创新活动本身的系统化是指,现代企业的创新不仅是一个企业内部各种职能交叉并行过程,而且是多个机构系统集成网络的连接过程。现代企业创新最显著的特征是企业与企业、企业与其他创新机构之间的战略合作关系。这就是第5代创新模型。

与此同时,另外一些学者发现,不仅技术创新自身是一个系统工程,技术创新活动还与外界有大量的信息和资源交换,受外部环境的制约与影响,技术创新是一个在更大背景下的社会经济系统。1987年,弗里曼在研究日本的技术创新问题时,发现日本以技术创新为主导,辅以组织创新和制度创新,一跃成为经济大国,并提出了国家技术创新系统的概念[17]。他认为,一国经济的发展并不是单纯技术创新的结果,技术创新必须与制度创新与组织创新结合起来,才能对经济产生重要影响。也就是说,技术创新并不简单的是市场实现过程,也不是仅依靠市场的作用就能实现的。技术创新需要借助市场以外的力量支持与推动。

1993年,纳尔逊主编出版了《国家创新系统》一书。在比较美国、日本等国家和地区支持技术创新的国家制度体系的基础上,明确提出创新体系在制度上的复杂性。他以技术变革的存在与发展特点为研究起点,将重点放在技术变革的必要性及制度结构的适应性上。他分析了技术创新过程中,创新体系的制度丰富性和分享技术知识机制的重要性,以及各个机构与组织之间的相互依赖现象。他认为以盈利为目的的私人厂商是创新体系的核心,同时也强调创新体系的形态对技术创新的制约和影响[17]。

1994年,P.佩特尔(P. Patel)和K.帕维蒂(K. Pavitt)在 *The Nature and Economic Importance of National Innovation System* 一文中,对创新体系的研究做出了新的贡献。他们指出,传统的技术进步理论认为,开放的贸易系统能够促使国际技术转移加快;但一个国家的技术投资政策对造成国际技术差距有更大影响。通过创新体系构建,可以确定合理的技术投资政策。因此,他们为国家创新体系所做的定义是,"决定一个国家内部技术学习方向和速度的制度安排、激励结构和竞争力"[18]。

伦德瓦尔·本特-雅克(Lundvall Bengt-Åke)是创新系统研究中微观学派的主要代表。他认为技术创新就是厂商与用户相互作用的过程,他详细研究了厂商和用户之间的相互作用对技术创新的影响,并且指出,"一个高度发达的纵向劳动分工与普遍的创新活动相结合时,它意味着大多数市场将是'有组织的市场',而不是纯粹的市场"。也就是说,政府作用等因素对厂商和用户之间的相互作用有重要影响。国家政策等因素作为厂商和用户之间相互作用的框架,不像生产要素那样容易转移。因此,不能忽视政府作用等因素对技术创新的影响。他认为,"一个创新系统是由在新的、有经济价值的知识的生产、扩散和使用上相互作用的要素和关系构成的"。

M. 波特(M. Porter)也从提升国家的产业竞争力角度对创新系统进行了研究。他认为国家的竞争优势是建立在能够成功进行技术创新的企业基础之上的,因此,政府的作用就是为企业创造一个好的环境[19]。另外,还有学者研究了基于地域和产业技术系统的创新体系。

总而言之,采用创新系统方法研究创新问题,强调对创新进行结构和互动性分析。结构性分析是指着重研究影响创新的各种因素以及这些因素之间的关系;互动性分析是指不仅研究企业、研究机构等要素自身的运作问题,更强调各个要素之间的依赖与互动。在创新系统研究方法中,强调不同创新主体之间的相互学习,系统学习是重要的思想基础。创新系统模型及其影响因素如图1-6所示。

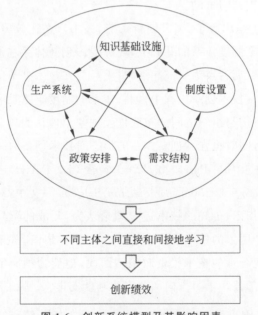

图1-6　创新系统模型及其影响因素

这一研究阶段的特点如下:一是基于技术创新过程的非完全市场状况,把技术创新放在一个更为广泛的背景下研究,力图通过制度的作用使技术创新在更好的环境下展开;二是强调创新不同要素及其影响要素之间的互相依存与互动;三是注重创新过程中不同主体之间的相互学习,以及从系统之外的学习。

5. 科技创新的理论现状及在中国的发展

1)科技创新的理论现状

在认识到创新的系统特征,以及国家创新系统理论得到普遍认同以后,目前,国外对技术创新的研究在创新体系背景下不断深入。这种研究主要体现在以下几方面:一是基于国家创新系统理论,注意到创新的地域性和产业性特征,以及不同区域和产业在组织制度与技术之间关系上的巨大差异,对区域创新和部门(产业)创新进行系统研究,形成较为系统的区域和产业创新系统理论;二是在产业创新体系背景下,加强对产业集群、创新族、创新链等问题的研究,揭示产业集群的形成条件与机理,对不同产业的创新特征进行分析;三是在揭示创新区域空间特征的基础上,研究成功创新区域的形成条件与机理,对不同类型创新域的创新绩效进行比较研究;四是加强对企业技术创新管理的研究,特别是有关技术创新战略、技术创新与核心能力、技术创新高标定位等问题的研究,得出一系列紧密联系企业实践的研究成果;五是对创新与知识管理的关系进行研究,对不同创新组织形式的机理进行分析。

2)科技创新在中国的发展

国内技术创新的研究始于20世纪80年代后期。傅家骥教授等一批学者在中国技术创新研究中做了开创性工作。经过近30多年的探索,中国的技术创新研究取得了丰硕成果。主要表现在以下几方面。

(1)建立并完善了科技创新理论体系。

中国的技术创新研究虽然起步较晚,但发展迅速。初期的技术创新研究,在对国外科技创新理论进行梳理的基础上,很快结合中国国情开展了多方面的研究工作。经过几年的积累,已经建立和完善了富有中国特色的科技创新理论体系。1992年,柳卸林出版了《技术创新经济学》,对科技创新理论体系进行了初步探索[20]。1998年,傅家骥教授主编的《技术创新学》是国内第一本内容丰富、新颖、体系完整的科技创新理论专著。该书对技术创新的诸多核心问题,例如什么是技术创新、什么是成功的技术创新、技术创新过程中技术"变动"大小的界定等,都给出了符合中国国情的明确回答,其研究深度和广度都处于国内领先水平,在科技创新理论体系构建方面,与国际前沿相比具有显著的开拓性[4]。该书结合中国实际,针对中国企业技术创新存在的问题,对产品创新、过程创新、自主创新、模仿创新、合作创新、技术转移和扩散等都提出了一系列创新性见解。该书奠定和完善了中国技术创新研究的理论基础。

(2) 对企业技术创新进行了实证研究。

中国技术创新研究一开始就紧密结合中国企业技术创新的实践展开。在铺垫科技创新理论基石的同时,中国学者进行了大量技术创新实证研究。1997年,高建的《中国企业技术创新分析》,是一部以中国大、中型企业为主要样本的技术创新实证研究专著。该书对中国企业技术创新存在的问题及对策等做了全面剖析和探讨。施培公的《后发优势——模仿创新的理论与实证研究》[21]对日本等国的企业通过模仿进行二次创新从而实现技术跨越的经验进行了详细总结,对模仿创新的优劣进行了分析,提出了中国企业利用模仿实现技术创新战略。近两年,鉴于我们企业技术创新中存在的诸多实际问题,一些学者将研究重点转向了下述问题:以培育企业核心技术能力为目标的企业技术战略问题;以提高企业技术创新效率为目标的企业研发组织和研发项目管理问题;以鉴别企业技术创新状态和技术创新绩效为目标的企业技术能力评价问题。这些研究对推动中国企业技术创新工作都具有现实借鉴意义。

(3) 提出了有指导意义的政策建议。

中国学者在进行技术创新研究中,在注重基本理论体系引进和构建的同时,还紧密结合中国科技进步和经济发展的现实需求建言献策。如以提高中国企业技术创新能力为根本出发点,提出了在大型企业建立独立的技术开发机构,对企业技术创新活动给予税收优惠等政策建议;建立创新基金、创业投资基金,支持科技创新和创业的建议;建立技术转移中心和大学科技园等中介机构,推动技术知识向产业转移的建议;建立高技术研发项目和高新技术园区,推动高新技术产业发展的建议等。这一系列政策研究和建议,为国家制定相关政策提供了理论支持。

(4) 探讨了技术创新体系建设问题。

在注重微观创新主体活动研究的同时,宏观层面的创新研究也在中国取得重要进展,如区域及国家创新体系,国家科技发展战略问题,技术赶超及技术跨越模式等问题。自1990年以来,中国学者在引进学习西方兴起的国家创新体系理论的同时,也对中国创新体系构建等实际问题进行了探讨。冯之骏教授主编的《国家创新系统的理论与政策》,是国内较早的一部对国外相关流派的理论观点进行深入比较分析的著作,为我们研究国家创新系统提供了借鉴和参考[22]。齐建国等著的《技术创新——国家创新系统的改革与重组》,是对中国国家创新体系进行系统研究的学术著作[23]。还有许多学者对国家创新体系相关理论进行了研究和探讨。在实践上,中国也开始了国家技术创新体系的建设工作,建立了国家知识创新体系、企业技术创新体系、产学研合作工程、科技创新支持体系等子系统。随着创新体系理论研究的深化,产业集群、产业技术体系等问题都成为中国学者的研究领域。

中国技术创新研究的主要特点如下。20世纪80年代,企业技术创新得到较多重视,既有理论成果,又有实证支撑,研究内容丰富,也形成了自己的理论体系和方法。但这种研究比较多地停留在创新活动本身或创新的技术过程上,对创新的技术知识发展过程、组织制度网络和经济能力支持研究较少。20世纪90年代,开始对国家创新体系的研究,但比较多的研究停留在国际比较和理论引进层面,缺乏对创新系统本质的深入分析和对创新系统形成与运作机理的分析,有说服力、反映中国创新实际的实证研究成果则更少。对区域技术创新体系、部门技术创新体系的研究相对较少。进入21世纪,随着研究领域的拓展和研究内容的深化,中国的创新研究进入分化和整合阶段。这个阶段既有研究队伍的分化整合,也有研究方向的分化整合。研究队伍的分化整合体现在,以前相对集中的研究队伍,随着第一代学术领军人物退出学术舞台,分化整合为不同的研究队伍。研究方向的分化整合体现在,以前相对集中的企业技术创新研究方向,目前呈现为多元化的研究方向和领域,如创业研究、区域技术创新研究、产业技术创新研究等。总体上说,中国的创新研究仍处于分化整合过程中。这个阶段较为明显的特征就是,研究工作尚处于积累之中,还没有取得标志性的研究成果。

1.2 全球科技创新的政策与现状

1.2.1 全球科技创新的投入及专利

1. 科技创新的投入

研究与试验发展总量和强度(R&D金额占国内生产总值(GDP)的比例)是衡量一国研发投入规模的两个指标。在进入21世纪以后,中国R&D总量迅速增长,现已跃至世界第二。中国R&D强度也逐年递增,现已达到2.4%,接近发达国家平均水平,远高于发展中国家平均值。那么,中国的研发投入是否已经足够?

中国要实现2035年人均GDP达到中等发达国家水平、2050年建成社会主义现代化强国的目标,中国经济仍需要在长期内保持较快增长,而中国劳动力和资本积累的增速随着人口老龄化都将放缓,因此,经济增长将更多依赖生产效率的提高。创新则是效率提高的最主要源泉。同时,中国当下正遇到"百年未有之大变局",面临日益严厉的技术竞争,未来的技术进步将更多依赖自主研发。因此,从中国长期经济发展目标来看,中国研发投入和R&D强度仍需要继续加大。据估算,未来15年中国适合的R&D强度需要较目前提高1个百分点左右。经济体量大国在R&D总量投入上具备天然优势。

全球最大规模的R&D支出是在第二次世界大战以后,这是美国之所以能够成为全球创新高地的一个重要原因。根据经济合作发展组织(OECD)数据,在20世纪80年代,美国每年的R&D投入几乎达到世界主要国家投入总量的50%,比同为创新型国家的日本高出约3倍。后期尽管随着中国投入的迅速增加,美国投入占比有所下降,但截至2018年仍然维持在30%左右。世界科学研究格局正发生重要转变,全球研发总投入持续快速增长,由2009年的1.2万亿美元增长到2018年的2.1万亿美元,增长75%。尽管美国仍然是世界范围内科学和技术创新的领袖,但韩国、中国等亚洲国家正在成为全球研发投入增长的重要引擎,2018年研发总投入已经逼近美国的总量。美国和中国加在一起,占据全球2018年研发投入的55%;日本、德国紧随其后,分别占全球研发总投入的8%、7%;法国、韩国、英国研发总投入体量相当,如图1-7所示[24]。据估计,中国的研发总投入将于2025年超过美国,目前还没有最新的完整的统计数据。2020年,美国联邦政府预算报告列出了涉及国防、公共卫生、能源、航空航天、农业、环境气候等多个重要科技领域的项目,以及网络和信息技术研发项目、国家纳米工程等聚焦前沿科技发展的跨机构合作项目。其中,前三大部门的预算总量已超过日本的全国投入,美国R&D投入规模之大可见一斑。

中国R&D投入总量大,对创新的成效有很大意义。首先,研发投入的规模影响创新的成功率。一是大规模R&D能够探索多技术路线,增大了突破难点的概率。科学研发通常具有偶然性,科技突破经常依靠"广撒网"实现,更多的人力物力投入,意味着可以多种技术路径同步推进,使研发的容错率更高。例如,在医药研发中,对治疗方法覆盖越广的企业研发成果越好;在曼哈顿计划中,研发原子弹的主要技术路线是铀裂变,但同时推进钚元素分裂反应方案,确保了成功。二是大规模R&D意味着更多人才,可组织产业联盟、形成研发网络、产生网络效应。研发网络越大越能吸引资源、增进知识的流动,提升研发回报,摊薄单位产品的研发投入(如共享科研基础设施等)。

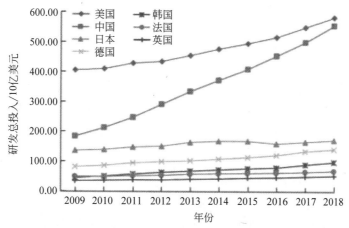

图 1-7　世界主要国家 2009—2018 年国内研发总投入

其次，国家可凭借大规模研发项目解决全球性难题。当今人类面临一些大的挑战，需要从全球视角进行跨学科合作研发才能解决，如气候问题、能源问题等。因为这类问题需要集合大量人力物力，所以大型经济体具有优势，例如，欧盟 2014—2020 年为研发清洁能源技术的"2020 地平线计划"拨款 38 亿欧元。

2. 科技创新专利

世界知识产权组织（WIPO）于 2022 年 11 月 21 日发布的《世界知识产权指标》报告显示，2021 年全球专利、商标和外观设计的知识产权申请量均创历史新高。其中，中国提交的专利申请数量最多，接近全球专利申请量的一半。

报告显示，2021 年世界各地创新者共提交 340 万件专利申请，同比增长 3.6%。其中，中国国家知识产权局共受理 159 万件专利申请，这一数量与排名第二～第十三的 12 个主管局的总和相近。紧随中国之后，美国、日本、韩国和欧洲专利局分别为 59.1 万件、28.9 万件、23.8 万件和 18.9 万件。

报告显示，截至 2021 年，全球有效专利数量约为 1650 万件，同比增长 4.2%。其中，中国有效专利数量达 360 万件，超过美国，成为 2021 年有效专利数量最多的国家。美国以 330 万件有效专利排在中国之后，其次是日本（200 万件）、韩国（120 万件）和德国（87 万件）[25]。

伴随着中国专利合作条约（PCT）专利申请数量的增多，中国 PCT 专利申请数的世界占比也在逐年增加。2000—2020 年，中国年 PCT 专利申请数的世界占比从不到

1%提高到25%,而美国则从41%下降到21%。

1.2.2 美国的科技创新政策与现状

美国政府历来重视政策对科技创新的激励作用。早在立国之初,汉密尔顿就发表了《制造业报告》,提出政府应重视对关键技术的引进和改良。早期美国政府对外征收高关税,对内进行补贴和基建,积累起技术优势。1945年布什·范内瓦(Bush Vannevar)应罗斯福总统要求编著的《科学,无尽的前沿》描绘了科学发展的蓝图,建议政府向基础科学研究投入大量资源。

美国政府依据布什的建议和构想,批准成立了国家科学基金会(NSF)和国防部高级研究计划局(ARPA)等科研机构。时至今日,美国政府已形成一套结合"市场化"(market based)和"非市场化"(non-market based)的创新政策。

联邦层面组织架构分工合理、协调有序,为了更好地推动企业、大学和专业研发机构进行创新活动,美国联邦政府层面设置了三层的行政部门来制定联邦政策、组织创新网络,各司其职,又有较好的顶层协调机制。

第一层是白宫内设机构,目前,美国以白宫科技政策办公室(OSTP)作为联邦一级科技领域核心领导机构,负责联邦政府科技政策咨询、制定、预算、计划等全面工作。同时,美国也成立了国家科学技术委员会(NSTC)协调各个部门的科技政策,组建了总统科技顾问委员会(PCAST)来组织各行业专家为总统提供决策咨询。OSTP主任兼任PCAST联席主席,并在NSTC扮演重要协调角色。由此,白宫的行政管理、决策协调、专业咨询三大功能齐备,建立起美国科技创新管理的顶层治理体制,如图1-8所示[26]。

第二层是相关行政部门,包括国防部、能源部、美国宇航局(NASA)、国家自然科学基金会、商务部等。每个部门都有独立的财政预算来支持本领域内的R&D活动。历年来国防部、卫生部和能源部占据了最大的预算,2020年合计占到总预算的80%,体现了美国对军工、生命医学和能源技术的重视。

第三层是行政部门下属特殊研究机构,既负责将本部门的R&D预算分配资助给全国的各类机构,又有一部分固定预算分配给机构下设研究中心和院所来直接承担研究任务。这样的设置,保障了国家研发资金分配主要由专业人士来决策,更有合理性。典型的专业机构有卫生部下属国立卫生研究院(NIH)和商务部下属国家标准与技术研究院(NIST)。

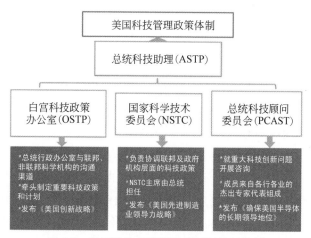

图 1-8 美国科技创新管理的顶层治理体制

非市场化的政策让"看得见的手"发挥核心作用。所谓"非市场化"的政策,就是政府并不根据市场机制而选择性地资助某些产业或机构。它并不一定以政府"自上而下"、命令式的规划支持的直接形式呈现,也可以通过"发展网络型国家"(developmental networkstate)模式,由官员们分布式地融入技术社区和产业内,协调资源、构建网络,从而促成科技创新。

"非市场化"政策的典型就是联邦政府的 R&D 补贴和联盟政策。R&D 补贴政策以多种多样的科技计划为载体,包括由政府部门评审市场机构的申请计划,择优资助。这些科技计划包括大名鼎鼎的美国国防部高级研究计划局(DARPA)系列计划、"小企业创新研究资助计划"(SBIR),已停止的"先进技术计划"(ATP)等。除了各个部门,联邦政府还有跨部门的科技计划,如"国家纳米技术项目"(NNI)、"网络和信息技术研发计划"(NITRD)等。

在这些科技项目里,ARPA 系列计划蜚声世界,包括国防部的 DARPA、能源部的 ARPA-E 和拜登总统 2023 年提出来的 ARPA-Health。《2021 美国创新竞争法案》提出在 NSF 下设"技术与创新理事会"(Directorate for Technology and Innovation,DTI),也是仿效 ARPA。ARPA 项目采用独特的项目经理模式,对项目经理高度信任并给予其充分的自主权,以"小核心、大网络"的组织特点筛选并完成极富创新性的研究项目。

R&D 联盟政策是指由政府出面,协调特定产业的企业、大学、研究机构组成联合体,共同攻关该产业领域内的技术而制定的政策。早年的典型案例是,1987 年美国为了迎接日本半导体产业的挑战而成立的半导体制造技术科研联盟(SEMATECH)计划;近10年的典型案例是奥巴马政府在2011年启动的"先进制造业伙伴计划"(AMP),2016年进一步改名升级为"国家制造创新网络"(Manufacturing Innovation Network in USA)。关于R&D,美国也通过"非市场机制"的投资和贸易政策、反垄断政策影响国内、外的科技创新发展。投资和贸易涉及高技术的跨境流动,美国以国家安全为理由,通过"外国投资委员会"(CFIUS)来严格审查外国实体对美国企业的收购,同时,商务部会监督美国技术的出口,选择性地针对一些国家实施审查和监督。反垄断政策对美国科技产业格局有着重要影响。20世纪初期,它迫使美国大企业难以通过并购来加强市场地位,于是大企业不得不倚重内部实验室研发来发展自己的技术和促进业务多元化;1940—1980年的反垄断风向则让知识产权保护变得较为宽松,反倒促进了新企业的早期发展与增长。

近10年,美国政府加强了对制造业和高科技行业的直接干预,出台了一系列大而全的综合性法案,确定了对某些特定行业的支持和特定国家的遏制。如《2021美国创新与竞争法案》以《无尽前沿法案》为母本,将《战略竞争法案》《芯片制造与5G紧急拨款法案》等多个法案和修正案打包,鲜明地体现了美国科技创新政策的"选择性"。美国政府不仅通过"非市场化"的干预发挥了激励创新的作用,还实行大量基于市场机制的政策鼓励创新。基于市场机制是指,政策的对象覆盖所有市场主体,具有普适性,不妨碍市场机制运行,只要满足政策要求的条件,每个创新主体都能享受政策支持。

在R&D政策方面,除了"选择性"的科技计划,联邦政府从1981年起推出了普适的研发税收优惠政策,自1982年起各州也开始效仿,目前,有30多个州采取了该政策。这个政策在OECD国家得到普遍应用,且被证明能够较好地促进企业研发投入。

美国设立了健全的知识产权制度,目前,美国专利办公室每年已经有超过60万份专利申请,授予约30万份专利。加强专利权保护,便于仅拥有少量专利的新企业凭技术实力进入市场,也推动了技术公司的垂直分工,这在生物医药领域表现得尤为明显。不过,美国企业也善于利用专利权作为商业竞争武器,通过大量的专利组合来压制新企业或打压外国竞争者。通信领域的高通公司就以专利授权作为重要商业模式。美国还构建了若干法案来保障技术转移的顺利进行,从而保障了研发人员的应有权益,促进其创新积极性。最重要的政策就是1980年在美国《专利法》中新增的贝多法案(Bayh-Dole)规则和同年通过的斯蒂文森-怀德勒(Stevenson-Wydler)法案(两者后来不断升级)。前者确保了受联邦政府资助的大学研发人员能够保留研发成果的所有权;后者则要求国立科研机构与企业订立合作研发协议后,将合作成果转让或授权给企业。这些法案鼓励了美国的产学研合作。

在金融方面,美国的一个特别政策是在小企业管理局下设立特殊的风险投资牌照——"小企业投资公司"(SBIC),来推动美国风险投资的发展。SBIC 允许社会个人出资作为有限合伙人(LP),并从小企业管理局以融资担保美国政府,通过"非市场化"的干预发挥激励创新的作用,还实行大量基于市场机制的政策,鼓励创新。

1.2.3 欧洲的科技创新政策与现状

1. 欧盟科技政策新航标——"地平线"计划(Horizon Europe)

据欧盟网站介绍,"地平线"计划是欧盟研究和创新的关键资助计划,预算为955亿欧元。"地平线"计划旨在应对气候变化,帮助实现联合国可持续发展目标,并提高欧盟的竞争力。该计划促进合作,并加强研究和创新在制定、支持和实施欧盟政策方面的影响,同时应对全球挑战,并支持创造和更好地传播优秀的知识和技术。

"地平线"计划创造就业机会,充分利用欧盟的人才库,促进经济增长,提高产业竞争力,并在强化的欧洲研究领域内优化投资影响。来自欧盟及其联系国的法人实体可以参与该计划。"地平线"计划是"2020 地平线计划"(当前的欧盟研发与创新计划(2014—2020年))的继承与发展,确立了 2021—2027 年欧盟研发和创新的基本框架和方向。

"地平线"计划作为欧盟有史以来最大的支持研发和创新的跨国计划,是维护欧盟在应对全球挑战方面的领导地位及保持欧洲工业核心竞争力的支柱计划,该计划涵盖了欧盟成员国参与科技研发与知识经济合作的各方面。帮助实现欧洲产业的绿色升级、促进欧盟各成员国产业竞争力的提升和经济增长。同时,该计划还将利用科技研发拉动欧洲高新技术产业和工业的发展,使欧洲成为现代科技研发与创新的中心。"地平线"计划分为六大任务区,分别是促进欧洲经济社会的转型并更好地应对健康、文化及创意与包容性社会、社会民事安全、数字及工业和太空、气候及能源和交通、食品及生物经济和自然资源及农业和环境[27]。欧盟委员会计划通过这一规模宏大的研究和创新计划,增强欧洲的科学技术基础,设计更绿色和环保的生活解决方案,并推动经济的数字化转型和更好地应对气候变化、推动欧洲社会的可持续发展。

2. "地平线"计划的战略规划

1）社会挑战和应对挑战的最新政策

强调欧盟最近采取的对研发工作有影响的重要政策措施，以及研发对实现"千年发展目标"的贡献。研究与创新对实现欧盟政策目标和方法的贡献，以及研究与创新相关的前瞻性的考虑因素及其影响。

2）全球视角下的欧盟研究与创新格局

概述欧盟和全球的研究与创新格局，以及对研究与创新优先事项的影响。旨在考虑国家层面和其他层面的活动，说明"地平线"计划在其最后几年可以在哪些领域增加特殊价值，在国家层面和世界其他地区开展的活动。

3）全球挑战可能带来的新的研究需求和潜力

包含关于研发在应对重大社会、环境和经济挑战方面所起作用的战略方向，环境和经济挑战方面所发挥的作用，以及未来几十年向2050年气候目标的相关过渡。涉及研发与创新在数字化转型中发挥的作用，以及对新的研究需求和潜力的更具体描述。此外，变革性研发政策在促进系统性变革中的作用，以及提高欧盟适应能力的研发需求。

4）"地平线"计划解决重要问题的潜力

"地平线"计划通过对各专题组进行差距分析，介绍"地平线"计划欧洲已支持的相关活动及当前工作的差距。此外，介绍有关"地平线"计划的实施和进展情况的一般数据，以及对有关"地平线"计划与欧盟其他机构的协同作用进行总结。

5）关于采用结果的潜力和局限性的考虑

介绍了科技成果转化和融合基础的研究、创新和科研、市场解决方案，探讨了中、小型企业"地平线"计划中的作用及成果转化。

"地平线"计划2025—2027年战略计划分析概述如图1-9所示[28]。

3. "地平线"计划——开放的研发和创新体系

"地平线"计划的核心理念是开放，包括"开放式创新""开放式科学""对世界开放"，目标是建立开放和有高度活力的创新生态系统。"开放式科学"是欧盟科研和创新的政策重点，也是欧盟科技创新过程中所推行的标准工作方法，用以提高研究的质量、效率和响应能力。

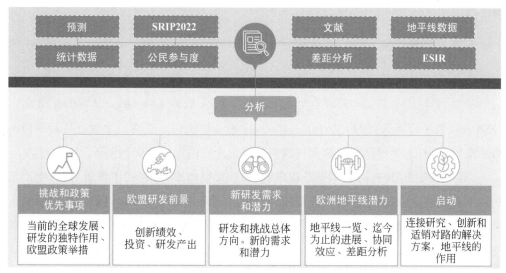

图 1-9 "地平线"计划 2025—2027 年战略计划分析概述

1)"开放式创新"(open innovation)

"地平线"计划鼓励不同领域的合作、跨界合作和知识共享,提倡企业、大学、研究机构和其他创新实体之间的合作,以促进技术和创新的共同发展。这种开放式的合作有助于加速创新,推动新技术的发展,从而为欧洲的经济增长和社会发展带来积极影响[29]。

2)"开放式科学"(open sciences)

"地平线"计划倡导"开放式科学",意味着科研成果、数据和信息应该以透明、共享的方式呈现给科研社区和公众。这有助于加速科学研究的进展,避免重复劳动,提高科研的可重复性和可验证性。"开放式科学"也有助于促进国际合作,使科研更具全球影响力[30]。

3)"对世界开放"(open to the world)

"地平线"计划不仅着眼于欧洲内部的研究和创新,还希望与全球范围内的科研和创新社区合作。它欢迎来自世界各地的研究人员、创新者和组织参与项目合作,从而促进国际交流、共享知识和解决全球性挑战[31]。

"地平线"计划通过鼓励"开放式创新"、"开放式科学"和"对世界开放",旨在推动欧洲的研究、创新和科技领域的发展,强调欧盟各成员国之间和国际之间的合作与交流,鼓励私人投资与公众参与,来增加成员国的科研投资总量,以实现欧洲在科研和创新方面的整体战略目标,从而为欧洲社会和经济的可持续增长做出贡献。

4. 最新进展

1) 数字技术政策

2022年7月5日,欧洲议会通过了《数字服务法》(*The Digital Services Act*,DSA)和《数字市场法》(*The Digital Markets Act*,DMA)。这两项法规将更新欧盟的数字监管规则,主要涉及如何监管在欧洲被视为非法的内容及如何监管反竞争行为。

《数字服务法》旨在对数字服务提供者(如社交媒体平台、在线市场等)进行更严格的监管和规范,以适应数字时代的挑战。这个法规的目标之一是促进数字领域的创新和竞争,同时确保数字服务在保护用户权益、防止虚假信息和恶意行为方面能够尽到更多的责任。该法规可能要求数字服务提供者更积极地监管平台上的内容,特别是违法、有害或欺诈性的内容。要求数字服务提供者更透明地向用户解释他们的内容推荐算法和数据收集实践,以增加用户对其数据使用的了解。涉及对数字市场的竞争状况进行审查,以确保市场竞争公平,并避免垄断现象。强调保护用户的数字权益,包括隐私权、言论自由和信息透明度。如果数字服务提供者未能遵守该项法规中的规定,可能会面临罚款和制裁[32]。

《数字市场法》旨在对数字市场中的大型平台和互联网巨头进行更严格的监管,以确保数字市场的竞争公平、保护用户权益,并防止反竞争行为。该项法规旨在平衡数字经济的发展与保护,以及防止少数大型科技公司对市场的过度控制。该项法规可能会对"关键数字市场"进行定义,这些市场通常由少数大型数字服务提供者垄断,这可能包括在线搜索引擎、社交媒体平台、电子商务市场等。可能要求在"关键数字市场"上运营的大型平台遵守一系列行为规范,以确保公平竞争和用户权益。这可能包括透明度要求、数据互操作性和禁止某些不公平的商业实践等。这可能会要求大型平台共享某些数据,以促进更广泛的竞争和创新。这可能有助于小型竞争对手进入市场,并提供更多的选择。这可能设立专门的监管机构,负责监督大型数字服务提供者的行为,确保他们遵守该项法规中的规定。如果大型平台未能遵守该项法规中的规定,这可能会面临罚款和其他制裁[33]。

欧洲议会称《数字服务法》于2024年2月17日开始实施适用所有受监管的公司。预计《数字市场法》于2024年3月开始实施。

2) 数字技术政策的影响

素有 GAFAM(即谷歌、苹果、脸书、亚马逊和微软)之称的科技巨头有可能最先成为被《数字市场法》监管的公司,同时,预计谷歌或脸书将排在最前面。专业人士认为,欧盟最新的数字监管法案将更严格地限制和监管大型企业干扰市场秩序的行为,限制他们因占据庞大市场份额而带来的影响力。一些企业已向欧盟委员会提交了详细的政策文件,就自己或竞争对手的哪些服务应受到《数字市场法》的管辖提出建议。脸书的母公司 Meta 日前表示将与监管机构合作,并遵守新规则。亚马逊正在评估遵守《数字市场法》将其有何影响。苹果公司此前表示,上述法规中的一些条款可能会迫使该公司允许在 iPhone 上使用第三方应用商店和应用内支付服务,而这些条款会给其用户带来不必要的隐私和安全漏洞,而且可能使其无法对用户的知识产权收费。谷歌全球事务的高级副总裁肯特·沃克尔(Kent Walker)也表示,欧盟的新法规可能是一项难以实现的任务。例如,有关线上市场的定义可能会迫使谷歌在搜索引擎每次显示电商排名发生变化时都必须通知电商网站,而完成这一任务相对较难。欧洲技术联盟(ETA)认为,欧洲中、小型科技企业或将因上述法规获益,获益公司有可能包括 Allegro、Criteo、FacilityLive、King、Meetic、Spotify 和 Zalando 等[34]。

1.2.4　日韩的科技创新政策与现状

1. 日本的科技政策

在经历了 20 世纪 90 年代"失落的十年"后,日本更加认识到科学技术在当今国际竞争中的决定性意义。从 21 世纪开始,日本陆续出台了一系列科技创新政策。2003 年 7 月,日本政府发布了《创造、保护及应用知识财产推进计划》,这是日本政府推出的计划,明确提出实施国家知识产权战略,旨在加强知识产权的创造、保护和应用,提升并强化核心技术竞争力,鼓励企业和研究机构积极进行研发,保护其创新成果,并在商业化过程中更好地应用知识产权[35]。

"登月型(moonshot)研发制度"也是日本政府提出的一个雄心勃勃的科技研发计划,旨在解决全球性和社会性问题。该制度鼓励创新研究,以解决一些目前看似难以实现的挑战,类似于"登月"一样具有象征意义的目标。该制度聚焦人工智能(artificial intelligence, AI)与机器人,并明确了 6 项目标,计划在 2050 年前实现。主要目标为:通过人工智能与机器人的共同进步,实现机器人自主学习、行动并与人类共生;计划开发与人类具有相同或更高身体能力,并与人类共同成长的 AI 机器人;开发能在自然科学领域自主思考和行动、自动发现科学原理和解决方案的 AI 机器人;通过拥有人类的感性和伦理观、能与人类共同成长的伙伴 AI 机器人,实现人类的富裕生活。其他还包括:实现疾病的超早期预测和预防;针对地球环境实现可持续的资源循环;通过充分利用尚未开发的生物功能,在全球范围开创合理、无浪费的可持续粮食供应产业;实现能带动经济、产业和安保飞跃发展的容错型通用量子计算机等[36]。预计到 2050 年,实现人类摆脱身体、大脑、空间、时间限制的社会,如图 1-10 所示[37]。

图 1-10 日本"登月型研发制度"

《科学技术创新基本法》是日本制定的科技创新政策。1995 年,日本颁布《科学技术基本法》,为日本制定科技政策提供了法律保障,而且促进了科技政策制定与实施的规范化、常态化。自此,日本每 5 年制定一期的《科学技术创新基本计划》(以下简称"基本计划")是日本科技发展的主要指引方针。2020 年,日本修订《科学技术基本法》,并将其更名为《科学技术创新基本法》,突出了创新内涵,将人文社会科学纳入该基本法范畴,并提出确保和培养研发人员,尊重研究机构与研究人员自主性,以综合性知识体系应对国内外社会课题等目标[38]。

2. 韩国新时代的科技创新战略

在过去40年里,韩国创造了"汉江奇迹",人均GDP从1962年的87美元跃升到2003年的12 000多美元。更为重要的是,韩国已经造就了许多具有自主知识产权的世界知名品牌,崛起一批在国际上具有较强竞争力的知名企业,如三星集团、LG、韩国现代集团、韩国浦项制铁集团公司等。在最新出台的科技发展规划中,韩国明确提出把科技创新作为国家战略和宏观经济政策制定的立足点。韩国前总统卢武铉提出,要把科学技术作为韩国经济发展的核心,使韩国依靠科技创新,尽快实现新的跃升。

2021年,韩国发布科技计划,提出三大重点,强调科技促进经济三大新政。2020年韩国政府研发预算和2021年研发预算连续两年保持两位数增长。2021年初,政府发布年度科技工作计划,提出三大重点战略:一是强化科技发展基础架构,计划完成全国不同科研体系的全面整合,消除部门壁垒,引导研发信息共享和跨部门合作,加强科研人才资金和流动的支持等;二是突出AI领先战略,计划加强相关人才培养和知识普及,推动数据和数字平台的升级和开放,以及个人信息保护、新一代智能半导体、AI应用和AI伦理等技术和标准的开发;三是发展数字媒体产业,计划通过最大限度完善和放松监管,推动内容创新和内容出口,构建内容、平台和网络之间良性循环的生态系统[39]。

韩国政府在新时代的科技创新方面采取了多项政策举措。科技创新领域的政策方向和举措主要有7方面:一是积极推出了数字新经济战略,旨在推动数字化转型、创新和创业,该战略涵盖了人工智能、大数据、5G、物联网等领域的发展;二是对人工智能高度重视,制定了人工智能发展战略,计划投资大量资金用于人工智能研究和发展,推动人工智能技术在各个领域的应用,包括医疗、交通、制造业等;三是设立了创新基金,为创新型初创企业提供资金支持,同时建立了创业生态系统,包括孵化器、加速器和创业中心,以支持创业者和创新企业;四是在5G技术方面取得了领先地位,并致力于推动5G网络的建设和应用,韩国政府还鼓励在物联网、智能城市等领域开发创新应用;五是将可再生能源和环保技术作为重要的发展方向,以减少碳排放,并实现可持续发展目标;六是重视STEM教育(科学、技术、工程、数学),鼓励培养更多的科技人才,以满足科技领域的需求;七是致力于打造开放式创新平台,促进不同领域的合作和知识共享,加速科技创新的发展。

这些政策只是韩国在科技创新方面的一部分举措,韩国政府在不同领域还有许多其他的政策和计划。

1.2.5 中国的科技创新政策与现状

1. 中国创新体系的市场基础

巨大的市场规模构成中国创新体系的一大优势，从国家创新体系的角度而言，中国市场体系的重要优势在于市场容量大、范围广。进入 21 世纪，中国加入世界贸易组织（WTO）和参与国际竞争，带来了国内各产品市场和要素市场的快速整合；互联网技术的普及和中国全国范围内基础设施建设的推进更是加快了市场整合进程。目前，中国已经形成了全世界规模最大的商品市场，消费品零售总额已经超过美国。巨大的市场，孕育着对创新产品的巨大需求，也意味着富有想象空间的创新利润，构成了对创新的强大激励。

中国的创新体系在市场基础方面具有以下几个重要特点：一是中国是世界上人口最多的国家之一，拥有庞大的市场规模，这为创新提供了巨大的机会，吸引了国内外企业在中国市场投资和开展创新活动，目前，中国正在经历消费升级，人们对高品质、创新性、个性化的产品和服务的需求日益增加，这推动了企业不断推出新产品、新技术和创新服务，以满足消费者的需求；二是中国的移动互联网和数字化领域发展迅猛，为创新提供了丰富的平台，移动支付、电子商务、社交媒体等的普及，为企业创造了更多与消费者互动的机会；三是中国政府采取了一系列政策来支持创业和创新，包括设立创业基金、孵化器、科技园区等，为初创企业提供资金和资源支持，创造了积极的创业氛围；四是中国在加强国际合作方面取得了重要进展，积极参与全球价值链和创新网络，外国企业可以通过与中国企业合作，共同开展研发、技术转让等创新活动；五是中国政府通过制定和实施创新政策，鼓励企业加大研发投入，推动技术创新，例如，国家自主创新示范区、科技型中小企业等政策的实施；六是中国在科研和教育领域投资不断增加，培养了大量的科研人才和专业人才，为创新提供了坚实的基础。

所以，中国的创新体系在市场基础方面受益于巨大的市场规模、消费升级、数字化发展、创业氛围、国际合作及政府支持等因素，这些因素共同推动了中国的创新发展。

2. 信息与通信技术（ICT）、新能源等战略性新兴产业成为中国产业创新的驱动力

中国创新的发展伴随着通信和消费互联网行业的发展，以华为、中兴、百度、阿里巴巴、腾讯、京东等为代表的 ICT 和互联网企业通过前沿的技术和商业模式的创新迅速崛起。从初创企业的规模来看,中国与美国一起占据了全球独角兽企业的半壁江山。截至 2019 年 8 月,中国初创企业独角兽企业数量为 96 家,位居全球第二。ICT、互联网、新能源等战略性新兴产业对 GDP 增长贡献率近 20%,如图 1-11 所示[40]。

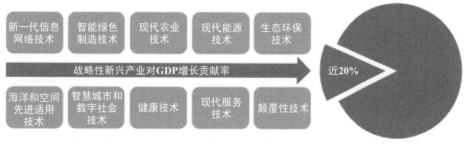

图 1-11　战略性新兴产业对 GDP 增长贡献率

战略性新兴产业中重点推动节能环保、新一代信息技术、生物、高端装备制造、新能源、新材料、新能源汽车七大产业的发展。根据国家发展改革委员会的数据,2015—2019 年,全国战略性新兴产业规模以上的工业企业的增加值年均增速为 10.4%,而总体工业增加值增速仅 6.1%。通过这些布局,中国从过去的"跟跑者"开始努力在新赛道上成为"并跑者"甚至"领跑者",力求突破在全球价值链格局中的传统低附加值地位。一个典型案例是能源技术行业,包括可再生能源、新能源汽车和节能 LED 材料等。中国先后启动了以"金太阳工程""十城千辆""十城万盏"等为代表的示范推广工程,拉动这些产业快速起步发展起来,并在科技计划的配合下带动技术进步。经过 2010—2020 年的 10 年发展,中国光伏、风电、动力电池的单位成本分别下降了 89%、34% 和 83%,累计装机量在全球居于首位,且每个产业都冒出了全球领先企业,"干中学"的效果明显。

3. 建立现代企业制度,塑造创新联合体

企业是最活跃的创新主体。研发投资大部分出自企业,其决策决定着创新的成败。中国已基本建立起了现代企业制度,培育了一批有竞争力的企业,也基本建成了有利于创新企业生长的环境。中国设立公司的条件已比较宽松,新注册公司数量近年来快速增长。同时,地方政府、企业园区、风险投资基金及中小银行依托市场机制相互配合,形成了一套发现、培育和扶持明星科创企业的机制。以企业为主导,形成了产学研各方融合的、为产业技术创新的创新联合体。

1）建立现代企业制度

在现代企业制度中，要建立健全的产权保护体系，确保企业的合法权益得到保障。加强法治环境，促进企业活动的透明度和可预期性。推动企业的市场化运作，减少政府干预，使市场资源配置更加有效。鼓励竞争，促进企业创新和提高效率。实行股权分置改革，引入更多的市场机制，鼓励股权流通和多元化股权结构，提升企业的治理水平。强化独立董事制度，提高公司治理的透明度和监督机制。鼓励企业实施员工持股计划，激励员工参与企业经营管理，增强企业的凝聚力和创新能力。

2）塑造创新联合体

在跨界融合的创新时代，搭建创新联合体尤为重要。创新联合体一般由领军企业主导，联合产学研各方，通过产业技术创新战略联盟、平台、智库、中心、实验室等形式开展联合创新活动。建设高质量创新联合体，可以提高创新体系的整体效能。第一是提升跨产业的创新绩效。创新越来越多地发生在跨学科、跨产业、跨领域的交叉地带，呈现复杂、开放式、多维的特征。创新联合体的协作创新是一种开放创造和共享。利用创新联合体开展更具战略导向、跨产业、跨组织的合作，鼓励不同领域、不同行业的企业之间建立合作伙伴关系，实现资源共享、优势互补，推动创新，有利于通过协同创新提升创新绩效。第二是推动创新链、人才链深度融合。通过共建实验室、合作开展项目等方式建设高质量的创新联合体，加强产学研深度合作的机制，促进企业、高校和科研机构之间的合作，鼓励企业开放创新，共同开展研发和创新活动，有利于激发创新者的创新潜能，有利于吸引和培养科技领军人才和创新团队，促进人才的合理布局和协调发展。第三是有助于优化创新文化环境。在创新联合体内，各方能够形成和巩固彼此之间的信任关系，创建创新生态圈，将创业者、投资者、企业、孵化器等资源有机整合，形成创新合作的生态系统[41]。

通过建立现代企业制度和塑造创新联合体，可以促进企业创新能力的提升，推动产业结构的升级，为经济可持续发展创造更加有利的环境。

4. 中国创新体系的框架条件

1）基础设施

领先的物理基础设施和有待完善的社会基础设施。中国在交通、互联网和通信（ICT）两方面的基础设施规模总量都居于世界领先位置，大幅降低了交易成本，提高了企业创新的收益率。中国高铁营业里程是美国的 50 倍,占全球 60% 以上,速度全球第一。2020 年中国移动电话普及率达到 113 部/百人,几乎全民手机上网,每月的户均流量超过 10GB,比 2015 年增长了 20 多倍。世界领先的 ICT 基础设施使得中国政府在数字治理方面位居世界前沿,可以充分发挥政府在数字经济时代支持创新的作用。

中国基本建成了包括教育、科研、社会保障在内的社会基础设施,为发展科技提供了必需的社会公共品。以科研为例,中国政府承担了大量的 R&D 开支。2020 年,中国 R&D 投入总额为 2.2 万亿元,仅次于美国,居世界第二。其中,政府出资占 20%,主要提供给政府下属科研院所和大学。除了 R&D 外,2019 年政府财政用于科学技术的支出达到 1.1 万亿元。

2) 知识产权制度

知识产权制度的核心思想是将知识生产的外部性收益一定程度上内部化,以保护人们从事知识生产的积极性。但是过度的知识产权保护又会降低知识在社会中的扩散效应。因此,知识产权保护过犹不及,关键是尺度合适。专利制度较好地平衡了激励知识生产和知识扩散之间的关系,创新者得以向全社会公开相关的技术秘密来换取一定年限的产权保护。

中国知识产权制度是指保护知识产权(包括专利、商标、著作权、工业设计等)的法律和制度框架。中国在知识产权保护和推动创新方面取得了显著进展。以下是中国知识产权制度的一些要点。

(1) 专利制度。

中国的专利制度包括发明专利、实用新型专利和外观设计专利。中国积极鼓励创新,并提供一系列政策和措施来支持专利申请和保护,如加速审查、减免费用等。

(2) 商标制度。

中国的商标制度旨在保护商品和服务的商标权益,防止商标侵权和假冒。近年来,中国加强了商标注册和保护的力度,提高了商标权益的法律保障水平。

(3) 著作权制度。

中国的著作权制度涵盖了文学、艺术、科技创作等领域,保护原创作品的权益。政府加强了对数字版权的保护,以适应数字化时代的挑战。

(4) 工业设计制度。

中国的工业设计制度保护了产品的外观设计,促进了产品的创新和美观,对外观设计的保护范围和力度也得到了提升。

（5）知识产权保护环境。

中国加大了知识产权的执法力度，打击侵权行为。设立了专门的知识产权法院，改进了司法制度，提高了知识产权的司法保护效果。

（6）知识产权国际合作。

中国积极参与国际知识产权合作，加入了世界知识产权组织（WIPO），签署了多项国际公约，加强了与其他国家和地区的知识产权合作。

（7）创新驱动战略。

中国实施了创新驱动发展战略，将知识产权保护与创新紧密结合，鼓励创新者保护和运用知识产权，推动科技创新和产业升级。

总的来说，自改革开放以来中国知识产权制度从无到有，中国在知识产权保护方面取得了不小的成就，知识产权内涵不断扩大，逐步覆盖了所有权、使用权、转让权和获益权，逐步加强保护、激励创新的问题，加强了制度建设和执法力度，为创新提供了更好的法律环境和保障。然而，也仍然面临着一些挑战，如打击侵权假冒仍需不断加强，知识产权保护与数字化时代的适应等问题。

1.3 当前核心科技图谱

当前核心科技可谓日新月异，成为经济发展的关键驱动力。2021年，"元宇宙"一词突然涌入大众视野，并引发了广泛讨论，它为人们展示了一个永续、共享的虚拟现实融合空间，勾画了科幻小说般的未来。事实上，元宇宙的概念尚处于早期构建阶段，还需要进一步的解读和理解。面向企业的元宇宙和面向消费者的元宇宙必然对应不同的平台、合作伙伴和技术。随着元宇宙的发展和成熟，其影响的业务领域范围也会延展扩大。正如互联网早已超越简单的网站功能，发展成为当今大多数业务的基础一样，我们也不应该把元宇宙应用局限于纯数字空间的体验。

人工智能近些年的作用越来越重要，2022年11月，ChatGPT 3.5的推出，迅速将人工智能推到一个新的高度。ChatGPT 3.5的强大语言生成能力使其成为各种自然语言处理商业应用的重要基础技术。例如，ChatGPT 3.5可用于智能客服、聊天机器人、自动翻译等多种应用场景。ChatGPT 3.5的问世也引发了人们对人工智能的讨论和思考,包括对人工智能的发展和应用的影响,以及人工智能可能带来的社会和伦理问题等方面的思考和探讨。

近年来,新能源和新能源汽车的发展取得了长足的进步。根据统计数据,2022年全球新能源汽车销量达到1082.4万辆,同比增长61.6%。同时,新能源汽车技术持续发展,技术变得越来越先进,续航能力也得到极大的提升,也引发了巨大的储能市场。

另外,新材料、5G通信、生物技术等领域也发挥着越来越重要的作用。

1.3.1 数字世界

数字化的转型升级在各行各业都在实施推广,元宇宙成为一个数字化的生态。埃森哲提出"多元宇宙"理念,把元宇宙视为在多个维度上不断发展和扩展的连续统一体:由包含云、扩展现实、区块链、人工智能、数字孪生、智能对象(包括汽车和工厂)及边缘计算等在内的多种技术群组成[42],既有纯虚拟体验,也有虚拟和现实结合的混合体验。

与物理世界互联、互通、互操作,提供全周期、全时空、全要素、全过程数字孪生基础设施和全局洞察与综合决策管控,促使数字世界远超于物理世界的发展迭代,建立物理世界持续优化的方法与流程,如图1-12所示。

图1-12 虚实共生

1. 物理世界数字化

使物理世界可感知(采集、融合)、可分析(挖掘、推理)、可预测(趋势、异常)、可解(现象到本质、由果及因)、可决策(干预、优化、规划)。

2. 数字世界智能化

全面掌握运行状态,实现回溯过往,掌控当下、预见未来,基于数据分析辅助决策,综合决策分析和业务优化,事件管理与联动指挥。

3. 从数智化到数治化

从打破孤岛走向连接孤岛,统筹决策和规划,从数智到数治,挖掘数据价值,助力现代化治理,决策科技化、治理精准化、服务高效化。

1.3.2 人工智能

人工智能包括深度学习、机器学习、自然语言处理、计算机视觉等方面,其中,深度学习在图像、语音、自然语言处理等领域有广泛应用,人工智能技术场景体系层级划分如图1-13所示[43]。

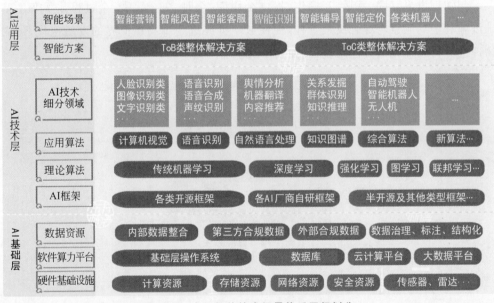

图1-13 人工智能技术场景体系层级划分

ChatGPT的火爆展示了AI在自然语言处理领域的巨大潜力。GPT模型是一种自然语言处理(NLP)模型,使用多层变换器(multilayer converter)来预测下一个单词的概率分布,通过训练在大型文本语料库上学习到的语言模式来生成自然语言文本。

ChatGPT 是 AI 语言模型的一个具体示例，例如，Google 加紧开发 Anthropic，百度推出了文心一言等。由此引发了一个全新的人工智能的热点——人工智能生成的内容（AIGC）。AIGC 是指使用 AI 算法创建的任何内容，如文本、图像或视频，从而形成巨大的产业链。上游主要包括数据供给方、算法机构、创作者生态及底层配合工具等；中游主要是文字、图像、音频和视频处理厂商，其中玩家众多；下游主要是各类内容创作及分发平台、内容服务机构等，如图 1-14 所示[44]。

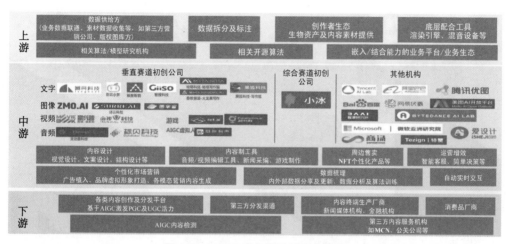

图 1-14 AIGC 产业链及重要参与者

1.3.3 5G 通信

互联互通已经是人们工作和生活必不可少的一部分，而 5G 技术是互联互通的核心。5G 技术是第五代移动通信技术的简称，其主要特点是高速、低延迟和高连接密度，可以支持更广泛的应用场景和更多的设备连接。5G 技术的特点是采用毫米波频段、MIMO 技术、多路复用等技术来提高数据传输速度和网络容量，同时，通过网络切片、网络虚拟化等技术来支持更多的应用场景和设备连接。5G 技术具有广泛的应用场景，如工业互联网、智能驾驶、智慧城市、智慧教育、智慧医疗、智能电网、虚拟现实等，如图 1-15 所示。这些场景需要高速、低延迟和高可靠的网络支持。当然 5G 技术的推广和应用也面临着多种挑战，如网络安全、网络覆盖、设备兼容性等。5G 技术是未来数字化社会的重要基础设施，其未来发展将与人工智能、物联网等技术深度融合，实现更广泛、更深入的数字化转型。

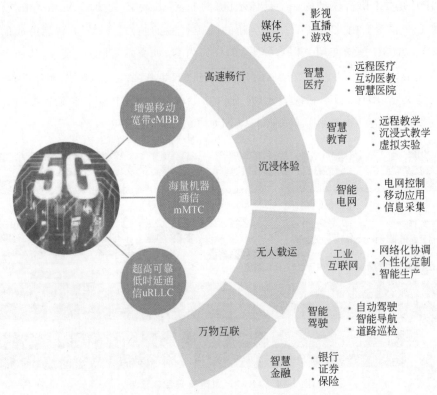

图 1-15 5G 技术的特点及应用场景

1.3.4 新能源

新能源是指与传统的化石燃料能源相比,对环境影响更小、效率更高、浪费更少、排放更少的能源类型,主要指可再生能源。可再生能源包括太阳能、风能、水能、海洋能、生物质能源、地热能、核能等。新能源产业链是新能源产业的产业结构,包括开发、生产、传输、储存、终端使用等环节。各种设备组件属于上游,下游包括新能源汽车、各种储能技术及设备,如图 1-16[45]所示,每一板块都具有巨大的市场和应用前景。

新能源产业链是新能源发展的重要组成部分,其发展不仅有利于节约能源资源、改善环境,还可以带动新产业、新技术、新业态的兴起,为推动经济社会可持续发展做出重要贡献。

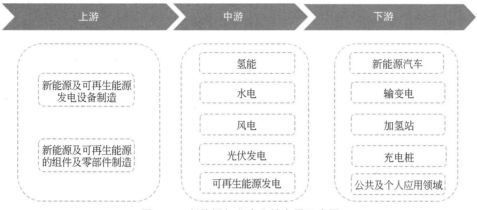

图 1-16　新能源行业产业链布局示意图

1.3.5　新材料

随着科技的不断进步和人们对高性能、高质量、高可靠性材料需求的不断提高,新材料产业得到了广泛的关注和发展。新材料是指在原材料、生产工艺和性能上都有显著改进和提高的材料,它们不仅具有传统材料的优点,还具有新的性能和应用特点。

新材料产业链是由原材料生产、材料加工、材料应用和回收利用4个环节组成的,其中包括多个环节和多个产业领域。新材料种类繁多,包括金属材料、高分子材料、复合材料、无机非金属材料等,其中,新型金属材料(如镁合金、钛合金、铝合金)、高性能高分子材料(如聚酰亚胺、芳纶、PPS)及纳米材料是当前研究和应用最广泛的几类新材料。新材料的应用领域广泛,包括航天航空、新能源汽车、生物医药、建筑材料等,如图 1-17 所示。未来,新材料产业发展将迎来更大的空间,将为更多的企业提供更多的机遇。

1.3.6　生命科学

生命科学是一门涉及生物学、化学、物理和数学等领域的综合性科学,它致力于研究生命现象及生命过程的本质,研究生命系统的结构和功能,探索生命的起源、发展等问题。生命科学产业链涵盖了从基础研究、诊断到治疗的各个环节,包括基础研究、分子诊断、疫苗开发、药物研发、临床诊疗等,诊断领域还包括分子诊断、基因检测、病毒检测、微生物检测等,如图 1-18 所示[46]。

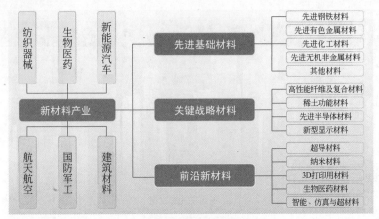

图 1-17　新材料产业链图谱

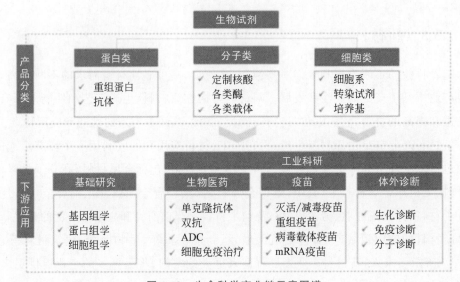

图 1-18　生命科学产业链示意图谱

生命科学产业链还包括量子计算、3D 打印、区块链、环保等广泛的科技领域，这里就不一一展开。

参 考 文 献

[1] SCHUMPETER J A. The Theory of Economic Development [M]. Cambridge Mass：Harvard University Press，1936.

[2] ROGERS E M. Diffusion of Innovations[M]. 3版. New York：The Free press，1983.

[3] FREEMAN C，SOETE L. The Economics of Industrial Innovation[M]. 2版. London：Francis Pinter，1997.

[4] 傅家骥. 技术创新学[M]. 北京：清华大学出版社，1998.

[5] 彭玉冰，白国红. 谈企业技术创新与政府行为[J]. 经济问题，1999(7)：35-36.

[6] 宋刚，唐蔷，陈锐，等. 复杂性科学视野下的科技创新[J]. 科学对社会的影响，2008(2)：30-35.

[7] SOLO S C. Innovation in the Capitalist Process：A Critique of the Schumpeterian[J]. The Quarterly Journal of Economics，1951，65(3)：417-428.

[8] ENOS J L. Research and Development in Industry[M]. Hoboken，NJ：John Wiley & Sons，1962.

[9] 钱学森. 致未来的挑战[M]. 北京：科学出版社，1991.

[10] SCHUMPETER J A，SWEDBER G R. The Instability of Capitalism[J]. Economic Journal，1928，9：361-386.

[11] SCHUMPETER J A. Business Cycles：A Theoretical，Historical and Statistical Analysis of the Copitalist Process[M]. New York：McGraw-Hill Book Company Inc，1939.

[12] ABERNATNY W J，UTTERBACK J M. Patterns of Industrial Innovation[J]. Technology Review，1978，80(7)：40-47.

[13] MANSFIELD M. The Economics of Technological Change[M]. New York：W.W. Norton & Company，Inc.，1968.

[14] UTTERBACK J M. Innovation in Industry and the Diffusion of Technology[J]. Science，1974，183(4125)：620-626.

[15] FREEMAN C. The Economics of Industrial Innovation[M]. United States：MIT Press Books，1982.

[16] 克利斯·弗里曼，罗克·苏特. 工业创新经济学[M]. 华宏勋，华宏慈，等译. 北京：北京大学出版社，2004.

[17] NESLON R R. National Innovation System：A Comparative Analysis[M]. New York：Oxford University Press，1993.

[18] PATEL P，PAVITT K. The Nature and Economic Importance of National Innovation Systems[J]. STI Review OECD Paris，1994，3：9-32.

[19] 迈克尔·波特. 国家竞争优势[M]. 李明轩，邱如美，译. 北京：华夏出版社，2002.

[20] 柳卸林. 技术创新经济学[M]. 北京：中国经济出版社，1993.

[21] 施培公. 后发优势：模仿创新的理论与实证研究[M]. 北京：清华大学出版社，1999.

[22] 冯之浚. 国家创新系统的理论与政策[M]. 北京：经济科学出版社，1999.

[23] 齐建国.技术创新:国家创新系统的改革与重组[M].2版.北京:社会科学文献出版社,2007.

[24] 原帅,何洁,贺飞.世界主要国家近十年科技研发投入产出对比分析[J].科技导报,2020,38(19):60-69.

[25] 倪浩.世界知识产权报告:中国超过美国成为2021年有效专利数量最多的国家[N].环球时报,2022-11-23.

[26] 郑实.美国制造业创新政策研究[N].机器人产业,2022-02-21.

[27] JACOBSEN S. Horizon Europe Strategic Plan(2021—2024)[R]. Luxembourg:European Commission,2021.

[28] HOBZA A,STEEMAN J T. Horizon Europe Strategic Plan 2025—2027 Analysis[R]. European Commission,2023.

[29] LOVÁSZ G. 30s in Horizon Europe:Open Science,Open Innovation and Open to the World Part Ⅱ[N]. Europe Media Trainings,2022-04-13.

[30] LOVÁSZ G. 30s in Horizon Europe:Open Science,Open Innovation and Open to the World[N]. Europe Media Trainings,2022-03-30.

[31] LOVÁSZ G. 30s in Horizon Europe:Open Science,Open Innovation and Open to the World Part Ⅲ[N]. Europe Media Trainings,2022-04-27.

[32] CRAWFORD G E,JUHAN J L,KEMPE-MUEILER S,et al. The Digital Services Act:Practical Implications for Online Services and Platforms[R]. New York:Latham & Watkins LLP,2023.

[33] PORTUESE A. The Digital Markets Act:A Triumph of Regulation Over Innovation[R].[S.N.]Information Technology & Innovation Foundation,2022.

[34] 康恺.欧洲议会通过两项数字监管新规,如何影响全球科技产业?[N].第一财经,2022-07-06.

[35] 任建军.创新:"需要更新更勇敢的头脑"[N/OL].东南网,2009-12-30.

[36] 朱相丽,王溯,董瑜.浅析日本"登月型"研发制度[J].世界科技研究与发展,2021(1):111-118.

[37] About Moonshot Research and Development Program[N]. Cabinet Office,Government of Japan,2022-12-15.

[38] 闫坤,邓美薇.日本深观察⑥:日本科技政策体系的演变及其启示[N].中国经济时报,2023-08-04.

[39] 王俊鸣.支撑当下,规划未来:2020年世界科技发展回顾·科技政策[N].科技日报,2021-01-04.

[40] 刘明华,冯晔,李美虹.中国创新崛起:创新生态孕育创新生机[R].[S.L.].德勤新视界,2020.

[41] 邸晓燕.建设高质量创新联合体[N].人民网-人民日报,2022-12-27.

[42] SWEET J,DAUGHERTY P.技术展望2022[R].[S.L.],Accenture,2022.

[43] 郝东林.人工智能技术场景体系层级划分图谱(2020版)[R].北京:清华大学金融科技研究院,2020.

[44] 李沐华.ChatGPT研究框架(2023)[R].上海:国泰君安证券研究,2023.

[45] 岑晓天.2022年新能源行业产业链全景梳理及区域热力地图[R].深圳:前瞻产业研究院,2022.

[46] 朱国广,周新明.生命科学服务产业链:景气上行,国产替代正当时[R].苏州:东吴证券,2022.

第 2 章

社会责任概述

学习目标

(1) 熟悉社会责任及企业社会责任。
(2) 掌握企业社会责任的"金字塔"(ELEPE)模型和全景模型。
(3) 了解全球企业社会责任状况及实践。

2.1 关于社会责任及相关概念

2.1.1 社会责任

社会责任(social responsibility)是一种伦理原则,它超越了法律与经济对组织所要求的义务,指组织在追求自己目标的同时,也要承担起对社会和环境产生积极影响的义务和责任,使整个社会受益,是高于组织自己目标的。它涵盖了广泛的领域,包括环境保护、社会公平、员工福利、社区发展、文化保护、道德经营等。社会责任强调了在商业活动中积极考虑社会利益、尊重利益相关者、遵循道德准则、提升社会可持续性的重要性[1]。

社会责任是每个组织、每个企业和个人都应该恪守的义务,需要权衡物质意义上的经济发展与社会和环境的福利之间可能存在的冲突[2]。社会责任不仅涉及商业组织,还涉及其行为影响环境的每个人。例如,墨西哥湾漏油事件,是 2010 年 4 月 20 日发生的一起墨西哥湾外海油污外漏事件。起因是英国石油公司(BP)所租用的一个名为深水地平线(deepwater horizon)的深海钻油平台发生井喷并爆炸,导致漏油事故。

该事件导致 11 名工作人员死亡及 17 人受伤。2010 年 4 月 20 日—7 月 15 日，共泄漏约 320 万桶石油，导致至少 2500km^2 的海水被石油覆盖着。调查报告显示，用于加固油井的水泥出现问题是原油泄漏的主要原因。马孔多油井在漏油事故发生前已存在预算超支、监测设备出现异常等问题。英国石油公司和哈利伯顿公司在实施油井水泥工程时，减少注入油井的水泥量以节约开支，造成油井安全出现问题。墨西哥湾漏油事故造成附近大范围的水质受到污染，不少鱼类、鸟类、海洋生物甚至植物都受到严重的影响，如患病及死亡等。路易斯安那州、密西西比州和亚拉巴马州的渔业进入灾难状态。这就是一个为了节省成本而造成严重环境问题、忽视社会责任的行为的典型案例。

然而，目前为止的大量文献在讲述社会责任时，实际是指向另外一个概念企业社会责任。

2.1.2 企业社会责任

经过几十年的工业化快速发展，企业成为经济社会和活动的重要主体，社会责任的研究和实践主要围绕企业展开，关于社会责任的研究与实践也是主要围绕企业社会责任。

企业社会责任(corporate social responsibility, CSR)是指，企业在创造利润、对股东和员工承担法律责任的同时，还要承担对消费者、社区和环境的责任，企业的社会责任要求企业必须突破把利润作为唯一目标的传统理念，强调要在生产过程中对人的价值的关注，强调对环境、消费者、对社会的贡献。

例如，可口可乐公司的水资源管理和社区参与。

可口可乐公司是全球领先的饮料公司，其业务覆盖全球各地。随着水资源稀缺和环境问题的增加，可口可乐公司面临着来自社会和环保组织的压力，要求其在水资源管理和社区参与方面承担更大的责任。可口可乐公司意识到水是其核心业务的重要组成部分，因此，采取了一系列举措来管理水资源。公司制定了水资源管理目标，包括减少用水量、改进生产过程以减少废水排放等。例如，公司投资研发了节水技术，优化了生产线的用水效率。此外，可口可乐公司还积极参与水资源保护项目，如水源保护、水库修复等，以确保水资源的可持续性。可口可乐公司深知其业务活动对当地社区产生影响，因此，积极参与社区发展和改善。可口可乐公司与当地政府、非政府组织合作，共同开展社区项目，如提供清洁饮用水、改善卫生设施、支持教育和培训等。此外，可口可乐公司还推出了"3E 计划"(empower,educate,employ)等倡议,旨在通过培训和就业机会帮助社区居民提高生活质量。可口可乐公司成功降低了用水量和废水排放,提高了生产过程的效率,从而减少了对当地水资源的压力,通过运营及供应链进行水管理,如图 2-1 所示[3]。

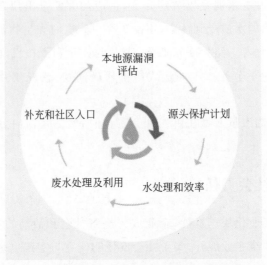

图 2-1　通过运营及供应链进行水管理

大批的企业像可口可乐公司一样,在自己的领域努力履行着企业社会责任。很多公司每年都会有详细的社会责任报告。承担企业社会责任成为越来越多的公司的主要义务。

2.2　社会责任的发展历程

2.2.1　全球的发展历程

1. 萌芽期

早在 18 世纪中后期,英国完成第一次工业革命后,现代意义上的企业就有了充分的发展,但企业社会责任的观念还未出现,当时的企业家和慈善家开始通过捐赠、慈善事业和社区项目来回馈社会,以改善劳工和社区的状况。然而,这种慈善行为往往是个人行为,没有明确的整体战略。因此,那时候的社会责任主体主要是个人。企业社会责任思想的起点是亚当·斯密(Adam Smith)的"看不见的手"。古典经济学理论认为,一个社会通过市场能够最好地确定其需要,如果企业尽可能高效率地使用资源以提供社会需要的产品和服务,并以消费者愿意支付的价格销售它们,企业就尽到了自己的社会责任,大家还是普遍接受社会责任的概念。

到了18世纪末期,西方社会责任观开始发生了微妙的变化,表现为小型企业的业主们经常捐助学校、教堂和穷人,企业开始步入社会责任的主体。进入19世纪,两次工业革命的成果带来了社会生产力的飞跃,企业在数量和规模上有了较大程度的发展。这个时期,受"社会达尔文主义"思潮的影响,人们对企业的社会责任观持消极态度,许多企业不是主动承担社会责任,而是对与企业有密切关系的供应商和员工等极尽盘剥,以求尽快变成社会竞争的强者,这种理念随着工业的大力发展产生了许多负面的影响。

与此同时,19世纪中后期,企业制度逐渐完善,劳动阶层维护自身权益的要求不断高涨,加之美国政府接连出台《反托拉斯法》和《消费者保护法》,以抑制企业不良行为,客观上对企业履行社会责任提出了新的要求,企业社会责任观念的出现成为历史必然。虽然早期文献还在引用社会责任,但被称为企业社会责任之父的经济学家波文,于1953年首次在文献中已明确提问"商人应该如何合理地承担哪些社会责任",并坚信数百个大型企业足以成为普通民众社会生活的影响和决策的重要中心[4]。

1967年,社会责任主题的最重要的思想家沃尔顿推出了一本名为《企业社会责任》的书,在该书中沃尔顿讨论了企业社会责任的许多方面,并阐述了社会责任的基本定义是:社会责任的新概念承认了企业与社会的密切关系,而且管理层在追求业绩的时候要牢记这层关系。沃尔顿阐述并强调,企业社会责任的基本要素包括一定程度的自愿,而不是衡量的经济回报和成本的决定[5]。

对企业社会责任概念具有里程碑意义的是,经济发展委员会(CED)在其1971年的《商业公司的社会责任》报告中提出企业社会责任包含三层内容:核心层明确的是高效基本职责——产品、就业和经济增长;中间层包括执行经济功能对社会价值观及重要性的影响,例如,招聘及与员工的关系,以及客户对获取信息、公平对待和免受伤害的严格期望;外层概述了新出现的、仍不明确的责任,企业应该更广泛地积极参与改善社会环境[6]。至此,企业社会责任的概念真正明确了。

2. 赢利至上期

这个阶段发生在工业化和商业化初期，企业主要关注经济利润最大化。在这个阶段，企业的首要目标是实现盈利，往往较少考虑其他社会和环境问题。企业主要关注股东的经济利益，而对社会和环境问题的重要性关注度相对较低。具有代表性的经济学家弗里德曼于1970年撰文指出，"极少趋势，比公司主管人员除了为股东尽量赚钱之外应承担社会责任，更能彻底破坏自由社会本身的基础""企业的一项、也是唯一的社会责任是在比赛规则范围内增加利润"[7]。社会经济观认为，利润最大化是企业的第二目标，企业的第一目标是保证自己的生存。

自1976年起，经济合作与发展组织制定《跨国公司行为准则》(Guidelines for Multinational Enterprises)，34个国家政府签署了这一行为准则使其逐渐在全球推广。该准则对20世纪70年代全球范围开展的企业准则运动做出了重要贡献。到20世纪80年代，弗里曼提出利益相关者理论，指出企业的成功有赖于其对利益相关者的管理能力，并将利益相关者定义为任何能够对组织目标实现施加影响或受其影响的群体或个人[8]。2000年，经济合作与发展组织对这一准则进行了修订，将其重点放在了可持续发展上，并包含了国际劳工组织所有的核心劳工协议，这表明新修订的准则更突出对企业在履行社会责任方面的指导[9]。

3. 关注环境期

在不同发展阶段中，企业社会责任的理念和实践发生着深刻的变化。随着环境问题的日益突出，企业开始意识到其商业活动对环境的影响。企业从最初追求利润的阶段逐渐转向考虑社会和环境责任，最终发展为在商业活动中综合考虑经济、社会和环境的责任。这个阶段发生在20世纪80年代和20世纪90年代。企业开始采取一些措施来减少环境影响，如改进生产过程以降低排放、提高资源利用效率等。企业社会责任开始扩展到环境领域，但仍然以符合法规和法律为主要标准。企业开始制定内部政策、准则和行为守则，以确保其商业活动对社会和环境的影响最小化。许多企业也开始与非政府组织和国际机构合作，共同推动社会责任的实践。如今，许多公司已经承担了不损害环境的责任。产品和生产过程变得更加清洁；在发生这种变化的地方，环境也在好转。在工业化国家，越来越多的公司开始"走向绿色"，因为他们意识到可以同时减少污染和增加利润[10]。埃尔金顿明确指出，进入21世纪，衡量业绩的标准应该是三重底线：社会正义、经济繁荣和环境质量[11]。

4. 成熟期

在这个阶段，企业社会责任不再仅仅关注经济和环境问题，而是涵盖更广泛的社会利益。这个阶段可以追溯到 21 世纪初期。企业开始意识到其在社会和环境方面的责任，不仅在合法要求下履行责任，还积极参与社会和环境问题的解决。企业社会责任成为商业实践和公共讨论的重要议题。越来越多的企业将社会责任融入其核心战略，认识到社会责任不仅是一种义务，更是创造可持续价值和维护声誉的关键。企业社会责任从单纯的慈善行为发展为更为综合性的战略，包括与利益相关者合作、社区发展、员工福利、人权保护等多方面。有些企业开始关注全球性的问题，如气候变化、人权、社会不平等，积极参与社会问题的解决。

一个与企业社会责任密切相关的概念是 ESG。ESG 是环境（environmental）、社会（social）、治理（governance）3 个英文单词的缩写，用来描述企业和投资者在评估和考虑公司综合表现时应考虑的关键因素。这 3 方面涵盖了一系列与企业的可持续性和社会责任相关的问题。

环境是指关注企业对自然环境的影响，包括资源使用、能源消耗、废弃物管理、排放物控制等。环境因素考虑了企业的可持续性实践，如减少碳排放、推动可再生能源使用等。

社会是指关注企业与社会之间的互动关系，包括员工权益、劳动标准、社区影响、消费者权益、多样性和包容性等。社会因素考虑了企业在社会中的影响，以及其对员工、社区和消费者的责任。

治理是指关注企业的管理体系、决策结构和透明度。好的治理体系可以确保企业高效运作、遵循道德规范，同时确保股东权益受到尊重。治理因素考虑了公司董事会的独立性、内部控制、薪酬透明度等。ESG 概念是经联合国全球契约组织（UN Global Compact）、国际金融公司（IFC）等会议倡导，于 2004 年 12 月联合国发布《在乎者赢》（*Who Cares Wins*）报告首次提出的。ESG 被广泛认为是一个综合性框架，用于评估企业的可持续性和社会责任表现。越来越多的投资者、企业和监管机构将 ESG 因素纳入其决策过程中，以推动可持续发展和更加负责任的商业实践[12]。

2.2.2　中国的发展历程

1. 初始阶段

在改革开放初期的 20 世纪 80—90 年代，中国企业主要关注经济发展和盈利，社会责任概念相对较弱。20 世纪 90 年代中期—21 世纪初期，在国际售商、品牌商推动下，中国逐步重视社会责任问题。尤其 2001 年 12 月 11 日中国正式成为世界贸易组织成员，和国际接轨，建立了在国际采购中实施社会责任方面的准则、标准或体系。中国企业开始接受跨国公司实施的社会责任方面的工厂审核。

2. 基础阶段

从 21 世纪初期开始，企业社会责任开始得到广泛关注。中国的学术机构、非政府组织及在华国际组织开始对社会责任进行系统地介绍和广泛地研究、讨论。中国政府开始强调可持续发展和社会责任的重要性，并将企业社会责任纳入法律法规和政策文件，由劳动部、商务部调查中国企业社会责任建设情况。在 2008 年汶川地震后，社会责任的概念在中国更为广泛传播，中国企业开始关注社会和环境问题。

3. 发展阶段

中国企业逐渐认识到社会责任与商业成功密切相关，越来越多的企业将企业社会责任融入核心业务战略。企业落实社会责任，实现企业经济责任、社会责任和环境责任的动态平衡，反而会提升企业的竞争力与社会责任，为企业树立良好的声誉和形象，从而提升公司的品牌形象，增强投资者信心，更加容易地吸引企业所需要的优秀人才，并且留住人才等[13]。中国政府发布了一系列鼓励和指导企业实施企业社会责任的政策措施，如《企业社会责任报告导则》(2014 年)等。越来越多的国内企业开始在企业经济责任方面进行自愿性实践，涵盖环境保护、员工权益、社区参与等领域。到 2020 年底，中国上市公司已经有超过一千家披露 ESG 报告。

4. 科技创新阶段

中国的社会责任发展正逐步与科技创新融合，创造了更多的机会和挑战，促使企业在技术应用、可持续发展和社会影响等方面积极探索和实践。数字化和信息技术在企业社会责任领域的应用愈发广泛。企业利用大数据分析、人工智能、区块链等技术来跟踪和评估社会和环境影响,从而更好地管理风险、优化资源利用,并提供透明度和可追溯性[14]。中国企业日益意识到科技创新在实现可持续发展目标方面的重要性。通过技术创新,企业可以提高资源利用效率、减少环境污染,以及推动绿色生产和可再生能源的应用。科技创新为解决社会问题提供了新的途径。例如,在健康领域,企业通过开发智能医疗设备、健康管理应用等,提升健康水平和医疗服务可能性;在教育领域,虚拟学习平台和在线教育工具为教育资源的普及和提升提供了新的方式。科技创新促使不同领域的企业、科研机构和社会组织加强合作,共同探索解决社会问题的创新性方法[15]。例如,企业与科研机构合作开发环保技术、智能城市解决方案等。科技创新也催生了一批关注社会问题的创业公司。这些公司利用技术创新,解决社会和环境问题,如智能环保设备、社会公益平台等。

在科技创新时代解决了很多社会责任问题的同时,也带来了许多挑战,叠加社会形态及组织变化,社会责任需要重新定义,这将是本书的核心目的之一。

2.3 企业社会责任的核心要素(ELEPE 模型)

经过几十年全球经济的高速发展及社会责任的研究与实践,无论讲社会责任还是企业社会责任,人们都会与目前企业社会责任的定义对号入座,因为一大批大型企业在全球主导着世界经济和社会环境,有相当一批企业真的是富可敌国。韩国 64 大集团整体销售额占韩国 GDP 的 84.3%,其中,三星整体销售额约占韩国 GDP 的 16.4%;而沙特阿美在沙特 GDP 中占比更高,沙特的 GDP 大约一万亿美元,而沙特阿美的市值高达 2 万多亿美元,仅 2022 年的净利润就高达 1611 亿美元。毋庸置疑,经济责任(economic responsibility)是社会责任核心要素的基础,同时还包括法律责任(legal responsibility)、道德责任(ethical responsibility)、慈善责任(philanthropic responsibility)和环境责任(environmental responsibility)。编者将这些要素的英文首字母拼起来组成了企业社会责任的核心要素模型——ELEPE 全景模型,如图 2-2 所示。下面对核心要素进行一一介绍。

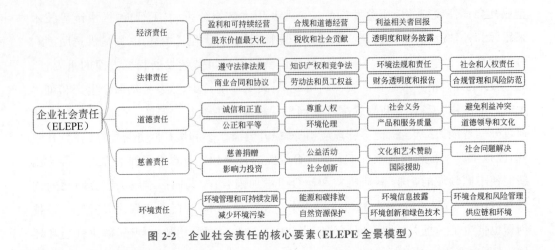

图 2-2 企业社会责任的核心要素（ELEPE 全景模型）

1. 经济责任

经济责任是指组织包括企业乃至整个社会为了实现盈利和经济可持续性而承担的责任，包括遵守商业道德、提供质量产品和服务、创造就业机会等。经济责任作为社会的最重要和最底层的元素，强调企业应该在其商业活动中创造经济价值，实现盈利，为股东、投资者和相关利益相关者提供回报。以下是经济责任的主要内容和相关要点[16]。

盈利和可持续经营：经济责任首先要求企业实现盈利，确保企业的长期可持续经营。企业需要管理好财务资源，通过有效的运营和管理，确保企业在市场中保持竞争力。

股东价值最大化：经济责任强调企业应当努力实现股东的经济利益最大化。这包括通过有效的经营管理、合理的投资决策和风险管理，为股东提供持续稳定的回报。

合规和道德经营：经济责任要求企业遵守法律法规，诚实守信地开展业务。企业应该遵循道德和伦理标准，避免不正当竞争、欺诈等行为，维护公平竞争环境。

税收和社会贡献：经济责任包括履行税收义务，按法律规定缴纳税款，为社会提供财政支持。企业还可以通过创造就业机会、提供商品和服务，为社会做出积极贡献。

利益相关者回报：经济责任要求企业在经济活动中平衡各方利益，向利益相关者提供合理的回报。这包括供应商、客户、员工等利益相关者。

透明度和财务披露：经济责任强调企业应当保持透明度，向股东和投资者提供准确的财务信息和业绩报告。透明度有助于企业建立信任和声誉。

经济责任作为社会责任的一个重要方面,强调了企业在经济活动中应当秉持诚信、创造价值,为社会的经济繁荣和可持续发展做出积极贡献。

2. 法律责任

法律责任要求企业、组织或个人等遵守所有适用的法律法规,包括税收、劳工、环保等法律要求。法律责任强调企业在其商业活动中必须遵守法律法规、遵守法律框架,并承担相应的法律义务。以下是法律责任的主要内容和相关要点[17]。

遵守法律法规:法律责任要求企业遵守所在国家和地区的法律法规。无论企业的规模和性质如何,都必须遵从相关法律,包括商业法、劳动法、环境法等。

商业合同和协议:企业应当遵循合同和协议,履行与供应商、合作伙伴、客户等相关的商业承诺。合同的签订、执行和终止都应符合法律规定。

知识产权和竞争法:企业应当尊重知识产权,遵循专利、商标、著作权等相关法律。此外,企业应遵循反垄断和竞争法规,维护市场公平竞争。

劳动法和员工权益:法律责任要求企业遵守劳动法规,保障员工的权益,包括工资、工时、劳动条件、安全等方面的权利。

环境法规和责任:企业应遵守环境法律法规,采取必要措施减少环境影响,防止环境污染和破坏。企业应当承担因环境问题造成的法律责任。

财务透明度和报告:法律责任要求企业按照法律规定向监管机构和利益相关者提交准确和透明的财务报告和信息,确保信息披露的合法性和准确性。

社会和人权责任:法律责任也包括尊重社会和人权,不从事非法活动、侵犯人权或参与不当行为。

合规管理和风险防范:企业应建立健全的合规管理体系,监控并防范法律风险,避免违法行为的发生。

法律责任作为社会责任的一个重要方面,强调了企业在商业活动中必须遵守法律法规、确保合法经营,并遵守社会规范,从而维护社会秩序和公平竞争环境。

3. 道德责任

道德责任强调企业、组织或个人等应该遵循道德和伦理准则,超越法律要求,做出符合社会价值观的决策和行动。道德责任强调企业在商业活动中应遵循道德和伦理标准,表现出诚信、公正和负责任的行为。以下是道德责任的主要内容和相关要点[18]。

诚信和正直：道德责任要求企业在业务活动中保持诚信和正直，避免虚假陈述、误导消费者和利益相关者。企业应遵循真实和透明的原则，建立信任和声誉。

公正和平等：道德责任强调企业应当对待所有利益相关者公平、平等，不偏袒特定群体或个人。利益相关者包括员工、客户、供应商、社区等利益相关者。

尊重人权：企业应尊重并维护人权，不从事侵犯人权的活动，包括劳工权益、社会公正、种族平等方面的尊重。

环境伦理：道德责任要求企业在环境保护方面承担责任，遵守环境伦理原则，不对环境造成损害，积极推动可持续发展。

社会义务：企业应该关注社会福祉，通过慈善、社区投资、公益活动等方式回馈社会。道德责任要求企业在经济利益之外考虑社会的利益。

产品和服务质量：道德责任要求企业提供高质量的产品和服务，不损害消费者利益，确保产品安全和可靠性。

避免利益冲突：企业应避免利益冲突，不从事可能损害公众利益的行为。道德责任要求企业在利益冲突面前做出公正的决策。

道德领导和文化：企业领导应发挥道德榜样作用，营造积极的道德文化，鼓励员工遵循道德和伦理原则。

道德责任作为社会责任的一个重要方面，强调了企业在商业活动中应当以道德为基准，展现出诚信、公正和负责任的行为，以促进社会的道德发展和可持续繁荣。

4. 慈善责任

慈善责任关注通过积极的慈善举措回馈社会和社区，通过捐赠、慈善活动、社会项目等方式支持社会发展和改善社会问题，超越了纯粹的法律和道德责任。慈善责任强调企业应在其商业活动中主动参与社会和社区的发展，通过捐赠、慈善活动和社会投资等方式回馈社会。以下是慈善责任的主要内容和相关要点[19]。

慈善捐赠：企业通过捐款、捐赠物资、资助项目等方式，向社会机构、非营利组织和社区提供资金和资源支持。这有助于解决社会问题、改善社会环境、促进社会福祉。

影响力投资：企业应义利并举、公益与商业相融合的投资，在追求一定的财务回报外，在社会和环境影响力方面也有量化的回报指标[20]。在科技创新的时代，科学捐赠将成为其中重要的部分。

公益活动：企业可以组织和支持各种公益活动，如志愿者活动、慈善义演、环保活动等,为社会带来积极影响。

社会创新:企业可以参与社会创新项目,推动解决社会问题的创新性解决方案,如教育改革、社会福利创新等。

文化和艺术赞助:企业可以资助文化和艺术领域的项目,支持文化活动、艺术展览、文化遗产保护等,促进文化繁荣和传承。

国际援助:一些企业参与国际慈善和援助项目,支持发展中国家的教育、健康、灾害救援等领域。

社会问题解决:企业通过慈善活动和社会投资,有助于解决一些社会问题,如贫困、疾病、灾害等,提升社会整体福祉。

慈善责任作为社会责任的一个重要方面,强调了企业在商业活动中应当积极参与社会发展、回馈社会,为社会福祉和社会问题的解决做出贡献。

5. 环境责任

环境责任要求组织采取可持续的环保实践,减少对环境的负面影响,促进资源的有效使用和保护。经过全球经济几十年的高速发展,在 20 世纪末期,环境问题开始得到普遍重视。环境责任强调企业应在其商业活动中采取可持续的经营方式,减少环境影响、保护自然资源,促进环境可持续发展。以下是环境责任的主要内容和相关要点[21]。

环境管理和可持续发展:环境责任要求企业将可持续发展融入其战略和经营决策,考虑经济、社会和环境的平衡。企业需要制定环境政策、目标和计划,以降低生产活动对环境的负面影响。

减少环境污染:企业应采取措施减少污染物的排放,控制废物和有害物质的产生及促进资源的高效利用。减少环境污染有助于改善生态系统健康和人类健康。

能源和碳排放:环境责任要求企业降低能源消耗,减少温室气体的排放,参与碳减排。企业可以通过采取节能措施、使用可再生能源等方式,减少对气候变化的负面影响。

自然资源保护:企业应遵守环保法律法规,保护自然资源,避免过度开采和破坏生态系统。企业可以参与生态恢复项目、保护野生动植物等。

环境信息披露:环境责任要求企业向利益相关者披露环境绩效和影响,提供准确和透明的环境信息,促进社会监督和参与。

环境创新和绿色技术:企业可以推动环保创新,开发绿色技术和产品,为环保产业和可持续发展做出贡献。

环境合规和风险管理：企业应遵守环境法规，防范环境风险，降低法律和声誉风险。

供应链和环境：企业应考虑整个供应链的环境影响，鼓励供应商采取环保措施，共同推动环境可持续发展。

环境责任作为社会责任的一个重要方面，强调了企业在经营活动中应当保护和改善环境，为未来世代创造一个更可持续的生态环境。

著名经济学家卡罗尔提出了企业社会责任的"金字塔"模型，清晰地总结了从经济责任到慈善责任4个核心要素的层次关系[22]。编者对"金字塔"模型进行了改进，增加了环境责任，完整地图示了企业社会责任的"金字塔"（ELEPE）模型，如图2-3所示。

企业社会责任的"金字塔"（ELEPE）模型展示了5个核心要素的宏观框架，有助于对企业社会责任的快速把握；企业社会责任的"金字塔"全景模型提供了详细的思维导图，成为指导具体企业社会责任实践的有效工具。这些核心要素反映了企业社会责任的综合性质，强调了企业、组织和个人在商业活动中应考虑的不同方面。实际的社会责任实践可能会根据行业、地区和特定情况而有所不同，但这些要素都提供了一个基本框架，帮助指导和评估企业社会责任的实施。在企业社会责任实践中，利益相关者（stakeholder engagement）也是清楚的。核心要素强调企业应该与其利益相关者（如员工、客户、供应商、社区、投资者等）进行积极的互动和合作，听取意见，并满足他们的合理期望，共同履行企业社会责任。

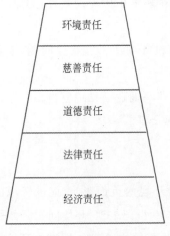

图2-3　企业社会责任的"金字塔"（ELEPE）模型

2.4　全球企业社会责任的状况

随着当前全球化和危机的发展，企业社会责任的重要性也在不断提高。企业社会责任的实施不仅是企业的道德义务，也是满足社会需求、提高企业形象和保护社会利益的重要措施。世界上越来越多的企业已经开始采取企业社会责任的政策，他们不仅努力确保自己的企业行为符合社会道德标准，还注重社会责任的实施，包括环境保护、劳动质量、反腐败、社会公平等。为了确保企业社会责任的有效执行，许多国家和地区采取了相应的法律法规和政策措施，以保护社会利益、维护公平正义。

全球企业社会责任的状况是一个不断发展和变化的领域。以下是一些有关全球企业社会责任状况的关键和趋势。

1. 提高重视程度

越来越多的企业认识到社会责任的重要性，将其纳入战略规划和核心业务目标中。企业逐渐意识到，通过积极参与社会和环境问题，可以增强声誉、提高员工和消费者满意度，并为业务长期成功奠定基础。

2. 多利益相关者参与

企业越来越重视与利益相关者（如员工、客户、供应商、社区、非政府组织等）的积极互动和合作。这种合作可以帮助企业更好地了解和回应各方的关切，并确保他们的利益得到尊重和满足。

3. 环境可持续

许多企业在减少环境影响、推动可持续发展方面采取了积极的行动。它们关注的领域包括减少温室气体排放、资源管理、能源效率、废物减少和循环经济等。许多公司还设定了具体的可持续发展目标，并向股东和利益相关者报告其进展情况。

4. 社会责任项目

企业积极参与社区发展项目和慈善事业，投资于教育、健康、减贫、社区基础设施建设等领域。许多公司还通过合作伙伴关系和创新的商业模式来解决社会问题，例如，提供可负担的产品和服务，支持社会创新等。

5. 透明度和报告

企业越来越重视透明度和对社会责任的报告。许多公司发布年度可持续发展报告，向利益相关者公开其业务行为和表现。这些报告通常包括对企业社会责任策略、目标、措施和成果的详细说明。

6. 投资者关注

越来越多的投资者将社会责任因素纳入其投资决策过程中。环境、社会和治理因素逐渐被视为企业长期绩效和风险管理的重要指标。这导致企业更加关注社会责任，以满足投资者的期望。

需要注意的是，尽管有许多企业在积极推动社会责任，但全球范围内的企业社会责任状况仍存在差异。一些企业在社会责任领域取得了显著进展，而其他企业可能仍在起步阶段。此外，一些负责任的企业也面临挑战，如平衡商业目标和社会需求、测量和评估社会影响等。中国的企业社会责任状况在过去几年有了显著的改善，包括企业对环境保护的重视程度在提高、关注和参与当地社区的发展、一些大型企业开始关注和改进供应链管理。中国政府一直在鼓励企业履行社会责任，促进可持续发展和社会进步。

2.5 企业社会责任增强竞争力及实践

2.5.1 企业社会责任增强竞争力

企业通过运用自身的专业优势解决社会、环境、员工等方面的问题，使得企业在履行企业社会责任的同时，经济效益也得以同步提升，即企业的竞争力得到增强。例如，企业积极践行社会责任，可以得到社会认同，可以接触或获取更多资源；同时，在与相关企业的竞争中，也有利于突出自身的资源优势，如技能、知识、竞争性能力等，并将其视为公司管理战略的基石。将企业战略与企业社会责任相结合可以为企业增强竞争力，从而在市场中取得更好的业绩和声誉。这种综合性的方法不仅可以实现经济目标，还能够推动社会和环境的可持续发展。

企业应如何在战略上处理这些相关因素及其关系？可以应用战略理论中的SWOT等工具进行分析。品牌价值对企业来说是至关重要的，企业社会责任的积极表现可以增强品牌形象和声誉。将社会责任纳入企业战略，展示企业对环境、社会和道德价值的承诺,可以赢得消费者的认可,提升品牌忠诚度,从而增加市场份额。如今创新成为企业发展主要驱动力,关注社会责任可以推动企业在产品、服务和业务模式方面进行创新,例如,将环保、可持续性纳入创新过程,推出绿色产品和解决方案,满足消费者对可持续发展的需求。人才是企业第一生产力,许多人才更愿意加入或留在关心社会责任的企业。在企业战略中强调社会责任,可以吸引具有社会责任意识的员工,提升团队的创造力和执行力。

企业关注社会责任可以减少环境、社会和法律风险。通过推动环境保护、合规和道德经营,企业可以降低可能导致声誉损害或法律问题的风险。社会责任可以促使企业与各利益相关者(如政府、非政府组织、社区)合作,共同推动社会和环境问题的解决,这种合作可以创造更有利的商业环境,提升企业在市场中的地位。关注社会责任可以帮助企业构建长期的商业价值。社会责任的投资和行动可能在短期内不一定带来明显的经济回报,但在长期内有助于建立稳健的企业声誉和可持续的竞争优势。一些市场趋势和消费者需求与社会责任紧密相关,如环保、健康和社会公益。将这些趋势融入企业战略,可以为企业创造新的市场机会。

将企业战略与企业社会责任结合,可以在经济、社会和环境层面上实现双赢。通过积极履行社会责任,企业可以增强其声誉、吸引人才、创造价值,从而在竞争激烈的市场中脱颖而出。

2.5.2 企业社会责任的实践

企业社会责任的实践涵盖多个领域,不仅涉及企业经营的方方面面,还涵盖员工关怀、环境保护、社会公益等很多方面,这里选择一些典型的方面进行探讨。

1. 企业社会责任优化供应链

在全球产业分工背景下,每个企业都在复杂的产业链中,都依赖产业链的友好和稳定。优化供应链是企业社会责任的重要组成部分,可以帮助企业在经济、社会和环境方面实现更可持续的发展。在选择供应商伙伴时,考虑他们的社会和环境表现,与具有良好社会责任记录的供应商合作,有助于推动整个供应链的社会责任提升。确保采购的产品和原材料的来源符合道德标准和可持续发展原则,例如,避免采购来自恶劣劳工条件下的工厂的产品。在供应链管理中关注环境可持续性,鼓励供应商采取环保措施,减少环境影响,例如,促进能源效率、减少废物产生等。确保产品的原材料来源可以被追溯,以验证其合法性和社会责任。建立透明的供应链可以减少风险和不良影响。与供应链伙伴合作,提供培训和技术支持,帮助他们改善社会责任表现。与供应链伙伴建立长期合作关系,共同追求社会和环境责任的目标,实现共赢。

通过在供应链中融入社会责任理念,企业可以实现更可持续的供应链运营,降低风险、增强声誉,促进社会可持续发展。这需要企业与供应链伙伴紧密合作,共同努力,不断创新和改进。

2. 企业社会责任配合产业链合作

伴随着制造和物流方面的科技进步,早期的产品贸易逐步发展成产业链贸易。在产业链分工带来效率提高的同时,环节增多,整个产业链及经济的脆弱性也开始显现。新冠肺炎疫情的冲击加速暴露了这个问题,促使各国开始高度关注产业链安全问题。

目前,各国在应对产业链安全问题时,似乎达成了这样一个共识,有必要缩短产业链、提高本土化产能,以一定的效率损失为代价来换取安全。这样一个宏观视角的看法,事实上是认为效率与安全不可兼得。不过,从微观层面看,产业链分工的一个重要基础是"温特制",这种生产模式将原本在单个企业内的生产环节,拆散到了不同企业、地区甚至国家间进行,并由此形成了全新的分工方式和生产体系[23]。

不过,对于"温特制"特点的行业而言,各个环节在产业链分工中的不可替代性并不一样,研发是整个产业链的核心,也是不可替代性最强的环节。企业若占据了上游研发环节,便能在很大程度上占据整个产业链的主导地位,不可替代性较弱的其他环节居于为核心环节进行生产配套的从属位置。因此,从微观的"温特制"看,提升产业链安全度的关键在于提高自身在产业链中的不可替代性。这意味着效率与安全并非不可兼得,关键在于加强研发与科技创新。

而将企业社会责任与产业链合作结合起来,可以在产业链的各个环节推动社会责任实践,实现共赢的效果。选择在社会责任方面有共同理念的合作伙伴,与具有相似社会责任承诺的企业合作,可以更有效地推动社会责任在产业链中的落实。在产业链上制定共同的社会责任标准和准则,确保每个环节都遵循相同的道德和可持续发展原则。与供应商合作,推动他们在劳工权益、环保等方面实践社会责任。鼓励供应商遵循最佳实践,提升整个供应链的社会责任水平。在产业链上共同探索和推动技术创新,提供更环保、更高效的解决方案,例如,共同研发环保技术,减少资源浪费。在产业链上共享资源和信息,促进信息透明度和合作,提高整体效率和社会责任表现。在产业链上共同承担社会和环境风险,共同应对潜在的危机和挑战。在产业链合作中共同探索可持续发展的创新机会,寻找符合社会责任和商业目标的新业务模式和产品。

通过在产业链合作中融入企业社会责任,企业可以发挥更大的影响力,实现可持续发展的目标。这种合作可以加强企业与合作伙伴之间的关系,共同创造更大的社会价值,同时提升自身的竞争力和声誉。

3. 企业培养员工成长

企业培养员工成长是企业社会责任的重要环节,是提高员工绩效和组织竞争力的重要手段。企业可以为员工提供各种培训和发展机会,包括内部和外部培训、工作轮换、实习和兼职等。这些机会可以帮助员工提高技能和知识,为未来的职业发展打下基础。企业可以与员工合作制订个人发展计划,明确员工的职业目标和发展方向,并帮助他们制订达成这些目标的步骤和计划。企业可以提供反馈和指导,帮助员工了解他们的强项和弱项,并提供指导和建议,帮助他们改进表现和提高绩效。企业可以建立导师制度,让经验丰富的员工担任新员工的导师,提供指导和建议,并分享自己的经验和知识。企业可以提供挑战性的工作和项目,使员工有机会学习新的技能和知识,并展示自己的才能。企业可以通过奖励和认可来激励员工的学习和发展,这些奖励可以包括晋升、加薪、奖金、奖章和荣誉等。企业应该建立良好的团队氛围,使员工有机会交流经验、共同进步,提高自身的工作能力。

如果企业积极履行社会责任,善待员工,给予更为合理的员工福利待遇,则有利于员工的职业安全与健康,能够提升员工的满意度与竞争力。如很多关心员工的企业,员工不但在获得的政策、制度、信息及与组织沟通等非物质方面具有较高的公平感受,在薪酬公平方面更具有其他企业不可比拟的优越性。企业培养员工成长需要一系列的措施和计划,并需要不断地评估和调整,以确保最大化地提高员工绩效和组织竞争力。

4. 企业加强全过程绿色管理

企业全过程的绿色管理也是社会责任的重要体现。首先,应建立健全绿色管理体系,把绿色管理贯穿于企业全过程,从产品设计、生产制造、运营维护、营销流通等方面实施完善的绿色管理,以提高企业的绿色竞争力,推动企业创新发展,构建健康、可持续的企业发展环境。

在产品设计阶段就考虑环保因素,使用环保材料,设计能够降低能源消耗和减少废弃物产生的产品,并充分利用数字化、虚拟仿真技术。选择符合环保标准的原材料和供应商,建立环保审批体系,确保采购的产品符合环保要求;采用清洁生产技术,减少废弃物和排放物,提高资源利用率;采用节能环保的运输工具,选择符合环保标准的运输方式,降低运输对环境的影响;采用可再生材料、可降解材料等环保材料,减少包装材料对环境的影响。推广绿色产品和环保理念,引导消费者形成绿色消费习惯;建立废弃物回收和处理体系,实现废弃物资源化利用,减少对环境的污染。

其次,要提升绿色管理水平,强化环境风险管理,把环境风险分析和管理有机地结合起来,把绿色管理贯穿企业全过程,建立完善的环境管理体系,加强企业的环保意识,提高企业的环保能力,并严格执行环保法律法规,把企业绿色管理提升到更高水平。

最后,企业还要做好节能减排和资源循环利用,采取有效措施控制及减少污染物的排放,提高企业的绿色管理水平,保护环境,改善企业的社会形象,以减少对环境的影响,提高可持续发展能力。

5. 企业传递全社会的关爱

企业通过投资社会公益、捐赠慈善事业、支持社会文化活动等方式,传递关爱社会的信息,向全社会展示出企业的社会责任。企业可以在品牌建设和宣传中,注重传递其关爱社会的价值观,例如,强调对员工、顾客、环境、社区等的尊重和关注。企业可以大力支持和参与贫困地区教育、医疗、环境保护等公益事业,为贫困群众提供帮助、为社会福祉做出贡献。企业可以通过建立良好的公共形象和声誉,来传递其对社会的关爱和责任感,例如,建立诚信、责任、透明等的形象和价值观。此外,企业还可以积极参与社会文化活动,支持文化艺术和体育事业,丰富社会文化生活,提升社会文化水平。同时,企业还可以组织企业员工参与社区服务,加强与社会的联系,为全社会带来正能量。

企业可以通过多种方式传递全社会的关爱,这不仅可以增强企业的品牌价值和声誉,也可以促进社会发展和进步,体现企业的社会责任。

2.5.3 从企业社会责任到 ESG

从企业社会责任到环境、社会、治理的发展代表了一种更加全面和综合的方式来评估和管理企业的可持续性和社会责任。以下是从 CSR 发展到 ESG 的一些重要内容。

综合性考虑：CSR 主要关注企业对社会和环境的责任，强调企业通过捐赠、慈善事业和社区参与来回馈社会。而 ESG 框架更全面地考虑了环境、社会和治理等方面的因素，从多个维度评估企业的影响。

可持续性：ESG 更强调企业的可持续性，不仅是善意的慈善捐赠，还包括企业如何管理和降低其环境足迹、如何确保员工权益，以及如何建立透明和高效的治理结构。

投资者关注：ESG 因素在投资决策中的重要性不断增加。投资者越来越关注企业的可持续性和社会责任表现，因为这些因素与长期投资价值息息相关。ESG 数据和报告能够帮助投资者评估企业的风险和机会。

公司价值观：ESG 框架更强调企业的价值观和文化，要求企业在经营过程中践行社会责任。这涉及企业的经营理念、道德准则及对员工、客户和社会的承诺。

透明度和报告：ESG 强调企业应提供透明的信息，报告其在环境、社会和治理方面的表现。这有助于建立企业与利益相关者之间的信任关系，并提供决策所需的信息。

从 CSR 发展到 ESG 反映了对企业社会责任的、更深入和更全面的认识。ESG 框架更注重企业在不同层面的影响，以及如何在业务运营中积极回应社会和环境的挑战。随着投资者、消费者和监管机构对可持续发展的要求不断增加，ESG 将在未来继续发挥重要作用。因此，ESG 是在 CSR 的基础上发展起来的，但随着时间的推移，两者的差异也日益显现。在核心理念上，CSR 概念虽然不断发展，但本质上依然带有明显的伦理和慈善烙印，尽责行善（doing good）堪称 CSR 的核心要义。而 ESG 更加注重义利并举（doing well and doing good），既关注把企业做好，为股东或利益相关者创造价值，确保企业的可持续发展，也关注企业对环境和社会的影响及环境和社会对企业的影响。从核心理念等 12 个方面对 CSR 报告和 ESG 或可持续发展报告进行对比，如表 2-1 所示[24]，从中可以看出两者的差别。目前，企业社会责任或 ESG 可持续发展报告基本都是按照 ESG 的标准。

表 2-1 CSR 报告和 ESG 或可持续发展报告的对比

	CSR 报告	ESG 或可持续发展报告	
		单一重要性	双重重要性
核心理念	尽责行善	义利并举	义利并举
使用者导向	利益相关者导向	投资者导向	投资者和其他利益相关者导向

续表

	CSR 报告	ESG 或可持续发展报告	
		单一重要性	双重重要性
报告目标	社会责任履行情况	受外部的影响	受外部的影响和对外部的影响
报告标准	缺乏统一规范	从报告框架到披露准则	从报告框架到报告准则
披露性质	自愿披露	从自愿披露到强制披露	从自愿披露到强制披露
信息特性	非财务信息	财务报告的组成部分	公司报告的组成部分
披露时间	自行选择	与财务报告一起披露	与公司报告一起披露
与治理的关联	松散的关联	嵌入治理机制和治理程序	嵌入治理机制和治理程序
与战略和商业的关联	有关联但不密切	评估可持续发展相关风险和机遇对战略和商业模式的影响	评估可持续发展相关风险和机遇对战略和商业模式的影响,以及企业战略和商业模式对可持续发展相关风险和机遇的影响
与风险管理的关联	通常未纳入企业风险管理(ERM)流程	评估和管理可持续发展相关风险,纳入 ERM 流程	评估和管理可持续发展相关风险,纳入 ERM 流程
指标与目标	没有明确规定	规定了必须披露的行业通用指标与行业专业指标	规定了必须披露的行业通用指标与行业专业指标
鉴证要求	没有鉴证要求	从自愿鉴证到强制鉴证	从自愿鉴证到强制鉴证

2.6 企业社会责任的实施案例

2.6.1 中国电信——数字科技,开创美好未来

1. 中国电信简介

中国电信(China Telecom)是中国的一家国有电信运营商,总部位于中国北京市。它是中国三大主要电信运营商之一,也是全球最大的固定电话运营商之一。中国电信

提供广泛的通信服务，包括固定电话、移动通信、宽带互联网、数据通信、云计算等。中国电信在中国及国际市场上提供了一系列的电信和信息技术服务。中国电信的业务范围涵盖全国，服务遍布城市和农村地区，同时，还在国际市场开展业务，为海外客户提供国际通信和互联网服务。

2. 公司战略

1）数字赋能

中国电信通过提供云计算、大数据、人工智能等技术和服务，赋能经济社会数字化转型，开发5G＋智能制造、智慧农业、智慧医疗等重点领域行业应用，推出数字家庭、智慧社区等各类场景应用。推进以政务云为核心的数字政府建设，打造社会治理平台，促进区域治理能力提升。强化智慧服务能力，推动以客户为中心的机制建设和流程变革，全年综合满意度行业领先。

2）创新发展

中国电信在创新发展方面采取了多种举措，积极探索新的技术、业务和合作模式，推动数字化转型和可持续发展，加强数字化关键核心 技术攻关。中国电信积极参与5G网络建设，推动高速、低延迟的5G通信技术在各个领域的应用。为企业提供了一系列数字化解决方案，包括云计算、大数据分析、物联网等。它通过提供技术平台和服务，帮助企业实现数字化转型，提升企业效率和竞争力。

3. 企业社会责任

中国电信作为一家重要的通信技术和服务提供商，积极履行企业社会责任，关注社会、环境和经济的可持续发展。

1）绿色安全可持续

中国电信积极应对气候变化，围绕"双碳"目标，实施"1248"双碳行动计划。推进企业低碳运营，在青海省打造全国首个"零碳数据中心"。赋能经济社会绿色发展，打造低碳数字化平台，为客户提供节能降碳、生态保护等新型解决方案。健全网络和信息安全工作机制。

2）数字化服务

中国电信通过提供云计算、大数据、物联网等数字化服务，帮助企业和个人实现数字化转型，提升效率和创新能力。优化云网边端一体化安全能力体系，推出数字化环境下满足客户需求的安全产品和服务。强化合规和风险管理,加强安全生产管理。

3) 员工发展

中国电信重视员工的职业发展和培训,提供多样化的培训机会。关心关爱员工,保护员工权益,关爱员工生活,助力员工成长,广大员工的获得感、幸福感、安全感不断增强。

4) 社会公益

中国电信积极济困助残扶弱,开展各类慈善和社会福利项目,96家"爱心翼站"荣获中华全国总工会"最美工会户外劳动者服务站点"称号。同时,中国电信关注教育、环保等领域,回馈社会。

中国电信坚守"建设网络强国、数字中国和维护网信安全的主力军"和"做领先的综合智能信息服务运营商"的使命愿景,全面深入实施"云改数转"战略,以客户为中心,强化科技创新核心能力,加快建设云网融合、绿色、安全的新型信息基础设施,打造合作共赢生态,大力度开放合作,与行业及产业链合作伙伴共铸国云生态,繁荣数字科技生态,构建"命运共同体"。参与"一带一路"沿线国家和地区数字信息基础设施建设,推动全球网络互联互通,支持当地社区发展。全力打造服务型、科技型、安全型企业,切实提升企业核心竞争力,加快建设世界一流企业。总结起来就是:发力4个维度,包括数字赋能显担当、创新发展增动力、绿色安全可持续、开放包容筑和谐;履行6个责任,包括本质责任、股东责任、客户责任、员工责任、环境责任、公益责任,如图2-4所示[25]。中国电信的企业社会责任报告也是严格遵循相关香港联合交易所上市规则附录27《环境、社会及管治报告指引》的规定。

2.6.2 美团——帮大家吃得更好,生活更好

1. 美团简介

美团,全名美团点评,是中国领先的生活服务电子商务平台,最初以提供外卖订餐服务起家,后逐渐发展成为涵盖餐饮、酒店、旅游、电影、外卖、生鲜等多个领域的综合性生活服务平台。美团采用O2O(online to offline)商业模式,通过线上平台连接用户和线下商家,为用户提供丰富多样的生活服务选择,并通过移动支付等技术手段实现交易。同时,美团还提供了点评、评分等功能,帮助用户了解商家的口碑和服务质量。

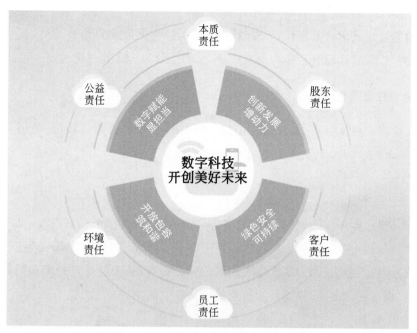

图 2-4　中国电信公司战略及企业社会责任

2. 公司战略

美团公司的战略涵盖了多个领域,旨在进一步拓展其多元化的生活服务平台,提升用户体验,推动数字化转型和创新发展。

1) 生活服务生态建设

美团致力于构建一个全面的生活服务生态系统,不仅提供餐饮、酒店、旅游等服务,还涵盖了电影、外卖超市、生鲜、健康等多个领域。通过整合不同领域的服务,为用户提供更便捷、全面的生活体验。

2) 数字化转型

美团积极推动数字化转型,通过科技创新和数据驱动的方式,提升运营效率、优化用户体验。例如,利用大数据分析,为用户提供个性化的推荐和优惠,提高用户满意度。

3) 智能科技应用

美团在人工智能、大数据等领域进行探索,致力于将智能科技应用于产品和服务中,例如,智能餐厅推荐、智能配送路线规划等,提升服务质量和效率。

4）创新合作模式

美团通过与其他行业合作，如餐饮、零售、物流等，推动创新合作模式，提供更丰富的服务，例如，与餐饮商家合作推出新产品，与物流公司合作提升配送效率等。

3. 企业社会责任

美团勇担企业社会责任，在绿色消费、乡村振兴、社区公益等领域，利用自身数字技术和平台优势，为构建更美好的社会贡献力量。以下是美团的一些企业社会责任领域。

1）绿色消费

美团关注行业环保问题，积极联合各方，深入推动行业绿色低碳发展，助力人们养成绿色生活方式，携手共建人人享有的更美自然。围绕绿色包装、低碳生态、青山科技、青山公益四大板块，努力降低外卖配送的环境影响，采用电动自行车和智能调度系统等技术，提高配送效率，推动外卖行业的可持续发展。

2）乡村振兴

美团发挥电商平台优势，以科技助力农产品上行，开展电商带头人培训计划，带动农民增收致富，以实际行动响应国家乡村振兴战略。美团买菜推出"寻鲜中国"系列活动、"本地尖货"品牌打造计划，让特色农产品通过即时零售平台更快从产地走到消费者手中，助力农产品品质提升和标准化生产。

3）公益计划

美团公益计划由美团联合壹基金等慈善组织发起，旨在为欠发达地区的乡村儿童铺设多功能操场，助力乡村儿童快乐奔跑、健康成长。美团还参与社区活动、慈善捐赠和志愿者服务，为当地社区提供支持和帮助。

4）扶贫帮困

美团通过合作伙伴、项目和捐赠等方式参与减贫工作，支持贫困地区的经济发展和人民生活改善。

美团支持小型餐厅和商家，提供数字化工具和平台，帮助他们扩大业务、提高效率，并增加收入。

5）数字普惠

美团致力于数字普惠，通过数字技术帮助更多人融入数字经济，包括提供就业机会和培训。

6) 透明度与报告

美团发布企业社会责任报告,向公众提供有关其社会和环境责任举措和成果的信息。

社会责任体系建设在美团的整体战略规划中占有重要地位,美团致力于在整个生态系统中共享社会责任理念,以促进所有参与者的发展和进步,不断地为用户、行业和社会创造价值。美团通过多种方式履行企业社会责任,努力在经济、社会和环境领域取得平衡,为社会的可持续发展做出积极贡献。这些举措有助于构建更加繁荣、公平和可持续的社会,如图 2-5 所示[26]。

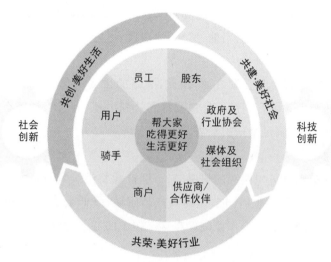

图 2-5　美团的整体战略规划及企业社会责任

2.6.3　盐湖股份——百年盐湖,生态钾锂镁

1. 盐湖股份简介

盐湖股份(青海盐湖工业股份有限公司)是中国一家知名的盐湖资源综合利用企业,总部位于中国青海省格尔木市。盐湖股份利用青海省的盐湖资源进行多元化的资源开发和综合利用,涵盖多个领域,包括锂盐、钾盐、镁盐、钠盐、氯碱化工等。盐湖股份在锂产业领域表现出色,生产锂盐和锂金属等产品,以满足全球锂电池市场的需求。由于锂电池是电动汽车和可再生能源存储系统的核心组件,因此,这一领域的发展具有重要意义。盐湖股份还涉足钾盐生产,为农业提供了重要的肥料原料。钾肥在促进

作物生长和提高农产品产量方面起着关键作用。盐湖股份在氯碱化工领域也有一定业务,生产氯碱化工产品,如氢氧化钠、氯化氢和次氯酸钠等。作为盐湖资源的综合利用者,盐湖股份注重可持续发展,并积极参与环保和社会责任项目,以确保资源的可持续管理和保护。

2. 公司战略

盐湖股份秉承"百年盐湖,生态钾锂镁"的发展理念,加强盐湖资源整合,以保障国家粮食安全和满足客户需求为己任,助推"碳达峰、碳中和"目标实现,担当起建设世界级盐湖产业基地领军企业的历史使命,协同带动国家清洁能源产业基地、国际生态旅游目的地、绿色有机农畜产品输出地等"三地"建设。

1) 盐湖资源综合利用

盐湖股份的核心资源是盐湖资源,因此,战略的重要一部分可能是继续优化和扩大对盐湖资源的开发和综合利用。这包括提高盐湖中锂、钾、镁、钠等有价值的矿物质的采集和提取技术,以满足全球市场需求。

2) 锂产业扩展

随着电动汽车和可再生能源的快速增长,锂产业将继续具有巨大的增长潜力。盐湖股份的战略举措:扩大锂生产能力、提高产品质量、降低生产成本,并寻求与锂电池制造商和电动汽车制造商的合作以确保在这一领域的竞争优势。

3) 氯碱化工领域

氯碱化工产品在多个工业领域中具有广泛应用,包括化工、纺织、农业等。盐湖股份会继续优化氯碱化工业务,并寻求扩大其市场份额。

4) 可持续发展

盐湖股份会将可持续发展作为其战略的重要组成部分。这可能包括减少环境影响、改善生产过程的能源效率、推动绿色技术创新,以及积极参与社会责任项目,以改善当地社区的生活条件。

5) 国际市场扩展

盐湖股份会考虑扩大其业务至国际市场,特别是在锂和氯碱化工领域。这包括与国际合作伙伴建立合资企业、寻找国际市场的新机会及与国际客户建立稳固的关系。

6) 技术创新

盐湖股份牵头制定、修订多项氯化钾国家标准,拥有约 400 项技术专利,荣获中国专利金奖1项,荣获国家科技进步奖二等奖3项。盐湖股份还将积极投资研发和技术创新,以不断提高生产效率、产品质量和环保性能,保持竞争力。

3. 企业社会责任

盐湖股份在企业社会责任方面涵盖多个关键领域,体现了其在社会、环境和道德责任方面的承诺。以下是这些领域的简要概述。

1)投资者权益保护

盐湖股份采取措施来保护投资者的权益,包括透明度和信息披露,以确保投资者了解公司的财务状况和运营绩效。此外,盐湖股份可能会积极与股东互动,并采取措施保护股东权益,并于2021年8月10日全面恢复上市交易。盐湖股份顺利恢复上市,切实维护、保障了广大股东和中小投资者的合法权益。

2)员工权益保障

盐湖股份致力于提供安全、健康和具有竞争力的薪酬和福利,以保护员工的权益。这包括规范用工,提供培训和职业发展机会,以提高员工的技能和职业满意度。

3)客户及供应商绩效保障

盐湖股份保护客户和供应商的权益,通常包括提供高质量的产品和服务,遵守合同和承诺,以及建立诚信和长期的合作关系。部分子公司获得环境管理体系认证、职业健康安全管理体系认证和质量管理体系认证证书,带动提升各公司管理水平,体现了质量管理的科学化、系统化、规范化,使盐湖股份产品质量和管理水平有了质的提高,盐湖股份盐桥牌氯化钾上榜"中国品牌价值评价信息榜"。盐湖股份实施质量管理和供应链可持续性措施,以确保满足客户和供应商的期望。

4)环境及安全绩效

盐湖股份牢固树立"安全第一、绿色发展"的管理理念。按照盐湖股份"一核两翼、多点支撑、生态优先"的发展战略,持续建立与现代企业管理相适宜的HSE管理体系,梳理各类风险点近万项,建立完成风险点清单、危险源清单、风险分级管控清单等,确保安全生产。盐湖股份采取措施来减少其对环境的影响,包括资源使用、废物排放和能源效率,很好地维护了生态盐湖湿地公园。

5)力行公益,回馈社会

盐湖股份积极参与社会公益事业,捐赠资金、资源或劳动力,以支持社区发展、教育、环境保护、减贫、稳价保供和其他社会问题,履行企业社会责任。企业发展不仅是全体员工共同努力的结晶,更是社会各界关注支持的结果。力行公益,感恩回报社会,是盐湖股份全体员工的共识。

盐湖股份坚持"提升管理、做专做精"的发展指导思想,秉承"立百年盐湖,创永续事业"的发展理念,保持"敬人精业、追求卓越"的企业精神,发扬"创业、创新、创优"的企业文化,使得其战略和企业社会责任相得益彰。盐湖股份战略的实施促进企业社会责任的执行,而企业社会责任的履行又提升了盐湖股份的影响力和品牌价值,更好地实现盐湖股份战略,如图 2-6 所示[27]。

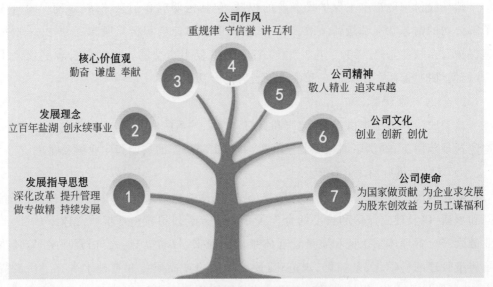

图 2-6 盐湖股份战略及企业社会责任

2.7 社会责任小结

半个多世纪以来,全球经济的高速发展,形成了一大批大规模的企业,这些企业在经济、社会、人们生活,甚至对于一些国家都占据着主导地位,企业社会责任的理论体系及实践已经成熟,编者将经典的"金字塔"模式扩展成 ELEPE 模型。通过将企业社会责任融入企业战略和经营活动,企业可以实现:提升声誉和品牌价值,增强消费者对企业的信任和忠诚度；吸引和保留优秀人才，营造积极的企业文化和工作环境；降低风险，避免因社会、环境问题而引发的声誉损害和法律纠纷；推动社会问题的解决，促进社会进步和可持续发展。

ESG 概念是 2004 年 12 月在联合国发布的报告中首次提出的。从诞生起，ESG 就继承了 CSR 的部分基因，没有 CSR 历经的百年探索，就没有今天的 ESG。ESG 概念的提出可视为 CSR 的进阶，是 CSR 发展到一定阶段，因外部因素的变化而逐渐形成的。促使 CSR 进阶为 ESG 的外部因素主要来自 3 方面：一是联合国对环境保护和可持续发展的积极推动；二是资本市场对 ESG 信息的强大需求；三是国际组织对 ESG 标准制定的不懈尝试[24]。

因此，ESG 可持续发展报告使企业更加关注。同时，CSR 与 ESG 的核心内涵是一致的，都是在为股东创造价值，赚取利润的同时，承担起对员工、消费者、环境、社区等利益相关方的责任。本书的主题是企业社会责任。在科技创新的时代做进一步的延伸。

企业社会责任的实践不仅有助于企业在商业领域取得成功，更为社会的可持续发展做出了积极的贡献。企业社会责任已经成为现代企业不可或缺的一部分，能够为企业、社会和环境创造更大的共同价值。由于企业在经济社会生活中的主导作用已经近半个世纪，所以社会责任与企业社会责任已经同质化，这里的社会责任就称为"社会责任1.0"，与企业社会责任同义。然而，随着近十年科技的创新和快速发展，社会责任概念进入了一个差异化发展时代，第 3 章将要引入"社会责任 2.0(SR 2.0)"。于 2022 年 3 月，为切实推动中国政府企业科技创新和社会责任工作，中国国务院国资委成立了社会责任局，以便更全面和准确地应对科技创新时代的社会责任。

参 考 文 献

[1] JENSEN D. Endgame, Vol. II: Resistance[M]. Toronto: Seven Stories Press, 2006.

[2] PALMER K, OATES W E, PORTNEY P R. Tightening Environmental Standards: The Benefit-Cost or the No-Cost Paradigm? [J]. Journal of Economic Perspectives, 1995, 9(4): 119-132.

[3] QUINCEY J. 2019 Business and Sustainability Report [R]. Atlanta: The Coca-Cola Company, 2020.

[4] BOWEN H R. Social Responsibilities of the Businessman[M]. New York:Harper&Row,1953.

[5] WALTON C C. Corporate Social Responsibilities[M]. Belmont,CA:Wadsworth,1967.

[6] ALLEN C E. Social Responsibilities of Business Corporations[R]. New York:Committee for Economic Development,1971.

[7] FRIEDMAN M.The Social Responsibility of Business Is to Increase Its Profits[N]. The New York Times Magazine,1970-09-13.

[8] FREEMAN R E.Strategic Management:A Stakeholder Approach[J]. Journal of Management Studies,1984,29(2):131-154.

[9] Guidelines for Multinational Enterprises[R]. Paris:Organisation for Economic Co-Operation and Development,2001.

[10] HART S L. Beyond Greening:Strategies for a Sustainable World[J]. Harvard Business Review,1997(01/02).

[11] ELKINGTON J. Cannibals with Forks:The Triple Bottom Line of 21st Century Business[J]. Environmental Quality Management,1998,8(1):37-51.

[12] AUSTIN D. Who Cares Wins:Connecting Financial Markets to a Changing World[R].[s.l.:s.n.],2004.

[13] 王琳.中国企业社会责任实践发展分析[J].中国工业经济,2013(12):105-116.

[14] 郑帅,邹卫东,严伟鹏.数字技术与企业社会责任:现状、问题与发展[J].商业经济研究,2019(6):41-52.

[15] 高迎春,曹广春.基于科技创新的企业社会责任发展研究[J].资源开发与市场,2020(3):34-36.

[16] MCWILLIAMS A,SIEGE D S. Corporate Social Responsibility:A Theory of the Firm Perspective[J]. The Academy of Management Review,2001,26(1):117-127.

[17] GARCÍA-RIVAS M,GÁLVEZ-SANCHE F J,NOGUERAVIVO J M,et al. Corporate Social Responsibility Reports:A Review of the Evolution,Approaches and Prospects[J]. Heliyon,2023,9(7):1-18.

[18] HARTMAN PORTER L DES-JARDINS J,MAC-DONALD C,et al. Business ethics:Decision Making for Personal Integrity and Social Responsibility[M]. New York:McGraw-Hill,2014.

[19] PORTER M E,KRAMER M R. The Competitive Advantage of Corporate Philanthropy[J]. Harvard Business Review,2002,80(12):56-68,133.

[20] FIDELITY C. Future of Philanthropy[N]. Boston,MA:Fidelity Charitable,2021.

[21] SCHALTEGGER S,WAGNER M. Sustainable Entrepreneurship and Sustainability Innovation:Categories and Interactions[J]. Business Strategy and the Environment,2011,20

(4)：222-237.

[22] CARROLL A B. The Pyramid of Corporate Social Responsibility：Toward the Moral Management of Organizational Stakeholders[J]. Business Horizons,1991,34(4)：39-48.

[23] 黄卫平,朱文晖.温特制：美国新经济与全球产业重组的微观基础[J].美国研究,2004,(2)：7-24.

[24] 李诗,黄世忠.从CSR到ESG的演进：文献回顾与未来展望[J].财务研究,2022,(4)：13-25.

[25] 中国电信集团有限公司.2022年度社会责任报告[R].北京：中国电信集团有限公司,2023.

[26] 美团.美团2022企业社会责任报告[R].北京：美团,2023.

[27] 青海盐湖工业股份有限公司.2021年度社会责任暨ESG报告[R].格尔木：青海盐湖工业股份有限公司,2022.

第 3 章

科技创新时代的社会责任

学习目标

(1) 了解科技创新对社会责任的影响。
(2) 认识"社会责任 2.0"概念及建立的逻辑。
(3) 熟悉"科技向善"及其要素(PECELEP)模型。
(4) 掌握其他相关概念及"三态共存"模式。

3.1 科技创新与社会经济效益

科技创新对社会经济效益的影响是十分显著的。科技创新有助于促进经济发展,加快社会和经济的发展步伐,提高社会经济效益,甚至能在很大程度上改变社会的格局。科技创新对社会经济的主要效益表现在以下几方面。

1. 提高生产效率

科技创新可以带来更高的生产效率,通过自动化、数字化和智能化等技术,可以减少劳动力成本,并提高生产效率。这将导致更高的生产量和更低的成本,从而提高企业的盈利能力。

2. 促进经济增长

科技创新是推动经济增长的重要因素。新的科技创新可以创造新的产业、新的就业机会,并推动现有产业的发展。科技创新还可以带来新的产品和服务,满足人们的需求,进一步促进经济增长。

3. 提高竞争力

科技创新可以增强企业的竞争力。通过引入新的技术和创新的产品,企业可以在市场上获得竞争优势。这将使企业能够吸引更多的客户和市场份额,并实现可持续的增长。

4. 促进创业和就业

科技创新为创业者提供了更多的机会。新的科技创新创造了新的市场需求,为创业者提供了创业机会。同时,科技创新也创造了更多的就业机会,因为新的技术需要人才来推动其应用和发展。

5. 改善生活质量

科技创新可以改善人们的生活质量。通过创新的科技解决方案,我们可以获得更好的医疗保健、更高的生活便利性和更好的环境保护。这些技术创新可以提高人们的健康状况、提升生活水平,并为人们创造更好的生活条件。

6. 促进可持续发展

科技创新可以推动社会的可持续发展。通过研发清洁能源技术、环境保护技术和资源利用效率等方面的创新,科技创新可以减少对环境的影响,推动可持续发展的目标。

当然,科技创新也带来经济效益和社会效益的探讨和思考。2018年,著名投资银行高盛(Goldman Sachs)发布了一份针对生物技术领域的调查报告。这份名为《基因组革命》的报告认真分析了近年来生物技术公司的迅速崛起,报告中认为,这些生物公司有望开发出一次性治愈慢性疾病的治疗方法。快速甚至是一次性治愈患者的商业模式并不利于长期利润,如基因疗法。虽然这个创新对患者和社会将带来巨大价值,具有很好的社会效益,但对于追求可持续商业利润为目标的药物开发商来说,快速甚至一次性治愈患者,医药公司将难以保证自己的利润,经济效益和社会效益形成冲突[1]。

如果政府将国内生产总值的一部分资助科学研究,就能自由获取研究所得的所有专利。或者可以从制药公司或其他中间商获取的利润中征税,然后把这个钱投向公共资助的科学研究,进而促进经济效益和社会效益的结合,这是科技创新赋予社会责任的新含义。

综上所述,科技创新对社会经济具有深远的影响。它可以提高生产效率,促进经济增长,提高竞争力,促进创业和就业,改善生活质量,并推动可持续发展。因此,科技创新对社会和经济的发展有着非常重要的作用,是现代社会不可或缺的一部分。通过不断改进措施可以获得经济效益和社会效益双赢的结果,也为科技创新作为新的社会责任的核心要素提供了一个理由。

3.2　科技创新与社会伦理治理

科技创新与社会伦理治理是一个重要而复杂的话题。科技创新的发展为社会带来了巨大的变革和机遇,但也带来了一系列伦理和道德问题。为了确保科技的发展与社会的良好运行相适应,需要进行有效的伦理治理。

一方面,科技创新在社会环境的治理中起到了重要的作用,特别是跟踪客观实在的社会现象和行为分析。科技创新利用信息发展新的环境,把它与实际知识相结合,也就是使技术服务社会。跟踪分析与技术的深层融合,有助于更好地认识社会伦理问题,以加强社会结构治理的有效性。当科技与社会伦理相结合时,会发生奇妙而神奇的结果:不仅新技术和信息的创新增强了社会伦理的有效性,而且社会伦理的正确作用为科技的前进提供了道路和道德基础。

另一方面,科技创新应该遵循一定的伦理原则和价值观,包括尊重人权和隐私、促进公平和公正、确保安全和可持续性等。

自移动互联网爆发以来,数据似乎成为一座富矿。然而,数据的滥用也会带来巨大的风险。以脸书为例,有媒体报道说,美国社交网络公司脸书因数据泄露遭遇危机,可能面临灭顶之灾。这次数据泄露涉及多达 5000 万用户,如此大规模的数据是怎么泄露的?这些数据被用于做什么、目的是什么?媒体深挖之后发现,真相令人震惊。脸书的前雇员弗朗西丝·豪根出席美国国会参议院"消费者保护、产品安全和数据安全小组委员会"的听证会,指认脸书及旗下多款社交媒体产品正在伤害青少年群体,并进一步加剧了美国社会的分裂，动摇了美国的根基。弗朗西丝·豪根还表示，脸书公司在明明知道这些问题和后果的前提下，却为了利润刻意向外界隐瞒了这些信息。弗朗西丝·豪根是一名数据分析师，之前曾在谷歌、脸书等多家美国互联网巨头企业任职。她在脸书工作期间发现公司在处理用户数据和运营策略方面存在不少问题，从脸书离职后，豪根将这些问题爆料给了媒体，从而引发广泛关注。

其实，目前线上承载数据的应用及平台多得数不胜数，只是脸书事件影响比较大。为了快速了解这些应用及平台，可以根据不同的功能和用途进行分类，对一些常见的承载数据的线上平台类型小结如下。

云存储服务：这些平台提供了可扩展的云存储解决方案，用户可以将各种类型的数据上传到云端进行存储和管理，如 Amazon S3、Google Cloud Storage 和 Microsoft Azure Storage。

数据库托管服务：这类平台提供了数据库的托管和管理，包括关系数据库（如 Amazon RDS、Azure SQL Database）和 NoSQL 数据库（如 MongoDB Atlas、Firebase）。

大数据平台：这些平台专注于存储和处理大规模的数据集，包括 Hadoop 和 Spark 等分布式计算框架，以及云服务中的数据湖和数据仓库（如 Amazon Redshift、Google BigQuery）。

文件分享和协作平台：这类平台允许用户上传、分享和协作编辑文件，如 Google Drive、Microsoft OneDrive 和 Dropbox。

数据集市场：数据集市场提供各种类型的数据供应和需求匹配，帮助用户找到需要的数据集，如 Kaggle、Quandl 等。

在线分析和报告工具：这类平台允许用户将数据导入其中，进行分析、可视化和生成报告，如 Tableau、Power BI 和 Google Data Studio。

物联网（IoT）平台：用于管理和分析物联网设备生成的大量数据，如 AWS IoT、IBM Watson IoT 等。

应用程序后端服务：这些平台提供应用程序的后端基础设施，包括用户数据、文件存储、推送通知等，如 Firebase、Parse 等。

社交媒体平台：平台如 Twitter、Facebook、Instagram 等承载用户生成的文本、图像和视频数据。

在线调查和问卷平台：这类平台用于创建、分发和收集调查问卷数据，如

SurveyMonkey、Google Forms 等。

教育和培训平台：用于在线教育和培训，承载学习材料、学生进展和测试数据，如 Moodle、Coursera 等。

医疗健康平台：用于存储和管理患者健康数据、医疗记录等，如电子病历系统和健康管理应用。

金融和投资平台：用于存储和分析金融市场数据、投资组合等，如金融数据供应商和投资平台。

这些平台类型只是众多可能性中的一部分，随着科技创新的不断发展，将会有更多的平台出现。第 6、7 章将会详细展开的新材料、生命科学，都会对社会伦理提出新的挑战。因此，科技创新引发各方组织应该制定和遵守道德准则，将伦理原则纳入其研发和运营过程中。同时，政府和监管机构也应该制定相关法律法规，引导和规范科技创新的方向和行为。由于科技创新具有跨国界的性质，因此，国际社会需要加强合作，共同应对科技伦理挑战。国际组织和国家之间可以分享经验和最佳实践，制定共同的标准和规范，共同构建科技创新和伦理治理的国际体系。由于科技创新带来的社会伦理挑战已经远远超出企业的范围，甚至涉及国际合作，所以这为科技创新作为新的社会责任的核心要素又提供了一个理由。

3.3　科技创新与社会慈善

科技创新与社会慈善在当今社会中扮演着重要的角色。科技创新可以为社会慈善事业提供新的工具和方法，帮助提高慈善组织的效率和影响力，同时，也可以解决一些社会问题并改善人们的生活。

科技创新可以改变社会慈善组织的运作方式。通过应用先进的技术，如互联网、大数据、人工智能等，使慈善组织可以更有效地管理和分配资源，提高透明度和追踪效果。例如，通过在线平台和移动应用程序，人们可以轻松地进行捐款和志愿者活动的注册，并实时了解捐款的使用情况和项目进展。这样的创新可以增加人们对慈善事业的参与和信任。

科技创新还可以帮助解决一些社会问题。例如，在教育领域，科技创新可以提供在线学习平台和教育资源,使教育机会更加普惠;在医疗领域,科技创新可以改善医疗服务的可及性和效率,提供远程医疗、医疗数据分析等解决方案。这些科技创新不仅可以改善社会的整体福祉,还可以减少贫困和不平等现象。

科技创新也可以促进社会慈善的发展和合作。通过科技平台和社交媒体,慈善组织可以更好地宣传自己的工作和需求,吸引更多的捐款和志愿者。科技创新还可以促进慈善组织之间的合作,共享资源和经验,提高整体效果。例如,一些科技公司和慈善组织合作推出社会创新项目,利用科技手段解决社会问题,实现商业和社会的双赢。

然而,科技创新与社会慈善也面临一些挑战和风险。其中之一是"数字鸿沟",即信息技术和互联网的使用不平等现象。一些弱势群体可能无法获得科技创新带来的好处,从而加剧了不平等现象。此外,数据隐私和安全问题也需要得到重视,确保科技创新在保护个人隐私的同时,为社会慈善事业提供有益的支持。

由此可见,科技创新对推动社会可持续发展具有重要作用。它包括教育、减贫、医疗、社会福利等各方面。不仅要提高生产效率、降低生产成本,还要加大产品和服务的创新力度,为消费者提供优质的产品和服务。同时,科技创新也为社会慈善带来一些挑战。因此,由于科技创新而引发的对社会慈善的深刻影响及挑战都需要持续不断的研究,也为科技创新作为社会责任核心要素提供了一个重要依据。

3.4 科技创新与生产关系

科技创新在很大程度上影响着生产关系,从传统的劳动与资本之间的关系,到现代的数字化和自动化生产模式,从中心化到去中心化等,科技创新引发了生产关系的多方面变化。

1. 自动化与机器人

科技创新,如机器人技术和自动化系统,使生产线更加自动化,减少了生产对人力资源的需求。机器人技术可能改变生产过程中的劳动分工模式。一些基础性的劳动任务可能由机器人取代,而人类工作的重点可能转移到更加高级的技能和创造性的工作上。机器人可以执行重复性、烦琐或危险的任务,从而提高了生产效率和质量。机器人在危险或恶劣环境中的应用可以提高工作安全性。人们可以通过远程操作或让机器人承担风险任务,减少工人的健康和安全风险。人机协作成为越来越重要的生产模式。机器人和人类可以在同一生产线上共同工作,机器人执行重复性任务,而人类专注于创造性的问题解决和监督。这改变了传统的劳动与资本之间的关系,导致生产中的人力需求减少,从而影响到工人的就业和工作条件。机器人的普及可能引发关于劳工权益的讨论。同时,机器人技术的开发、制造和维护也可能创造新的就业机会。随着2022年11月ChatGPT的推出,相当一批有规律的脑力劳动也将被机器人取代。目前,科技创新的快速发展,机器人将会越来越强大,那么,会不会出现有意识、有情感的机器人?因此,机器人技术的发展正在重塑生产关系,从劳动力组织到工作条件,从技能需求到劳工权益,都可能发生变化。这需要政府、企业、各级组织及教育机构共同努力,以确保机器人技术的应用能够在推动生产效率、改善人们生活的同时,也维护劳动者的权益和社会的稳定。

2. 共享经济和平台模式

共享经济和平台模式是近年来兴起的商业模式,对生产关系产生了深远的影响。这种模式基于互联网和数字技术平台,连接了供应者和需求者,改变了传统的交易和劳动组织方式。共享经济和平台模式提供了更多的自由职业和临时工作机会。人们可以根据自己的时间和兴趣选择工作,从而改变了传统的长期雇佣关系。这种模式使劳动者能够自主安排工作时间,灵活适应个人需求。这可能在一定程度上影响传统的固定工作时间和地点的安排。共享经济和平台模式为人们提供了额外的收入来源。劳动者可以通过多个平台从事不同类型的工作,提高了收入多样性。由于共享经济和平台模式的劳动者通常是自由职业者,他们可能面临缺乏传统雇佣关系中的劳动权益和社会保障。这引发了有关劳工权益和社会保障的争议。共享经济和平台模式可能改变市场竞争的方式。平台模式可能影响价格定位、供求关系及行业标准,从而对整个市场产生影响。共享经济和平台模式提供了更便利的消费者体验,使消费者可以更容易地找到、比较和选择服务。这可能影响供应者之间的竞争和市场透明度。平台模式可能鼓励用户参与平台治理和决策。用户可能有机会影响平台规则、评价标准等,从而影响生产关系。

共享经济和平台模式在改变着生产关系的同时,也引发了一系列社会、法律和经济问题。这包括如何平衡工作灵活性和劳工权益、如何确保平台模式的公平性和透明度，以及如何在数字时代维护社会保障体系等。

3. 去中心化

区块链技术和 Web 3.0 是当前科技领域的重要创新——去中心化技术，它们对生产关系产生了一系列深远的影响。

区块链技术通过去中心化的特性，消除了对中介机构的依赖，改变了信任建立和维护的方式。这可能影响金融、供应链和合同管理等领域的生产关系，减少交易成本并提高透明度。区块链上的智能合约是自动执行的合同，不需要第三方介入。这将改变合同履行的方式，可能影响到劳动合同、供应链合作等领域的生产关系。区块链的加密和分布式特性可以提高数据的安全性和隐私保护。这可能在数字身份验证、医疗记录管理等领域影响生产关系，提供更安全的数据交换方式。区块链可以追踪和记录物品的生产和流通过程，提高供应链的透明度。这可能影响供应链合作伙伴之间的生产关系，减少信息不对称和争议。

而 Web 3.0 提倡去中心化的互联网，用户可以直接交互而无须通过中介平台。这可能改变在线市场、社交网络等领域的生产关系，赋予用户更大的控制权。Web 3.0 将数字资产纳入价值交换的范畴，包括非同质化代币（NFTs）。这可能改变创意产业的生产关系，创作者可以更直接地从数字内容获得价值。Web 3.0 支持去中心化应用（DAPP），用户可以参与平台治理和决策。这可能影响到平台和用户之间的生产关系，实现更平等的参与机会。Web 3.0 的理念之一是个人拥有自己的数字身份和数据。这可能改变数据交换和个人与企业之间的生产关系，用户可以更加控制自己的数据。

由此可见，去中心化的区块链技术和 Web 3.0 正在改变着传统的生产关系，从金融到供应链，从合同管理到数字内容创作，都可能出现新的模式和机会。然而，这些变革也带来了挑战，包括法律和监管问题、技术成熟度及社会适应性等方面的挑战。

前面列举了 3 个科技创新影响生产关系的典型场景，其实，科技创新还在很多方面影响和改变着生产关系，例如，人工智能技术的应用改变了生产和服务的方式，从自动化客户服务到预测性维护。这可能改变劳动力的技能需求，从而影响培训和职业规划。科技创新使得供应链和生产过程可以在全球范围内分布式进行。这导致不同地区之间的生产关系发生变化，可能影响到国际贸易、外包和劳动力流动。科技创新推动了知识经济和创新型产业的发展，这些产业更加依赖于高技能劳动力和创造性的工作。这可能导致技能需求的变化，以及对教育和培训的更高需求。远程工作和数字化办公环境的出现改变了工作地点和劳动力的组织方式。这可能影响到劳动力的社交互动、职业发展和工作与生活的平衡。科技创新催生了许多新兴产业和职业,如数据分析师、网络安全专家、人工智能工程师等。这些新兴领域对新的技能和专业知识提出了需求,可能改变劳动力市场的供需关系。

总之,科技创新在推动生产力提升的同时,也在不同层面上对生产关系产生了深远影响,从劳动力需求和组织形式到工作环境和职业发展的改变。这些影响的程度和方向取决于科技创新的本质、社会和经济背景及政策和法规的制定。这也为科技创新成为社会责任要素提供了重要依据。

3.5　科技创新时代的社会责任

3.1~3.4 节从社会经济效益、社会伦理治理、社会慈善、生产关系 4 方面论证了在科技创新时代,科技创新从广度及深度等多个维度对社会责任的深刻影响。因此,社会责任需要纳入科技创新作为核心要素之一。其实,科技创新在法律合规及环境可持续性等方面也带来了新的挑战,如知识产权保护、竞争法规、电子垃圾、能源消耗,还有前面已经提到的用户数据隐私等。因此,在科技创新时代,社会责任不再与企业社会责任同质化了。社会责任的核心要素升级为 ELEPES 模型,在企业社会责任核心要素 ELEPE 的基础上增加了科技创新核心要素。为了明确区别,基于 ELEPES 模型的社会责任称为"社会责任 2.0",如图 3-1 所示,与企业社会责任同质化的社会责任就明确为"社会责任 1.0"。因此,从本节开始的社会责任就是"社会责任 2.0"的简称,不再是与企业社会责任同质化的"社会责任 1.0"了。

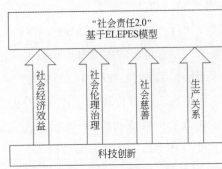

图 3-1　科技创新时代的"社会责任 2.0"

科技创新原则上是没有国界的,许多科技创新成果需要国际组织、国家之间分享甚至协调。随着科技创新带来的生产关系、供应链、产业链等的变化,社会责任的主体及利益相关者也发生了变化。从产业大发展时代的企业社会责任由企业主导及利益相关者为员工、客户、供应商、社区、投资者等，转变为科技创新时代的社会责任由国家、政府、企业、科研机构、组织等联合主导及其利益相关者为政府职员、员工、科技人员、自由职业者、客户、供应商、社区、投资者等。

从此，本书重塑了社会责任——是基于 ELEPES 模型的、更广泛的主体和利益相关者的"社会责任 2.0"。企业社会责任仍然是很重要的领域和实践，同时也成为"社会责任 2.0"的重要组成部分。经过几十年的发展，企业社会责任的理论及实践已经比较成熟，所以本书聚焦科技创新时代的"社会责任 2.0"。

科技创新也是一个非常广的概念，涉及非常多的方面，围绕社会责任，本书将制定科技创新针对社会责任的准则——"科技向善"。

3.6 "科技向善"及其要素

3.6.1 "科技向善"的概念

"科技向善"的"善"是一整套完整的规范和机制。这种机制不是单一的、短暂的，而是成体系的、长期的；这种机制不是以约束性为唯一目的的，而是在建立最低约束标准条件下的一种促进和回馈；这种机制不是企业或政府单一建立的，而是企业、政府、公众社会组织多主体共同参与制定和遵守的[2]。

提出"科技向善"的概念是为了强调科技发展应该以人类的利益和社会幸福为导向，而不仅仅是追求技术的发展和商业利益。科技的迅猛发展给人类带来了巨大的影响和变革，但同时也带来了一些负面的影响和道德困境，如污染、社会分层、损害健康等。2019 年腾讯的企业社会责任报告中就明确以"用户为本，科技向善"为主题[3]。"科技向善"主张人们利用科技来提升日常生活水平，进而达到社会和环境的可持续性。这样的努力可以有效促进更均衡的发展，进一步提高人们的生活质量。"科技向善"的概念主要包含以下几方面的考虑。

"科技向善"是强调科技应该以社会责任为导向，关注人类价值、道德考量和可持续发展的理念。它鼓励科技创新者和科技公司在开发、应用和推广技术时，不仅要追求商业成功,还要考虑其对社会、环境和人类福祉的影响,以创造一个更公正、可持续和人本的科技未来。

"科技向善"要求科技创新承担起社会责任,确保科技的应用符合社会伦理和法律要求,同时为社会做出积极贡献。举例来说,谷歌推出的 AI for Social Good 计划,旨在利用人工智能技术来解决社会问题,如环境保护、医疗健康等。

"科技向善"强调科技创新应该尊重和体现人类的尊严和价值。人类幸福应该始终是科技创新的中心目标。例如,人道主义科技组织 OpenAI 在其伦理准则中明确表达了对人类价值的尊重,强调人工智能技术的开发应当有助于造福整个人类社会。

"科技向善"要求在科技创新和应用过程中进行深入的道德考量,避免造成不良后果。例如,人工智能技术可能会引发伦理问题,如算法歧视。因此,微软发布了 AI 伦理原则,强调 AI 系统的公平性、透明性和问责制。

"科技向善"倡导科技创新与可持续发展目标相结合。科技创新应该推动环境保护、资源可持续利用等。以电动汽车为例,特斯拉的创新不仅带来了汽车行业的变革,还促进了清洁能源的发展,为可持续交通做出了贡献。

这些例子凸显了"科技向善"概念的实际应用,体现了科技创新在发展过程中关注社会责任、人类价值、道德考量和可持续发展的重要性。"科技向善"是一个强调科技应该以积极的方式影响社会、环境和人类福祉的概念。这个概念强调科技创新不仅应该追求商业成功和技术进步,还应该关注社会伦理、环境可持续性及社会公平等方面的影响。

提出"科技向善"的概念旨在将科技的力量用于改善人类社会、提升人类幸福、推动可持续发展,并确保科技的发展和应用符合伦理原则,不会带来负面影响。通过关注这些目标,我们可以创造一个更加繁荣、公正、可持续和以人类为中心的未来。

3.6.2 "科技向善"的要素(PECELEP)模型

"科技向善"的要素是指科技发展和应用过程中所应具备的一些关键因素,以确保科技的发展符合人类的利益和社会的可持续发展,归纳起来"科技向善"的核心要素就是如下几方面:政治(political)、经济(economic)、文化(cultural)、环境(environmental)、法律(legal)、伦理(ethical)、慈善(philanthropic),因此,可以总结成 PECELEP 模型,如图 3-2 所示。

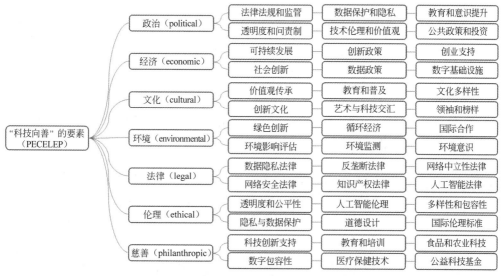

图 3-2 "科技向善"的要素(PECELEP)模型

1. 政治

政治环境对"科技向善"至关重要。政府政策和监管应促进科技发展和应用的可持续性和社会责任,确保科技发展符合公众利益,并防止滥用和不当使用科技。主要内容如下。

(1) 法律法规和监管:政府可以制定和执行法律法规,以确保科技创新遵守道德和社会价值观。这包括数据隐私、反垄断、网络安全和内容监管等方面的法律,以确保科技创新不损害公众利益。

(2) 透明度和问责制:政府可以推动科技创新提高透明度,特别是关于算法决策和数据处理的透明度。同时,政府应确保科技创新主体承担适当的责任,并在违规时追究其法律责任。

(3) 数据保护和隐私:政府可以制定严格的数据保护法律,确保个人数据不被滥用。这包括监管数据收集、存储和分享的规则及规范数据使用的目的。

(4) 技术伦理和价值观:政府可以促进公众对科技伦理和价值观的讨论,并鼓励科技创新遵循这些价值观。这有助于确保技术不会损害社会和个体的权益。

(5) 教育和意识提升:政府可以通过教育和意识提升活动,提高公众对科技的理解,包括其潜在风险和影响。这有助于公众更好地理解科技的伦理和社会影响。

（6）公共政策和投资：政府可以通过制定支持科技创新的公共政策和投资，鼓励科技创新符合伦理和社会价值观的技术。这包括资助研究和发展项目，以解决社会问题。

2. 经济

经济因素对"科技向善"具有重要影响。创新的经济模式和可持续的商业模式可以鼓励科技创新和社会责任，推动科技创新为经济发展和社会福祉做出积极贡献。主要内容如下。

（1）可持续发展：科技创新应该积极考虑可持续发展，而不仅仅是追求短期利润。这包括减少对环境的不利影响，确保公平雇佣和供应链管理，以及积极支持社区和公益事业。

（2）社会创新：政府和私营部门可以鼓励社会创新，以解决社会问题。这可以通过创新基金、奖励计划和合作伙伴关系来实现，以支持科技在解决健康、教育、能源和可持续发展等领域的应用。

（3）创新政策：政府可以制定支持创新的政策，包括减税和知识产权保护。这鼓励企业投入更多资源用于研发和创新，从而推动"科技向善"的发展。

（4）数据政策：政府可以鼓励开放数据政策，使数据更易于访问和共享。这有助于促进数据驱动的创新和科技解决方案的发展。

（5）创业支持：政府可以提供创业支持，以鼓励新的科技公司创新企业涌现。这可以包括提供初创企业融资、孵化器和加速器计划及降低创业障碍。

（6）数字基础设施：政府可以投资数字基础设施，确保高速互联网和电信服务覆盖更广泛的地区。这有助于确保所有人都能够享受科技的好处。

3. 文化

文化价值观在"科技向善"中起着关键作用。科技应该尊重不同的文化背景和价值观，避免对特定群体的歧视，并促进包容性和多样性。主要内容如下。

（1）价值观传承：社会应该传承并弘扬伦理和价值观，以确保科技的发展与文化价值相符。这包括尊重隐私、公平竞争、多样性和包容性等方面的价值观。

（2）创新文化：社会应该鼓励创新文化，鼓励人们尝试新的想法和方法，以解决社会问题。这包括支持创业精神、鼓励创造性思维和容忍失败。

(3)教育和普及：文化要促进科技教育和普及，确保人们具备科技素养和数字化能力。这可以通过学校教育、培训计划和科技知识的推广来实现。

(4)艺术与科技交汇：文化可以鼓励艺术与科技的交汇，推动创新和创意的发展。这可以包括数字艺术、虚拟现实、互动媒体和文化创意产业的支持。

(5)文化多样性：尊重和保护不同文化背景的多样性，确保科技产品和服务不仅服务于一部分人群，而且能够满足全球不同文化的需求。

(6)领袖和榜样：文化可以树立道德领袖和榜样，鼓励企业和个人在科技领域中表现出道德和社会责任。这有助于塑造一个更加伦理的科技社会。

4. 环境

"科技向善"必须考虑环境可持续性。科技发展应遵循环保原则，减少对自然资源的消耗和环境的负面影响，并努力解决环境问题。主要内容如下。

(1)绿色创新：科技创新应该积极关注于可持续技术和绿色创新，以减少对环境的不利影响。这包括开发清洁能源、减少碳排放、改进废物管理等方面的技术创新。

(2)环境影响评估：在开发新技术和产品之前，科技创新应该进行全面的环境影响评估，以了解其潜在的环境风险和影响，并采取措施减轻这些风险。

(3)循环经济：鼓励科技创新采用循环经济原则，以最大限度地减少废物和促进可再生资源的利用。这可以通过设计可重复使用的产品和采用可降解材料来实现。

(4)环境监测：科技可用于环境监测和数据分析，帮助监测环境状况，及早发现环境问题，并支持环境保护决策的制定。

(5)国际合作：国际社会应加强合作，共同应对全球性的环境挑战，如气候变化和生物多样性丧失。科技可以在国际层面促进环境可持续性，如通过共享环境数据和技术合作。

(6)环境意识：提高公众对环境问题的意识和理解，以及推动环境教育，有助于促进环保行为和支持环境友好的科技发展。

5. 法律

法律框架对"科技向善"起着重要作用。科技发展应遵守法律法规，保护用户的隐私和数据安全，确保科技应用的合法性和道德性。主要内容如下。

(1)数据隐私法律：确保个人数据的合法和透明处理，并规定了数据保护的标准。

这种法律有助于保护个人隐私权。

（2）网络安全法律：规定了网络安全的标准，包括对网络攻击的惩罚和对关键基础设施的保护措施。

（3）反垄断法律：监管市场中的垄断和反竞争行为，以确保公平竞争和促进创新。

（4）知识产权法律：保护知识产权，包括专利、商标和版权，以鼓励创新和保护创作者和发明家的权益。

（5）网络中立性法律：维护互联网的公平性，确保互联网服务提供商不会限制或歧视特定类型的网络流量，包括处理跨国公司的数据传输和存储，以平衡国家安全和隐私权之间的关系。

（6）人工智能法律：规定了人工智能和自动化系统的伦理标准，包括透明度、公平性和责任。

6. 伦理

伦理原则是"科技向善"的基础。科技应该遵循伦理准则，尊重人权、隐私和尊严，避免伦理冲突和道德风险。主要内容如下。

（1）透明度和公平性：科技创新应该确保其算法和决策过程是透明的，并且不歧视或偏袒任何特定群体。透明度和公平性有助于避免不公平的结果和偏见。

（2）隐私与数据保护：尊重个人隐私权，确保个人数据的合法处理和充分保护。科技创新应该遵守隐私法律，明确告知用户数据的收集和使用方式。

（3）人工智能伦理：在开发和使用人工智能技术时，应考虑伦理原则，包括公平、公正、透明、责任和可解释性，确保人工智能决策符合社会和道德期望。

（4）道德设计：在技术产品和服务的设计和开发中，考虑道德原则和伦理问题，并进行伦理审查，以识别和解决可能出现的伦理挑战。

（5）多样性和包容性：鼓励科技创新推动多样性和包容性，确保技术产品和团队，代表多样的文化、背景和经验，以减少偏见和歧视。

（6）国际伦理标准：推动国际社会制定全球性的科技伦理标准，以处理全球性伦理问题，如人工智能和生物技术。

7. 慈善

慈善行为可以促进"科技向善"。科技公司和个人可以通过慈善捐赠和社会责任项目,回馈社会,解决社会问题,并推动科技的公益性发展。主要内容包括。

(1) 科技创新支持:慈善机构和基金会可以提供资金和资源,支持科技创新和研发,特别是那些能够解决社会问题的技术创新。

(2) 数字包容性:确保所有人都能够享受科技的好处,包括那些资源有限或处于"数字鸿沟"中的人。慈善机构可以提供计算机、网络和数字素养培训等支持。

(3) 教育和培训:投资于科技教育和培训项目,以提高人们的数字技能,帮助他们更好地应对科技变革。推动远程教育,以提供教育服务,尤其是在欠发达地区。

(4) 医疗保健技术:支持医疗保健科技创新,以改善医疗服务的质量和效率,尤其是在欠发达地区,推动数字医疗和远程医疗,以提供医疗服务。

(5) 食品和农业科技:支持食品生产和农业科技,以提高农业效率、食品安全和粮食的可持续性。

(6) 公益科技基金:设立专门的科技基金,用于资助那些能够利用科技解决社会问题的创新项目。

PECELEP 模型中这些要素相互关联,共同构建了"科技向善"的框架。通过政治、经济、文化、环境、法律、伦理和慈善的综合作用,科技创新可以更好地为社会和人类带来正面的影响,并推动可持续发展和共享繁荣。通过评估这些要素,可以识别技术创新如何有利于改善社会形势,促进根本的环境和发展改善,从而最终实现社会的公平正义。

3.7 其他相关概念

"科技向善"是科技创新的核心准则,下面的一系列概念可以作为辅助和参照,包括"科技向上"、"科技向美"、"科技向久"和"科技向真"。将这些辅助和参照总结成图谱,如图 3-3 所示,便于掌握和参考。将在后文进行详细介绍。

3.7.1 "科技向上"

1. "科技向上"及核心内容

"科技向上"就是那些研发前沿技术、促进可持续发展、加强科学技术教育、融入全

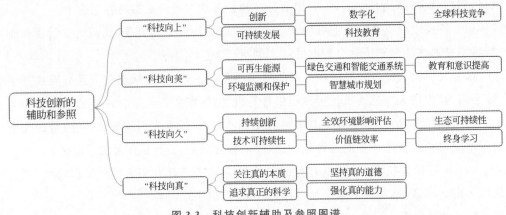

图 3-3　科技创新辅助及参照图谱

球科技竞争的重要发展的方向,它们相互关联、共同推动着社会的进步和变革。"科技向上"的概念可以涵盖多方面,以下是其中几个重要的方面。

1) 创新

创新是"科技向上"发展的关键驱动力。它是指在现有知识和技术基础上,提出新的想法、方法或产品,以解决问题、改善生活和推动社会进步。

2) 可持续发展

"科技向上"发展应当与环境、社会和经济可持续发展相结合。这意味着科技应当在满足当前需求的同时,不损害未来世代的能力,满足他们自身的需求。

3) 数字化

数字化是指将信息和数据转化为数字形式,并利用计算机和网络技术进行存储、处理和传输。"科技向上"发展通常伴随着社会、经济和文化的数字化转型,这对于提高效率、创造新的商业模式和改善生活质量具有重要意义。

4) 科技教育

加强科技和教育,给予优先关注,以帮助学生掌握新兴技术,加强创新能力的培养,以形成一批具备创新精神、开创能力和未来发展力的新一代人才。

5) 全球科技竞争

融入全球科技竞争,主动参与国际科技创新计划,加快推进国际科技合作,与国际科技创新中心、国际企业、国际学者和科研组织建立深入友好的合作伙伴关系,促进全球"科技向上"的发展。

2. "科技向上"关键领域和趋势

"科技向上"重点发展方向包括科技的进步,是人类社会不断发展的重要推动力之一。在科技不断向上的过程中,我们见证了许多令人惊叹的科技创新和突破。以下是"科技向上"的一些关键领域和趋势。

1) 人工智能

人工智能是指计算机系统模拟人类智能的能力。随着机器学习、深度学习和大数据等技术的进步,人工智能在各个领域展现出巨大潜力,包括医疗、交通、金融、教育等。"科技向上"发展需要关注人工智能的应用和发展,同时也需要考虑其伦理和社会影响。

2) 自动化

自动化是指利用计算机、机器人和其他智能设备来代替人类进行生产、工作和服务的过程。"科技向上"发展通常伴随着工业和劳动力的自动化,这既提高了生产效率,也带来了对人力资源的重新思考和社会结构的变革。

3) 可穿戴技术

可穿戴技术是指将计算和通信功能集成到日常穿戴物品中,如手表、眼镜、手环等。这些技术可用于监测健康、增强运动能力、提供个性化的信息和娱乐体验等。"科技向上"发展需要关注可穿戴技术的创新和发展,以满足人们对个性化、便捷和智能化的需求。

4) 互联网和物联网

互联网的普及和发展使得人们能够实现全球范围内的信息共享和交流。同时,物联网的兴起将物理设备和传感器连接到互联网,实现了各种设备之间的智能互联和数据交换。

5) 生物技术和基因工程

生物技术的快速发展为医疗、农业和环境领域带来了巨大的变革。基因编辑技术(如 CRISPR)的出现使得科学家能够更准确地编辑和修改生物体的基因,为治疗疾病和改善农作物品质提供了新的可能性。

6) 可再生能源

面对全球气候变化和能源安全的挑战,可再生能源成为一种可持续发展的重要选择。太阳能和风能等可再生能源的成本不断下降、技术效率不断提高,使得可再生能源在能源行业的份额不断增加。

7）虚拟现实和增强现实技术

虚拟现实和增强现实技术为用户提供了沉浸式的体验。通过戴上头戴式显示器或使用智能手机等设备，用户可以进入虚拟世界或在现实世界中添加虚拟元素，拓展了娱乐、教育和培训等领域的可能性。

8）区块链技术

区块链是一种去中心化的分布式账本技术，具有安全、透明和不可篡改的特性。它在金融领域的应用最为广泛，但也逐渐应用于供应链管理、智能合约和身份验证等领域。

这些只是"科技向上"发展的一部分例子，实际上科技的进步涉及几乎所有的领域。随着时间的推移，我们可以期待更多的创新和突破，它将继续改变我们的生活和社会。

3.7.2 "科技向美"

1. "科技向美"及核心内容

"科技向美"指通过科技创新和科技应用打造美好的生活和工作环境，通过科技产品及设计为人们创造美好的体验。这一概念的核心是将人类的需求和情感放在科技创新的中心，以提供更加人性化、愉悦和富有意义的体验。

美好的生活和工作环境可以通过人工智能、机器学习、计算机视觉、信息检索、自然语言处理、物联网、机器人技术及其他新兴技术来帮助用户更快、更准确、更全面地搜集、筛选和处理信息，让用户能够快速掌握有用的信息，同时也能简便地完成复杂的任务。同时利用空间数据及其他感测数据，将手机、计算机、汽车、房屋等物体及行动者，以及行动轨迹等连接起来，形成智能化感知系统，实现环境和设备的智能化服务，让用户的各种生活中的任务的完成更加流畅和轻松。"科技向美"在带来和谐环境方面发挥了重要作用。以下是一些科技在促进和谐环境方面的具体影响。

1）可再生能源

科技的进步推动了可再生能源的发展，如太阳能和风能等。这些清洁能源替代了传统的化石燃料，减少了对环境的污染和温室气体排放，有助于缓解气候变化问题，创造更加和谐的环境。

2）环境监测和保护

科技创新使我们能够更好地监测和理解环境问题。通过传感器、卫星遥感和数据分析等技术，人们可以实时监测大气、水源和土壤的质量，及早发现环境污染和自然灾害。这有助于制定有效的保护措施，并及时采取行动以保护生态系统的平衡。

3）绿色交通和智能交通系统

科技在交通领域的应用也有助于创造和谐的环境。电动汽车的普及减少了尾气排放、改善了空气质量。此外，智能交通系统的发展可以提高交通效率，减少交通堵塞和碳排放，为城市创造更宜居的环境。

4）智慧城市规划

科技的进步促进了智慧城市的发展，通过信息技术和物联网的应用，实现了城市基础设施的智能化管理。智慧城市规划可以提高能源利用效率，改善城市交通流动性，优化城市资源分配，减少环境压力，为居民提供更好的居住和工作环境。

5）教育和意识提高

科技的普及提供了更广泛的教育机会，使人们能够更好地了解环境问题和可持续发展的重要性。通过互联网、在线教育和科技工具，人们可以接触到丰富的环境知识和资源，提高环境保护意识，形成更加和谐的环保行为。

科技创新可以带来和谐的环境，通过信息的共享，不同文化之间获得互联，越来越多的互通可以更准确地了解彼此的文化和价值观；科技可以创造更多的机会让社会更加包容，共同努力实现更多的进步；此外，科技还可以帮助多方面共同增加对环境状况的认知和认识，进而促使文化和社会的共同发展。

2. "科技向美"产品和服务特点

在"科技向美"的理念下，通过科技和创新的手段，将开发和设计出具有以下特点的产品和服务。

1）用户体验优先

科技产品的设计应该以用户体验为中心。通过深入了解用户的需求和行为，提供简单易用、直观友好的界面和交互方式，以便用户能够轻松地使用和享受科技带来的便利。

2）人性化设计

科技产品应该关注人类的情感和感知，尽可能地模拟和适应人类的认知和行为方式。例如，语音助手可以通过自然语言处理和情感识别技术更好地理解和回应用户的语音指令，给人更亲切的感觉。

3) 简化复杂性

"科技向美"的概念鼓励简化复杂的科技操作和过程，使其对用户更加友好和易于理解。通过精简页面、提供清晰的指引和提示，帮助用户更快速、高效地完成任务，减少用户的学习成本和困惑感。

4) 融入日常生活

"科技向美"的产品应该能够无缝融入人们的日常生活，为他们提供更多的乐趣和便利。例如，智能家居系统可以自动调节温度、照明和音乐，以适应用户的喜好和习惯，营造出舒适宜人的居家环境。

5) 注重情感体验

科技产品不仅要满足功能需求，还要关注用户的情感需求。通过创造愉悦的页面设计、提供个性化的定制选项，以及提供有趣的互动体验，使用户在使用科技产品时能够感受到快乐、满足和幸福。

总而言之，本书提出"科技向美"的概念就是强调以人为本，将人类的需求和情感放在科技创新的核心，通过提供优秀的用户体验，为人们创造美好、愉悦和有意义的科技体验。同时，结合前面讨论的，通过可再生能源、环境监测和保护、绿色交通和智能交通系统、智慧城市规划及教育和意识提高，科技创新正在推动人们向一个更加可持续、和谐的未来迈进。

3.7.3 "科技向久"

"科技向久"的概念涉及一些核心原则，如持续创新、技术可持续性、全效环境影响评估、价值链效率、生态可持续性、终身学习等。"科技向久"是一个广泛的概念，涉及在科技发展和应用中积极关注社会、环境和经济可持续性的原则和实践。以下是一些与"科技向久"相关的核心原则。

1. 持续创新

"科技向久"鼓励不断创新和技术进步，以满足社会不断变化的需求。持续创新应当以解决社会问题、提高生活质量和可持续发展为导向。例如，可再生能源技术的不断发展和改进，如太阳能和风能的效率提升，以及新型能源储存技术的研究和应用。

2. 技术可持续性

"科技向久"强调技术的可持续性,包括资源使用效率、能源效率、材料选择和生命周期管理等方面。科技应当在减少对有限资源的依赖和最小化对环境的不良影响方面发挥积极作用。例如,推动能源效率的技术、减少资源消耗和环境污染的技术,以及倡导循环经济和可再生材料的应用等。

3. 全效环境影响评估

"科技向久"鼓励全面评估技术应用的环境影响,包括生产、使用和处理等各个环节。这种评估有助于识别和减少潜在的负面影响,并促进技术向环境友好型发展。例如,在开发新产品或技术时进行环境评估,以评估其对资源利用、能源消耗和废物产生的影响。

4. 价值链效率

"科技向久"关注整个价值链的效率,从资源开采和生产,到产品销售、使用和废弃处理。通过提高效率,减少浪费和资源消耗,科技可以更好地服务社会和环境。

5. 生态可持续性

"科技向久"重视与自然生态系统的协调发展,避免破坏生态平衡和生物多样性。科技应当尊重自然资源的限制,通过科技创新,可以推动生态保护和可持续土地管理,同时采取措施保护生态环境,为未来世代留下可持续的生态系统。

6. 终身学习

"科技向久"强调终身学习的重要性,以应对技术变革带来的挑战。个人和组织需要不断更新技能和知识,以适应快速发展的科技领域,以便随着科技发展了解新概念、新理念、新技术等。

这些原则共同构成了"科技向久"的核心理念,旨在引导科技的发展和应用,使其成为推动社会进步、环境保护和经济可持续发展的有益工具。

3.7.4 "科技向真"

"科技向真"的概念强调对真实性和准确性的追求,包括对真实本质的关注、追求真正科学的方法和原则、坚持真实道德价值观及强化真实能力和技术手段。科技不仅可以推进变革,还可以帮助人们更好地了解真理。以下是"科技向真"的和谐内涵。

1. 关注真的本质

"科技向真"的概念强调对事物本质的深入理解和研究。这包括透过表面现象和假象,探索事物的真正本质和内在规律,充分认识并深刻把握真的价值,将真建立在科技发展中的核心地位,坚持"以真为本"成为引领科技发展的思想指引。例如,物理学家对自然界的基本规律进行研究,追求揭示物质世界的真实本质。

2. 追求真正的科学

"科技向真"的概念倡导在遵循科学方法和原则的基础上进行研究和实践。这包括严谨的实证研究、可重复性的实验和数据验证,以及遵循科学伦理和学术规范。例如,在医学领域,科学研究应该进行临床试验和对照组实验,确保科学发现的准确性和可靠性。

3. 坚持真的道德

"科技向真"的概念强调在科技发展和应用中遵循真实的道德原则和价值观。这包括诚实、公正、尊重隐私和人权等。例如,在人工智能和大数据应用中,确保个人隐私和数据安全是坚持真的道德的重要方面。

4. 强化真的能力

"科技向真"的概念强调提升真实能力和技术手段,以更好地理解和应对现实世界的问题。这包括发展准确的测量工具、高效的数据分析方法和可靠的信息验证机制,促进科学技术的创新、分析及运用。例如,在气候变化研究中,科学家使用精确的测量仪器和模拟模型,收集和分析真实的数据,以评估和预测气候变化的影响。

总的来说,"科技向真"的概念鼓励人们在科技发展和应用中追求真实性、准确性和可靠性。通过关注真的本质、追求真正的科学、坚持真的道德、强化真的能力,人们可以更好地应对现实世界的挑战,并推动科技的可持续发展和社会进步。

3.8 科技创新时代的"三态共存"模式

在科技创新的时代,科技创新从多个维度的很多方面深刻地影响着社会责任,科技创新作为社会责任的一个核心要素加入社会责任,使社会责任成为基于ELEPES模型的"社会责任2.0"(SR 2.0)。科技创新在"科技向善"准则的指引下,结合多个准则的辅助及参照,使"社会责任2.0"的概念更加清晰,社会责任的实践更加规范。企业社会责任依然具有存在价值,继续作为越来越多企业的核心战略之一,ESG作为义利并举的形式,更受到国际组织标准的支持和资本市场的需求,而科技创新时代多个维度对社会责任的深刻影响及多主导者参与使"社会责任2.0"逐渐成为常态,因此,形成"三态共存"模式,如图3-4所示,"社会责任2.0"是本书的重点讨论对象。

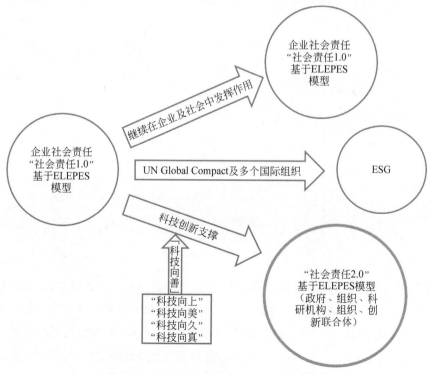

图3-4 CSR,ESG 和 SR 2.0"三态共存"模式

由于科技创新在当代经济及社会发展中的重要性,科技创新体现了多样性,及参与主体的多重性。第2篇用4章的篇幅,从4个最具影响力的科技创新领域来诠释科技创新时代的社会责任。越来越多的科技创新成为国家战略,如"东数西算"、"百乡千村"计划等。很多科技创新是政策引导,如新能源汽车、第三代半导体材料等。还有许多是多个主体联合攻关,甚至包括为特定项目专门成立的联合创新体,如智慧安防、脑科学等。因此,科技创新时代,科技创新对社会责任的影响越来越深刻,社会责任的主体越来越丰富,社会责任的重要性越来越突出。

参 考 文 献

[1] SACHS G. The Genome Revolution[R]. New York:Goldman Sachs,2018.
[2] 盘和林.数字文明新时代,科技向善为先[R].嘉兴:2021年世界互联网大会乌镇峰会,2021.
[3] 邓江波,郭凯天,翟红新,等.向善力-腾讯企业社会责任报告(2019)[R].深圳:腾讯控股有限公司.中国社科院企业社会责任研究中心,2020.

第 2 篇　当前科技创新与社会责任

第 4 章

数字技术

学习目标

(1) 了解数字科技的发展状况。
(2) 熟悉重要数字科技场景:"东数西算"、数字人民币、智慧安防、智慧农业等。
(3) 认识数字技术创新与社会责任。

4.1 数字技术概况

数字经济定义为:以数据资源作为关键生产要素、以现代信息网络作为重要载体、以信息通信技术的有效使用作为效率提升和经济结构优化的重要推动力的一系列经济活动[1]。数字经济发展早已越过萌芽期,目前处于高速增长期,但仍远未成熟。在数字经济领域仍有多年窗口期,且大有可为。过去十多年,数字经济在中国发展迅速,年均复合增长率接近 GDP 增速的 2 倍,占 GDP 总比也在快速提升。根据中国国家统计局的数据,以下是 2005—2021 年中国数字经济增加值及其在 GDP 中的占比。

2005 年:数字经济增加值为 1.6 万亿元,占 GDP 的比重为 7.3%。
2010 年:数字经济增加值为 16.9 万亿元,占 GDP 的比重为 12.3%。
2015 年:数字经济增加值为 22.6 万亿元,占 GDP 的比重为 18.2%。
2020 年:数字经济增加值为 39.2 万亿元,占 GDP 的比重为 38.6%。
2021 年:数字经济增加值为 45.8 万亿元,占 GDP 的比重为 40.3%。

这些数据显示了中国数字经济在过去几年的快速增长,并在国家经济中扮演了越来越重要的角色。数字经济在很多国家中都变得越来越举足轻重,因此数字经济毫无疑问是当下及未来经济发展的核心驱动力，在传统产业转型、相对较落后的地区发展等维度都有非常大的空间。

4.1.1 数字技术的发展现状

1. 数字技术正迅速传播和普及

数字技术在过去几十年里确实迅速传播和普及。数字技术包括计算机、互联网、移动设备和软件应用等方面的技术。

首先，计算机的普及使得数字技术得以快速传播。计算机的发展和成本下降使得更多人能够轻松购买和使用计算机。现在，计算机已经成为人们生活和工作中不可或缺的工具之一，用于处理信息、进行沟通、娱乐等各种任务。

其次，互联网的普及使得信息的传播和交流变得更加容易。互联网的出现打破了地理限制，人们可以通过网络在世界各地进行交流和共享信息。这使得数字技术能够以更快的速度传播，人们可以迅速获取到各种知识和资源。移动设备的普及也为数字技术的传播做出了贡献。智能手机和平板计算机的普及使得人们可以随时随地接入互联网，使用各种应用程序和服务。移动设备的便携性和易用性使更多人能够轻松使用数字技术。

此外，软件应用的快速发展也推动了数字技术的普及。各种应用程序和软件工具使得人们可以完成各种任务，从办公工作到娱乐媒体，从学习教育到健康管理。这些软件应用的普及使得数字技术更加易于接触和使用。

数字技术的迅速传播和普及改变了人们的生活方式和工作方式。它为人们提供了更多的便利和机会，同时也带来了新的挑战和问题，如隐私保护和网络安全等。随着技术的不断发展，数字技术的普及将继续推动社会的变革和进步。

2. 数字玩家发挥更大市场力量

数字玩家，如苹果、Alphabet（谷歌母公司）、微软、亚马逊、脸书、字节跳动、阿里和腾讯，在全球科技市场中发挥着重要的作用。随着产品越来越依赖于网络效应，这些玩家正享受着规模经济带来的好处，并在市场占有率方面占据支配优势。他们有丰富的创新资源，有能力加速数字产品的渗透和采用。

3. 数字技术正在改变未来工作

应用数字技术所带来的自动化、大数据及人工智能,可能会影响到50%的世界经济。对于"第二个机器时代"的来临,人们既充满了期待,也充满了忧虑。尤其2022年底推出的ChatGPT,将对未来的工作产生很大影响。超过10亿个工作岗位正被当今技术自动化、人工智能所代替,同时又会创造出新的职业,如模型训练师、数据管理专家和聊天机器人开发人员等。尽管数字技术会带来许多积极的影响,但也需要关注一些潜在的问题,如隐私和数据安全、人工智能的道德问题及技术失控的风险。

4. 数字市场参差不齐

监管及经济发展水平等原因,全球的数字市场发展参差不齐。作为世界上拥有最多互联网用户(10亿)的国家,中国具有比较发达的数字市场。印度作为世界第二大互联网用户(超过5亿)的国家,对全球数字玩家来说是最具有市场潜力的经济体。然而,印度存在着多种语言和多种基础设施匮乏的挑战。欧盟拥有超过4亿的互联网用户,但其市场严重碎片化,它仍在创建一个"数字单一市场"的过程。在许多国家,多家网站或数字公司都被封锁。在世界范围内,数字接入本身还远未统一,当今世界上还有40%左右的人口不能上网。

4.1.2 数字技术的全球格局

1. 以数据资源作为关键生产要素的经济活动

数字产业化即信息通信产业,是数字经济发展的先导产业,为数字经济发展提供技术、产品、服务和解决方案等,具体包括电子信息制造业、电信业、软件和信息技术服务业、互联网行业等。从更加具体的构成来讲,数字产业化包括但不限于5G、集成电路、软件、人工智能、大数据、云计算、区块链等技术、产品及服务。随着云计算、移动互联网、大数据、人工智能等数字技术的快速创新与应用,数字经济正在成为全球经济社会发展的重要引擎。受益于互联网、大数据、云计算等新一代信息技术的发展、传统产业的数字化转型,根据联合国贸易和发展会议(UNCTAD)的数据,2019年全球电子商务交易总额约为26.7万亿美元;根据麦肯锡全球研究所的报告,预计到2025年全球数字经济的规模将超过110万亿美元。

产业数字化包括但不限于工业互联网、两化融合、智能制造、车联网、平台经济等融合型新产业、新模式、新业态。根据中国信息通信研究院发布的数据,2014—2019年中国产业数字化规模逐年上升,2019年中国产业数字化规模增加值达到287 524亿元,同比增长15.56%,占GDP比重的29.0%,成为支撑国民经济发展的重要力量。

2. 发达国家产业数字化占比更高

从不同发展阶段国家数字经济结构来看,发达国家和发展中国家数字经济都以产业数字化为主,但发达国家产业数字化占比更高。发达国家具备先进的信息和通信技术基础设施,以及高度发达的经济体系,这为数字化转型提供了有利条件。不同发展阶段国家数字经济3次产业渗透率均按农业、工业、服务业从低到高排序。对比不同发展阶段国家各产业渗透率情况,发达国家渗透率整体高于发展中国家。以2020年不同发展阶段国家数字经济服务业渗透率来看,发达国家渗透率为51.6%;发展中国家为28.7%。综合来看,发达国家数字经济对国民经济的驱动作用更强,在国民经济中的地位更重。2020年,全球数字经济GDP平均占比为43.7%,发展中国家数字经济GDP占比低于全球平均水平16.1个百分点。

3. 发展中国家数字经济增速更快

近年来,发展中国家的数字经济增速相对较快。以下是一些原因和趋势。

(1) 移动互联网普及:发展中国家的移动互联网普及率快速增长。智能手机的普及使得更多人能够接入互联网,并享受数字经济所带来的便利和机遇。

(2) 互联网基础设施建设:许多发展中国家致力于提升互联网基础设施,包括扩大宽带网络覆盖范围和提高网络速度。这为数字经济的发展提供了坚实的基础。

(3) 创新和创业精神:发展中国家的创新和创业精神日益增强。许多年轻人和初创企业家在数字经济领域探索新的商机,推动了该领域的快速增长。

(4) 电子商务的兴起:电子商务在发展中国家取得了巨大成功。许多人开始在网上购物和销售商品,电子商务平台的崛起为小型企业和个人提供了一个扩大市场的机会。

(5) 金融科技的推动:金融科技(FinTech)在发展中国家得到广泛应用。移动支付和数字货币等新兴金融技术正改变人们的支付和金融习惯,促进了数字经济的发展。

（6）数字化政府服务：许多发展中国家积极推动数字化政府服务，包括电子政务、电子税务和电子健康记录等。这些举措提高了政府效率和公共服务的可及性，也推动了数字经济的增长。

需要注意的是，尽管发展中国家的数字经济增速更快，但"数字鸿沟"仍然存在。在一些偏远地区和弱势群体中，数字技术的普及和应用还面临挑战。因此，确保数字经济的普惠性和包容性仍然是一个重要的议题。

4.1.3 数字技术的产业链

数字经济是新一轮技术革命成果的集成应用。无论是数字化、智能化、网络化还是能源技术、生物技术，无论是数字新基建、软硬件系统还是数字产业化、产业数字化，在经济当中的广泛应用都正在快速地改变着人们的生产生活，将对生产的组织、社会的分工及国家的治理带来一系列深刻的革命性变革，如图4-1所示[2]。

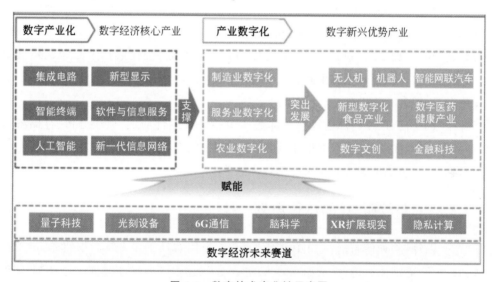

图4-1 数字技术产业链示意图

目前，以数据驱动为特征的数字化、网络化、智能化深入推进，数据化的知识和信息作为关键生产要素在推动生产力发展和生产关系变革中的作用更加凸显，经济社会实现从生产要素到生产力，再到生产关系的全面系统变革。本章选择了如"东数西算"、数字人民币、智慧安防及智慧农业几个场景进行探讨。

随着数字经济的不断发展，数字经济已经由"两化"（数字产业化、产业数字化）至

"三化"(数字产业化、产业数字化、数字化治理),再到现在的"四化"(数字产业化、产业数字化、数字化治理、数据价值化)。

4.2 "东数西算"

4.2.1 "东数西算"的背景

"东数西算"中"数"指数据,"算"指算力。"东数西算",顾名思义,就是指将东部的数据传输到西部进行计算和处理。

为什么要这么做呢?主要在于中国数据与资源的地区矛盾,数据中心耗能巨大,目前数据中心大多分布在人口密集的东部地区,东部土地和能源较为紧张,而西部地区资源充裕,可再生资源丰富,具备承接东部算力需求的潜力。实施"东数西算"工程,推动数据中心合理布局、供需平衡、绿色集约和互联互通,强化数据中心绿色发展要求,推动更多数据中心向可再生能源更丰富的西部转移,将提升国家整体算力水平、促进绿色发展、扩大有效投资、推动区域协调发展。

哪些数据将会送往西部去算?西部数据中心处理后台加工、离线分析、存储备份等对网络要求不高的业务;东部枢纽处理工业互联网、金融证券、灾害预警、远程医疗、视频通话、人工智能推理等对网络要求较高的业务。

4.2.2 "东数西算"的总体规划

"东数西算"将如何布局?"东数西算"工程在全国布局了8个算力枢纽,通过以京津冀、长三角、粤港澳大湾区、成渝为代表的"东数"节点,以贵州、内蒙古、甘肃、宁夏为代表的"西算"节点,形成整体的"4+4"布局,如图4-2所示,引导大型、超大型数据中心向枢纽内集聚,形成数据中心集群,开展数据中心与网络、云计算、大数据之间的协同建设,引导数据中心集约化、规模化、绿色化发展[3]。同时,为坚决避免数据中心盲目发展,在当前起步阶段,8个算力枢纽内规划设立了10个数据中心集群,划定了物理边界,并明确了绿色节能、上架率等发展目标。

"东数西算"工程有3个总体思路:一是推动全国数据中心适度集聚、集约发展,通

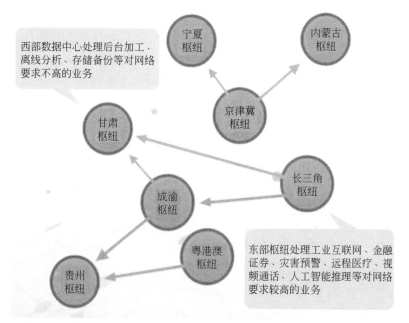

图 4-2　8 个算力枢纽及流向

过在全国布局 8 个算力枢纽,推动京津冀、长三角、粤港澳大湾区、成渝等国家枢纽节点适当加快新型数据中心集群建设进度,贵州、内蒙古、甘肃、宁夏等国家枢纽节点重点提升算力服务品质和利用效率;二是促进数据中心由东向西梯次布局、统筹发展;三是实现"东数西算"循序渐进、快速迭代[3]。具体行动计划还包括网络质量升级、算力提升赋能、产业链稳固增强、绿色低碳发展等方面,以及"碳达峰、碳中和"问题。

4.2.3 "东数西算"技术创新

1. 加强算力资源协同

随着"双碳"目标的深入推进,以及数字经济对算力需求和要求的不断提升,平衡数据中心算力供需结构成为当务之急。北上广深等东部地区能源、资源有限,而西部地区依托能源、气候等优势,通过"东数西算"加强算力资源协同:"东数西算"上承全国一体化大数据中心协同布局目标,下启全国一体化算力调度赋能业务,是促进数据资源全域流通、优化算力基础设施供需结构的关键举措和创新。

(1) 提高计算效率:通过充分利用不同地区的算力资源,可以加快计算速度和处理大规模数据的能力。这对于许多需要大量计算的应用和领域非常重要,如人工智能、大数据分析、科学研究等。

(2) 促进合作与创新:算力资源的协同利用,可以促进东部地区和西部地区的合作与交流,共同推动技术创新。不同地区可能有不同的专业领域和技术优势,通过合作可以相互借鉴和补充,加速技术发展。

(3) 降低成本和资源浪费:资源协同可以避免重复建设和浪费,有效利用已有的算力资源,降低研发和运营成本。此外,通过云计算等技术手段,还可以根据需求,动态分配和调整算力资源,提高资源利用率。

2. "东数西算"赋能人工智能

在全国统一的算力布局中,作为对算力重点需求的行业,人工智能行业也会迎来新的发展机遇,尤其在2022年底开始爆火的ChatGPT,引发了各大厂在人工智能赛道上基于大模型的竞争,核心就是算力、算法、数据的竞争,而"东数西算"技术创新将全面赋能全人工智能产业链,对基础层、技术层和应用层都发挥着重要的作用,如图4-3所示[4]。

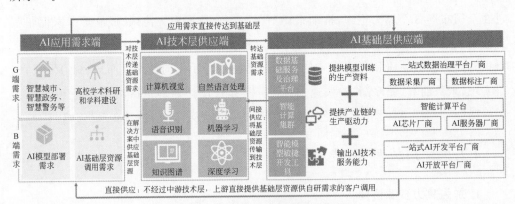

图4-3　AI产业链价值传导示意图

(1) 在人工智能的基础层,"东数西算"可以促进硬件层面的发展,旨在提供更强大、高效的计算平台来支持人工智能的发展。包括高性能计算:算力技术的不断创新使得计算设备的处理能力得到大幅提升,可以更快速地进行训练和推理任务,加速了人工智能算法的研发和应用;分布式计算:算力技术的发展使得分布式计算变得更加高效和可靠,可以将计算任务分发到多个节点上并行处理,提升了计算速度和规模的可扩展性。

（2）在人工智能的技术层,"东数西算"可以助力软件和算法的发展,旨在优化人工智能模型的训练和推理过程,提高算法的效率和性能。包括深度学习：算力技术的创新可以帮助改进深度学习框架的设计和实现,提高模型训练的速度和效果；机器学习：算力技术的创新也为机器学习提供了支持,可以加速模型搜索、超参数调整等过程,提高了机器学习模型的开发效率；计算机视觉和知识图谱：算力技术的发展使得计算机视觉和知识图谱任务变得更加高效和精确,可以实现更准确的目标检测、图像分类等应用；自然语言处理和语音识别：算力技术的创新也推动了自然语言处理算法的发展,可以实现更高质量的文本生成、语义理解等任务。

（3）在人工智能的应用层,"东数西算"可以推动各种场景应用,包括智慧城市、智慧政务、AI 模型部署、AI 基础层资源调用等。

总的来说,"东数西算"对人工智能的基础层、技术层和应用层都具有重要的推动作用。它为硬件、软件和算法的发展提供了强大的支持,进一步推动了人工智能技术的创新和广泛应用。

3. 带动储能发展机遇

从能源技术创新来说,"东数西算"工程将提升枢纽节点可再生能源使用率,有助于推动可再生能源与储能技术发展。在"双碳"目标实施的大背景下,作为信息产业的基础设施,耗能较高的数据中心面临着较大的节能减排压力。而西部地区水电、风电、光伏等可再生能源较为丰富,且发展潜力巨大。在"东数西算"工程实施后,采用风、光、水、电等可再生能源供电将成为构建低碳、零碳数据中心的重要方式之一,并可充分发挥西部枢纽节点数据中心集群的引领和示范作用。

在可再生能源的使用方面,数据中心可以通过加强电网中的绿电采购提升可再生能源利用率,或者通过碳排放权交易的方式间接提升可再生能源的使用比例,同时还能够通过自行构建可再生能源设施的形式为数据中心供电。由于可再生能源供给受自然条件影响较大,直接使用可再生能源供电存在供电不连续的风险,因此,可再生能源供电通常与储能技术相结合,通过储能设备将电能存储起来,以提升可再生能源供电的稳定性,为数据中心提供持续稳定的电力。在"东数西算"的驱动下,预计储能将在数据中心市场规模和技术创新等方面迎来发展机遇。

4.2.4 "东数西算"与社会责任

加快算力建设,将有效激发数据要素创新活力,催生新技术、新产业、新业态、新模式,支撑经济社会高质量发展。特别是"东数西算"有助于发挥不同区域的比较优势,促进东、西部数字经济协调发展。这也是实施"东数西算"工程的目的之一。有专家形象地将"东数西算"类比为数字时代的"南水北调""西电东输"。未来,充分发挥中国体制、机制优势,将东部算力需求有序引导到西部来,同时,让西部的算力资源更充分地支撑东部数据的运算,更好赋能数字化发展。

从长远来看,"东数西算"工程在夯实数字经济发展"底座"的基础上,将产生一系列溢出效应。首先,8个算力枢纽一体化布局将带来集约效应。"东数西算"工程实现了数据中心全国一体化布局,从整体上扩大算力设施规模、提升算力使用效率,有助于算力的规模化、集约化发展。其次,实现了绿色发展的示范效应。算力枢纽西迁,可充分发挥西部区域气候、能源、环境等方面优势,促进可再生能源的就近消纳,通过数据、算力和能源的高效联动,为新型基础设施绿色、低碳和可持续发展提供示范。再次,有助于发挥区域经济增长的协同效应。算力设施由东向西布局,将带动相关产业有效转移,促进东、西部数据流通、价值传递,在延展东部发展空间的同时,为西部地区转型发展注入新动力[5]。

"东数西算"工程的实施对中国数据中心技术创新及产业发展均具有重要的指导意义。在技术创新方面,"东数西算"工程所带来的产业发展机遇,将推动储能、清洁能源、智能运维等的创新发展。在产业发展和社会效益方面,"东数西算"工程的实施将在绿色低碳发展,产业生态建设,东、西部经济的均衡,技术水平提升等方面发挥重要的促进作用。

4.3 数字人民币

4.3.1 数字人民币的背景

虚拟币(cryptocurrency)的产生背景可以追溯到2008年,当时一个名为中本聪(Satoshi Nakamoto)的匿名人士发表了一篇题为《比特币:一种点对点的电子现金系统》的论文。这篇论文提出了一种基于区块链技术的去中心化数字货币系统，被认为是比特币（Bitcoin）的起源。依托区块链技术，凭借其加密性、去中心化、匿名性特点，比特币很快获得追捧，价格暴涨。随即，基于区块链和去中心化思想的大批加密货币（如以太币、瑞波）等相继涌现。虚拟币的出现为人们提供了一种去中心化的数字货币选择，并带来了对金融体系和交易方式的革新。诚然，工作量证明等"挖矿"机制赋予了比特币等虚拟数字货币的价值属性，匿名性和哈希不可篡改性等性质保证了它们具有较强的使用价值，然而，比特币等虚拟货币背后既没有国家信用背书，也没有相应储备价值资产支撑，市场价格波动太大，投机性很强[6]。

而数字人民币（digital currency electronic payment，DCEP）是中国人民银行（简称央行）发行的一种数字货币，字母缩写按照国际使用惯例暂定为 e-CNY。它的背景可以追溯到 2014 年，当时中国央行开始研究和探索数字货币的概念，并于 2016 年成立了数字货币研究所。数字人民币的发展目标是推动支付体系的现代化、促进经济金融领域的创新发展，并提高金融服务的效率和便利性。数字人民币是由中国人民银行发行的数字形式的法定货币，由指定运营机构参与运营并向公众兑换，以广义账户体系 M0 为基础，支持银行账户松耦合功能，与纸钞、硬币等价，具有价值特征和法偿性，支持可控匿名。研发试验已基本完成顶层设计、功能研发、系统调试等工作，正遵循稳步、安全、可控、创新、实用的原则，选择部分有代表性的地区开展试点测试。在深圳开展的数字货币研究与移动支付等创新应用，为数字人民币发行和落地实验提供了良好的实验场所和发展机遇。

数字人民币的背景有以下几方面。

（1）移动支付普及：中国是全球移动支付发展最为迅速的国家之一，支付宝和微信支付等第三方支付工具已经成为人们日常支付的主要方式。数字人民币的推出可以进一步提升支付体系的安全性和效率。

（2）技术创新推动：区块链技术的发展为数字货币的实现提供了技术支持。中国政府在数字经济和区块链技术方面的投资和研发，为数字人民币的推出提供了技术基础。

（3）防范风险和监管需求：数字人民币可以加强对资金流动的监管和防范金融风险。相比于现金支付和第三方支付工具，数字人民币可以提供更完善的监管手段和数据分析能力。

（4）促进金融包容和普惠金融：数字人民币可以为未来的金融创新提供更多可能

性,包括普惠金融和金融包容等方面。通过数字人民币,更多的人可以享受到便捷的金融服务,尤其是在农村和偏远地区。

需要注意的是,数字人民币与加密货币(如比特币)存在一定区别。数字人民币是由中国央行发行和监管的中央化数字货币,与法定货币等值,其发行和流通受到中国央行的严格监管。而加密货币则是一种去中心化的数字资产,其价值由市场供求决定,发行和流通不受中央银行的直接控制。

4.3.2 数字人民币的总体规划

2020 年被业界称为"央行数字货币元年",有迹象显示全球央行数字货币的脚步渐行渐近。中国数字人民币写入"十四五"规划。

不仅中国,欧洲央行行长拉加德于 2023 年在社交媒体上也发文表示,欧洲央行已经开始探索数字欧元的可能性。拉加德指出,随着欧洲居民在消费、储蓄和投资方式上越来越多地转向数字化,应该准备在必要时发行数字欧元。据国际清算银行近期发布报告指出,全球至少有 30 多家央行发布了数字货币计划。除了中国,厄瓜多尔、乌拉圭、巴哈马、柬埔寨、东加勒比货币联盟、韩国和瑞典等国家和地区正在试点。

数字人民币发行端,央行数字货币系统框架的核心要素为"一币、两库、三中心"。其中,"一币"是指央行数字货币;"两库"是指数字货币发行库(央行存管)和数字货币银行库(商业银行存管);"三中心"是指认证中心(负责央行数字货币机构及用户的真实身份信息采集等管理工作,主要对认证管理、CA 管理(电子签名)等 IT 系统有需求)、登记中心(负责记录数字货币和用户钱包记录,完成权属登记,同时记录数字货币发行、转移、回笼全过程信息,因此 IT 系统方面,主要包括查询、分布式记账等功能)与大数据分析中心(包括 KYC(了解客户)、AML(反洗钱)、支付行为分析等,主要负责风险控制和业务管控),如图 4-4 所示[7]。

数字钱包是数字人民币的载体和触达用户的媒介。类似于传统的钱包,但是,是基于数字技术,在数字人民币中心化管理、统一认知、实现防伪的前提下,按照人民银行的相关规则,采用共建、共享方式打造移动终端 App,对钱包进行存储、管理和使用数字人民币。数字钱包共有 4 类:第一类是按照客户身份识别强度分为不同等级的钱包;第二类是按照开立主体,分为个人钱包和对公钱包;第三类是按照载体,分为软钱包和硬钱包;第四类是按照权限归属,分为母钱包和子钱包,如表 4-1 所示[8]。

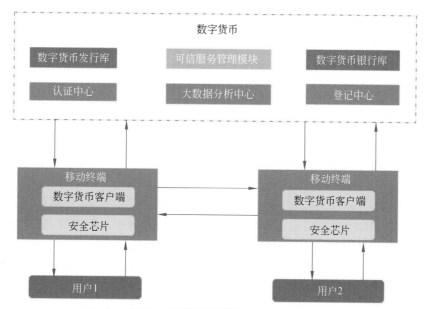

图 4-4　数字人民币发行端的"一币、两库、三中心"

表 4-1　4 类数字人民币钱包

类　型	材　料　提　供	余　额　上　限	单　笔　限　额
一类	手机号、有效身份证件、本人银行账户、运营机构现场面签	无限制	无限制
二类	手机号、有效身份证件、本人银行账户	50 万元	5 万元
三类	手机号、有效身份证件	2 万元	5000 元
四类	手机号	1 万元	2000 元

4.3.3　数字人民币技术创新

数字人民币是中国央行推出的一种数字货币,它采用了一些技术创新来实现安全、高效的支付体验。以下是数字人民币的一些技术创新。

1. 区块链技术

数字人民币的底层技术基于区块链,它是一种去中心化的分布式账本技术,可以确保交易的安全性和可追溯性。区块链技术使得数字人民币的交易记录可以被验证和记录,增强了支付的透明度和防伪能力。

2. 双离线支付技术

数字人民币支持双离线支付,即在没有网络连接的情况下进行交易。这种技术基于近场通信(NFC)技术,用户可以通过手机或其他设备进行线下支付,无须依赖互联网连接。这在某些情况下提供了更方便和快速的支付方式。

3. 硬件钱包支持

为了增强数字人民币的安全性,中国央行鼓励使用硬件钱包来存储和管理数字人民币。硬件钱包是一种物理设备,可以离线保存用户的数字货币私钥,防止私钥被网络攻击者盗取。用户可以使用硬件钱包进行数字人民币的安全存储和交易。

4. 隐私保护

数字人民币在设计中考虑了用户隐私的保护。尽管交易记录可以被追溯,但用户的个人身份和交易细节不会公开。这种设计使得数字人民币在保护用户隐私方面更具优势,并与传统支付方式相比提供了更好的安全性。

5. 中央化管理

数字人民币由中国央行发行和管理,这与加密货币,如比特币等去中心化的特点不同。中央化管理使得中国央行能够更好地监管和控制数字人民币的流通,以保障金融稳定和反洗钱等方面的需要。

数字人民币在通过技术创新实现的同时,也推动了数字经济的发展。数字人民币的推广将激发金融科技的创新,推动支付、清算、结算和金融服务等领域的技术发展,为数字经济提供更多创新的解决方案。数字人民币作为一种新的支付方式,可以促进数字支付的普及和接受程度,改善支付体验,加速数字经济的发展。中国的数字人民币经验和技术创新,对于推动全球数字货币的发展和国际化具有示范作用,抢占战略先机,有助于推动数字经济的全球合作和发展。

数字人民币的技术创新使得支付更加安全、高效,并提供了离线支付、隐私保护和硬件钱包等功能。这些创新有助于推动数字经济发展,提升支付体验,并为未来金融科技的发展奠定基础。数字经济的发展推动了诸多数字场景的涌现,如线上购物、数字政府、网上办公等。在这些场景下,现金交易不再适用,需要更高效的支付模式,这意味着数字经济发展需要建设与其相适应的新型零售支付基础设施。数字人民币作为由中国央行发行的数字形式的法定货币,在保障高效、便捷的支付体验的同时,相比第三方支付更为稳定安全、适用范围也更广,是搭建支付基础设施的最优解。事实上,数字经济的发展为数字人民币提供了应用场景,反之,数字人民币也助推了数字经济的健康发展,同时,也将推动整个金融基础设施的重构升级。

4.3.4 数字人民币与社会责任

数字人民币作为一种全新的支付工具和货币形式,涉及社会责任的多方面。数字人民币可以为没有银行账户的人提供金融服务,促进金融包容。然而,确保数字人民币的普及需要考虑"数字鸿沟"问题,尤其是对于那些不熟悉数字技术的人群。数字人民币的使用涉及个人财务数据,需要确保严格的数据隐私和安全措施,以防止未经授权的数据泄露和滥用。数字人民币的推出和应用可能对金融体系的稳定性产生影响。政府和金融监管机构需要确保数字人民币的发行和使用,不会对金融体系产生负面影响。数字人民币的推出需要合规的监管框架,以确保其在法律和法规的约束下发行和使用。数字人民币应该服务于各个社会群体,促进社会公平和包容。需要确保数字人民币的使用不会加剧社会不平等。数字人民币的匿名性可能导致洗钱和恐怖主义融资风险。为了遵循国际金融监管标准,确保数字人民币不被滥用,需要实施相关措施。数字人民币的技术基础需要强大的安全性,以防止黑客攻击和技术漏洞。

在数字人民币的发展和推广过程中,政府、金融机构、科技公司等都需要承担社会责任,确保数字人民币的推出和使用符合社会的整体利益,通过数字技术的应用提高支付系统的安全性、便利性和效率,并促进经济的现代化和数字化转型。

4.4 智慧安防

智慧安防(smart security)是指通过应用先进的信息技术和智能化设备,结合传感器、视频监控、人工智能、云计算等技术,提供更高效、智能、可靠的安全保障系统。智慧安防是建立在传统安防的基础上，利用信息技术的发展和智能化设备的应用，使安防系统具备更多的智能功能和自动化能力。智慧安防通过感知能力、数据处理和分析、实时监控和远程管理、数据共享与整合等进行城市管理、交通监控、环境监测等，提高整体安全防护能力。

智慧安防的应用范围广泛，包括家庭安防、商业建筑、公共场所、交通运输、城市安全等领域。通过智慧安防系统的建设和应用，可以提升安全防范的效果，减少安全事故的发生，为人们的生活和工作提供更安全的环境。

4.4.1 智慧安防的背景

智慧安防是安全领域的一种基于先进技术和创新的应用。智慧安防融合了物联网、人工智能、大数据分析等技术，通过智能化设备和系统，提供全面的安全保护和监控，使得智慧安防系统更加普及和实用。随着城市化进程的加速和安全意识的提高，对于安全和防范的需求日益增长。智慧安防系统的出现满足了人们对于高效、精准、可靠的安全保障的需求。智慧安防系统可以通过摄像头、传感器等设备对环境进行实时监控。这种实时监控能够及时发现异常情况，如入侵、火灾等，并通过警报和通知系统及时采取相应措施。智慧安防系统通过大数据分析技术，可以对收集到的数据进行处理和分析，从而提取有价值的信息。这些信息可用于预测和预防潜在的安全风险，提高安全管理的效率和准确性。智慧安防系统利用人工智能算法，能够自动识别和分析图像、声音等信息。例如，人脸识别技术可用于识别陌生人，车牌识别技术可用于交通管理和追踪。智慧安防系统通常配备有综合管理平台，集成了各种安防设备和系统，实现集中管理和控制。通过该平台，用户可以方便地监控和管理多个安防设备，提高整体安全管理效果。

由此可见，智慧安防的出现是基于技术发展和市场需求的产物。智慧安防利用先进的技术手段，提供全面的安全保护和监控，广泛应用于居民区、商业建筑、交通枢纽等各个领域，为人们的生活和社会安全带来了显著的提升。

4.4.2 智慧安防的总体规划

智慧安防利用先进的技术手段，将传统安防系统与人工智能、大数据、云计算等技术相结合，实现对安全环境的智能监控、分析和管理。对待建设的区域进行环境调研，了解安全风险、需求和限制条件。与利益相关者进行沟通，收集他们的需求和期望。根据需求分析的结果，设计智慧安防体系的整体架构。智慧安防包括传感器、视频监控、智能分析、应急响应等组成部分，并确定各个组成部分之间的连接和数据流动方式。部署高清晰度摄像头和视频存储设备，实现对区域内的实时监控和录像功能。可以考虑使用视频分析技术，如人脸识别、行为分析等，以提高监控效果和减少误报率。利用人工智能和大数据技术，对视频监控数据进行实时分析和处理。通过自动识别异常行为、入侵检测、物体跟踪等功能，提供实时警报和预警，辅助安全人员进行决策和应对。整合不同的安防子系统和其他相关信息系统，实现数据的集成和共享。例如，将智慧安防系统与警察局、消防局、交通管理部门等相关部门的系统进行对接，实现信息互通和协同作战。建立健全的应急响应机制和管理流程，包括事件报警、应急指挥调度、资源调配等。通过智慧安防系统的支持，能够快速、准确地响应各种安全事件，并进行紧急处理。重视智慧安防系统中的数据安全和隐私保护，采取必要的技术和管理措施，防止数据泄露和滥用。确保系统运行过程中的数据传输、存储和处理环节的安全性。

这只是一个智慧安防总体规划的概述，实际的规划过程需要根据具体的场景和需求进行详细设计和定制，而且智慧安防系统是一个持续改进和升级的过程。因此，应密切关注新技术和行业趋势的发展，及时对系统进行优化和更新，以适应不断变化的安全需求。

智慧安防总体规划还将涉及整个产业链，智能安防产业链包括上游算法、芯片设计及存储器、图像传感器等零部件生产，中游软硬件及系统集成或提供智能安防运营服务环节，下游主要应用于城市、家庭，以及学校、医院、轨道交通、金融等行业，如图4-5所示[9]。

4.4.3 智慧安防技术创新

伴随着高新科技的飞速发展，安防技术行业萌发出了许多新技术，伴随着深度学习和大数据技术的持续提升，人工智能实现了迅速发展，智慧安防也获得充分发展。人工智能和安防成为最重要的结合点之一，形成了智慧安防的核心技术之一，当然，智慧安防技术创新涉及许多领域，以下是一些当前正在发展和应用的智慧安防技术创新。

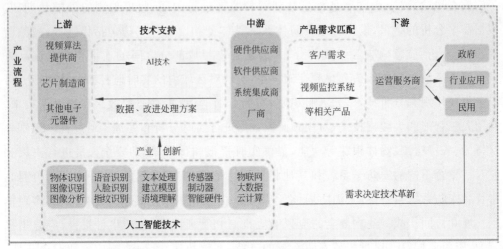

图 4-5 智能安防产业链

1. 人工智能与机器学习

人工智能和机器学习技术正在智慧安防领域发挥越来越重要的作用。通过训练算法来自动识别和分析图像、视频和声音，可以实现更准确的人脸识别、行为分析和异常检测等功能，从而提高智慧安防系统的效率和准确性。

2. 视频分析与监控

视频分析技术利用计算机视觉和图像处理技术，对监控视频进行实时分析和处理。例如，可以通过识别行人、车辆或其他物体来进行实时监控和自动告警。同时，还可以利用视频分析技术进行行为识别，如检测异常行为、盗窃行为或潜在的危险情况。

3. 无人机技术

无人机在智慧安防领域的应用也越来越广泛。无人机可以快速准确地巡航和监视特定区域，提供实时视频和图像信息，并可以配备热成像相机等高级传感器，以便在夜间或恶劣环境中进行监测。此外，无人机还可用于追踪逃犯、搜索救援行动及检测和解决安全漏洞。

4. 大数据和物联网

大数据和物联网技术的发展使得智慧安防系统能够更好地收集、存储和分析海量的数据。通过将传感器、摄像头和其他设备连接到互联网,可以实现设备之间的数据共享和实时通信,从而构建更智能、更高效的智慧安防系统。

5. 生物识别技术

生物识别技术,如指纹识别、虹膜识别、声纹识别和静脉识别等,正在智慧安防领域得到广泛应用。这些技术基于个体独特的生物特征,提供了更安全和方便的身份验证方式,可用于门禁系统、边境安全和犯罪调查等方面。

6. 高清视频与云存储

高清视频技术的发展使得监控系统能够提供更清晰、更详细的图像和视频信息。同时,云存储技术的应用使得视频数据可以被远程存储和访问,提供了更便捷的数据管理方式,并减少了本地存储设备的需求。

以大华雪亮工程为例,大华雪亮工程是浙江大华技术推出的一项城市安全管理系统解决方案,旨在利用现代化的信息技术手段,提升城市的安全防范和应急管理能力。大华雪亮工程解决方案是非常综合的技术解决方案,该工程的解决方案以"全域覆盖、全网共享、全时可用、全程可控"为总目标,整合社会面及全行业视频资源,推动公共安全视频监控系统联网,并利用视频云、大数据、物联网、人工智能等新技术将视频共享应用不断深化,充分发挥群众利用视频监控系统在社会治安综合治理中的作用,不断探索社会治理、公共安全、民生服务等更多创新应用,如图 4-6 所示[10]。其核心板块包括 4 类应用和公共安全视频共享云平台等。大华雪亮工程的核心是建立一个高效的视频监控系统,同时利用人工智能技术,对监控视频进行智能识别与分析。为了支持大规模的视频数据存储和处理,大华雪亮工程建立了一个强大的公共安全视频共享云平台。

需要注意的是,大华雪亮工程是一个整体解决方案,具体的实施方式和配置将根据城市的具体需求和实际情况进行定制。

智慧安防技术创新正在不断推动安防领域的发展,使得安防系统更加智能化、高效化和可靠化,为人们的生活和财产安全提供更好的保障。

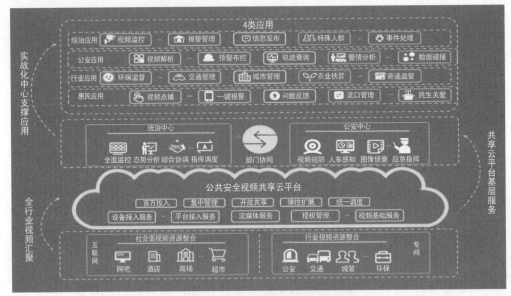

图 4-6　大华雪亮工程的解决方案

4.4.4　智慧安防与社会责任

安全是社会责任的重要组成部分，全面落实安防安全工作，是经济社会发展、社会和谐稳定、人民安居乐业的基本保障，因此，智慧安防与社会责任是密不可分的。以智慧城市建设热潮为契机，越来越多的地区和城市开始研究和实施智慧安防建设，现阶段，中国多数省级以上城市、90%左右地级以上城市均提出了智慧安防建设计划，有数百个城市正在规划和建设智慧安防，智慧安防行业未来发展潜力巨大。

智慧安防技术常常需要收集、处理和分析大量的个人数据，如监控画面、位置信息等。确保这些数据的隐私安全成为一项重要的社会责任，需要采取措施来防止数据滥用、泄露或侵犯个人隐私。使用人工智能和算法的智慧安防系统可能会作出自动化的决策，如识别人脸、行为等。确保这些决策过程的透明度和可解释性，使人们能够理解智慧安防系统是如何做出决策的，是社会责任的一部分。智慧安防系统需要处理大量敏感数据，包括监控视频、个人信息等。确保这些数据的安全性，防止黑客攻击、数据泄露等问题，是重要的社会责任。如果智慧安防技术在设计或训练时存在偏见，则可能会导致不公平的结果。确保智慧安防系统不产生性别、种族、年龄等方面的歧视，需要对算法进行审查和改进，以减少潜在的偏见。智慧安防技术有可能被滥用，例如，用于监控异议人士、侵犯公民权利等。确保技术的应用符合法律和伦理标准、防止滥用，是社会责任之一。智慧安防技术应该服务于整个社会，而不仅仅是特定群体的利益。确保技术的使用公平，不加剧社会不平等，是社会责任的表现。政府和监管机构需要确保智慧安防技术的应用符合法律和法规，同时制定相关政策和指导，以维护社会的安全和秩序。

综上所述，智慧安防与社会责任之间存在紧密的联系。通过采用智慧安防技术，社会可以提升安全保障、保护资产和资源、改善社区安全，并符合法规、道德和环境要求。随着社会的发展，科学技术的不断进步，面对安防工作"自动化"、执法工作"规范化"、智慧管理"智能化"、队伍管理"精细化"的现代城市安防安全需求，一系列的安防安全问题亟待解决。实现安防工作"人防""物防""技防"一体化，为共建和谐社会、平安社会保驾护航。

4.5　智慧农业

智慧农业（smart agriculture），也称数字农业（digital agriculture）或农业物联网（agricultural internet of things，Agri-IoT），是指应用先进的信息和通信技术（ICT）及物联网技术在农业领域中的应用，从而实现农业生产的自动化、智能化和高效化。

智慧农业就是通过现代信息技术和智能装备等与农业深度跨界融合，实现农业生产全过程的信息感知、定量决策、智能控制、精准投入、个性化服务的全新农业生产方式，并且认为智慧农业是农业信息化发展从数字化到网络化再到智能化的高级阶段[11]。智慧农业可以实现对农作物生长过程、土壤质量、气象条件、水资源利用、病虫害监测等方面的监测和管理，为农民提供科学决策和精细化管理的支持。

智慧农业的核心技术包括物联网技术、云计算、大数据分析、人工智能和机器学习等。这些技术可以实现农业设备的自动化操作、数据的实时采集和分析、预测和优化决策等功能，从而提高农业的生产效率、资源利用效率和农产品的品质。

智慧农业的应用范围广泛，包括粮食作物、蔬菜水果、畜牧养殖、水产养殖等各个农业领域。它可以帮助农民实现精确施肥、节水灌溉、病虫害监测、智能收割等，提高作物的产量和质量。同时，智慧农业还可以支持农产品的追溯管理、市场营销和物流配送等环节,提高农产品的品牌形象和市场竞争力。

　　智慧农业的发展可以有效应对全球农业面临的挑战,如人口增长、资源短缺、环境污染等问题。它为农业提供了更加可持续和可靠的解决方案,促进农业现代化和农村经济发展。

4.5.1　智慧农业的背景

　　智慧农业是一种将先进技术与传统农业相结合的农业生产方式。它利用物联网、大数据分析、人工智能等技术,为农业生产提供智能化的解决方案,以提高农业生产效率、降低资源消耗、减少环境污染等目标。

1. 全球智慧农业发展现状

　　全球范围内,智慧农业得到了广泛关注和应用。许多国家和地区都在推动智慧农业的发展,并取得了一定的成就。一些发达国家,如美国、荷兰、以色列、德国、日本、澳大利亚等,率先在智慧农业领域取得了突破性进展。这些国家利用自动化、机器视觉、无人机等技术,实现了精准农业管理、精确施肥、自动化收割等高效农业生产。据预测,美国在全球数字农业市场的市场规模占比为31％,位列第一,美国正在采用大数据和互联网方法提升农业生产的效率和效益,基于大数据的农村信息传播商业化运作模式逐渐成为美国为农业传播生产信息的重要模式之一。而以色列最新的灌溉及育种技术也被大量推广使用,智慧农业发展取得了巨大的成就。以色列利用低压滴灌系统使全国75％的水实现循环利用,是世界上水利用率最高的国家[12]。

2. 中国智慧农业发展现状

　　中国是全球最大的农业大国之一,对比全球市场而言,中国智慧农业起步较晚,农业机械化、作业智能化程度低于其他领先国家,还处在成长发展阶段,市场空间广阔。中国政府将智慧农业作为农业现代化的重要组成部分,提出了推动农业供给侧结构性改革的要求。通过加大投入、推进科技创新、培育龙头企业等措施,中国智慧农业取得了显著的成果。目前,中国智慧农业应用领域包括粮食作物、果蔬、畜牧养殖等,涵盖了农业生产的各个环节。

3. 面临的机遇

　　智慧农业面临着许多机遇。首先,随着全球人口的增长和城市化的加速,对农产品的需求不断增加,智慧农业可以提高农业生产效率,满足人们对食品的需求。其次,智慧农业可以减少对土地、水资源和化肥等农业生产要素的依赖,有助于可持续农业发展。此外,人工智能、大数据等技术的不断进步也为智慧农业提供了更多创新和发展机会。

4. 面临的挑战

智慧农业的发展也面临一些挑战。首先,技术应用的普及和推广需要克服一些技术壁垒和成本问题。农村地区的基础设施建设和农民技能水平也需要进一步提高。其次,隐私和数据安全问题是智慧农业面临的一个重要挑战。大量的数据收集和处理需要保护农民和农业生产者的个人隐私,并确保数据安全性。此外,智慧农业的可持续性和环境影响也需要考虑,以确保农业的生态可持续性。

4.5.2 智慧农业的总体规划

智慧农业的总体规划思路就是以科学规范、智能高效、整合共享为指导方针,利用信息技术、物联网、大数据和人工智能等先进技术手段来提升农业生产效率和质量的农业发展模式。在一、二、三产业的融合过程中,智慧农业可以打破信息瓶颈、促进信息流动和分享。智慧农业的技术框架大体包括信息感知、智能决策和决策实施3方面[13]。

智慧农业的总体规划需要考虑农村地区的基础设施建设,包括宽带网络覆盖、传感器安装、数据中心建设等,以支持智慧农业技术的应用和数据的收集与分析。在规划中需要确定采集农业生产中的关键数据,如土壤湿度、气象条件、作物生长状态等,以及农民和农业专家的知识和经验,并建立相应的数据管理系统,对采集到的农业数据进行分析,以便进行数据分析和决策支持,例如,优化农业生产计划、预测市场需求和调整供应链。在规划中还需要确定物联网技术的应用方向,例如,农业传感器网络的建设,可以实时监测土壤、气候和作物生长等信息,帮助农民精确控制灌溉、施肥和病虫害防治等工作。在规划中推动智能农机和自动化技术的应用,例如,自动驾驶农机、智能化灌溉系统等,以提高生产效率和降低人工成本。加强农业科技创新能力,推动农业科技成果的转换和应用,并加强人才培养,培养适应智慧农业需求的专业人才和农民技术人员。

从智慧农业框架结构的角度智慧农业分3个层次:感知与执行层;运算层:大数

据集成及处理;应用层:智能化生产、网络化协同和服务化延伸,如图4-7所示[14]。

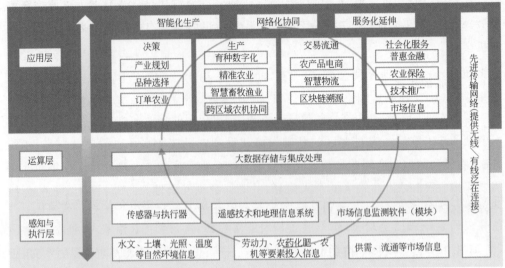

图 4-7 智慧农业框架结构示意图

感知与执行层是智慧农业总体规划中的一个重要组成部分。它涉及农业领域中的传感器技术和执行设备,用于获取农田、农作物和养殖场等环境的数据,并执行相应的操作。

在感知层,各种传感器被广泛应用于农业生产环境中,用于实时监测和感知各种参数,如土壤湿度、温度、光照强度、气象数据等。这些传感器可以安装在地面、气象站、农田灌溉系统等位置,通过无线传输或有线连接将数据传输到大数据集成及处理层进行分析。

在执行层,智能化设备和执行机器人用于根据感知层获取的数据执行相应的操作。例如,自动化灌溉系统,可以根据土壤湿度传感器的数据自动控制灌溉设备的开启和关闭,确保农田得到适当的水分供应。另外,无人机和机器人,也可用于作物的施肥、喷药、收割等工作,提高生产效率和农作物质量。

感知与执行层的目标是实现实时的数据采集和操作执行,将感知到的信息传递给大数据集成及处理层,同时接收来自上层的指令并执行相应的任务。

运算层需要整合来自不同来源的数据,包括气象数据、土壤数据、作物生长数据、农业机械数据等。这些数据可能来自传感器、监测设备、遥感技术等多种渠道,需要进行有效的集成和存储,以便后续的分析和应用。

应用层通过智能化生产、网络化协同和服务化延伸,实现决策、生产、交易流通、社会化服务等。

总体规划应该根据当地农业发展的实际情况和需求,结合技术发展趋势和政策支持,制订相应的目标、战略和具体实施计划,以推动智慧农业的发展,提升农业生产效率和农民收入水平。

4.5.3 智慧农业技术创新

智慧农业技术创新是指将现代科技与农业相结合,利用人工智能、物联网、大数据等技术手段来提高农业生产的效率、质量和可持续性的一种农业发展模式。以下是几个智慧农业技术创新的例子。

1. 物联网(IoT)和传感器技术

通过在农田、养殖场和农业设施中安装传感器和监测装置,可以实时监测土壤湿度、温度、光照等参数,帮助农民进行精确灌溉和施肥,以提高农作物的产量和质量,同时减少资源浪费。

2. 大数据和人工智能

通过收集、分析和利用农田、气象、市场等大量数据,可以为农民提供精确的种植指导和决策支持。基于大数据和人工智能的预测模型可以提前预测天气变化、病虫害爆发等情况,帮助农民采取相应的措施,减少损失。

3. 无人机和机器人技术

无人机可用于农田的巡视和监测,通过高分辨率图像和传感器数据,可以检测农田中的病虫害、营养不良等问题。机器人可以在农田中进行种植、采摘、施肥等操作,减轻人工劳动强度,提高工作效率。

4. 精准农业管理系统

利用先进的软件和数据分析工具,可以对农田进行细致的划分和管理,实现个体化的农业生产。农民可以根据不同地块的特点和需求,制定相应的种植和管理方案,以最大限度地发挥土地的潜力。

5. 智能灌溉决策系统

滴灌技术的出现使人们逐渐摒弃传统的大水漫灌,进而走向高效节水的道路,节水的研究符合社会可持续发展理念,也使节水灌溉研究成为热点,而自动化灌溉系统的出现使农业与现代化结合,在解放了大量劳动力的同时,节约了大量成本[15]。

6. 智能温室和设施农业

通过控制温室内的温度、湿度、光照等环境参数,可以为植物提供最适宜的生长条件,实现全年无季节限制的种植。智能温室还可以自动化管理灌溉、通风、施肥等过程,提高生产效率。

4.5.4 智慧农业的未来发展趋势

这些智慧农业技术的创新可以帮助农民提高生产效益,减少资源消耗和环境污染,实现农业的可持续发展。智慧农业的未来发展趋势包括以下几方面。首先,智能感知技术的应用将进一步扩大,包括传感器、遥感、无人机等,以实现农业生产环境的实时监测和数据采集。其次,人工智能和大数据分析将发挥更大作用,通过数据驱动的决策和精确管理,提高农业生产效率和质量。另外,农业与物联网、云计算、区块链、5G等技术的融合将推动智慧农业的发展。最后,可持续性和生态环境保护将成为智慧农业发展的重要方向,通过循环农业、精准施肥等手段实现资源的高效利用和环境友好型农业生产。智慧农业已成为世界现代化农业发展趋势,全球各国都在加快智慧农业布局,加深人工智能、大数据、云计算等技术在农业领域的应用。

4.5.5 智慧农业与社会责任

当前,中国农村人口老龄化、空心化,为传统农业造成危机,同时也带来诸多社会问题,甚至粮食安全问题。因此,智慧农业不仅对传统农业进行转型升级,同时还承载着社会问题的解决方案。

智慧农业可以帮助提高农产品的生产效率和质量,确保食品安全。同时,它也需要考虑可持续农业实践,避免对环境造成负面影响,以及保障农田的长期可用性。推动智慧农业需要数字化技能,以理解和使用相关技术。确保农民和农村居民能够获得数字技术的培训和教育,减少"数字鸿沟",是社会责任的一部分。智慧农业技术应该服务于各个农业群体,包括小农户和农村社区。确保智慧农业的应用不会加剧农村不平等,是社会责任的体现。智慧农业的发展可能对农村经济和社会产生重大影响。社会责任要求确保智慧农业的发展有助于农村发展,创造就业机会,改善生活条件。智慧农业技术需要收集和分析大量农业数据,如土壤信息、气象数据等。保护这些数据的隐私和安全,避免数据泄露和滥用,是社会责任的一部分。智慧农业的发展可能改变传统的农业实践和文化。社会责任要求尊重和保护农业文化遗产,确保技术的应用与传统农业价值相协调。政府和农业监管机构需要确保智慧农业技术的应用符合法律和法规,同时保障农民的权益。智慧农业的发展应该有助于提高农产品的供应链透明度,确保食物的公平分配和可访问性。

智慧农业的发展需要综合考虑社会责任,确保技术的应用不仅关注农业产出的提高,还应促进食品安全、可持续发展、社会公平和农村发展。

4.6　数字技术创新与社会责任

随着数字化、平台化趋势的发展,互联网尤其是移动互联网的高速发展冲击着社会的各个领域,带来了生产方式的变革,改变着经济形态和社会形态。从传统工业时代、信息时代到数字时代,社会责任的聚焦点和实践形式也发生着变化,拓展出新领域,使数字技术创新从国家战略到社会责任每一个要素等多个层面发挥作用。

4.6.1　数字技术创新与国家战略

数字技术创新在当今世界的发展中扮演着重要角色,对国家的战略和发展具有重大意义。数字技术创新是推动经济增长和提升国家竞争力的关键因素。通过数字技术的应用,可以提高生产效率、降低成本、改进产品和服务、促进创新创业,从而推动经济的发展。数字技术创新能够推动传统产业的升级和转型。例如,互联网、人工智能、大数据和物联网等技术的应用,可以改变传统行业的商业模式和生产方式,推动产业向高附加值和高效能方向发展。数字技术创新对国家的安全和国防具有重要意义。在信息化时代,网络安全和数据安全成为国家安全的重要组成部分。数字技术的创新可以加强国家网络安全能力,提高信息战和网络战的应对能力,保障国家安全利益。数字技术创新可以改善社会管理和提供公共服务的效率和质量。例如,电子政务、智慧城市和数字医疗等领域的创新应用,可以提高政府机构和公共服务机构的运作效率,提供更便捷、高效和个性化的服务。数字技术创新对教育和人才培养具有重要意义。数字化教育和远程教育可以突破时空限制,提供全球优质教育资源,培养具备数字技术能力的人才,促进人力资源的优化和人才的创新创业能力的培养。

许多国家都将数字技术创新作为国家战略的重要组成部分。他们通过加大研发投入、鼓励创新创业、制定相关政策和法规等手段,推动数字技术创新的发展,并将其纳入国家发展的长期规划中。这些努力旨在提升国家的创新能力、经济实力和社会福祉,以应对日益激烈的全球竞争和快速变化的时代挑战。中国明确提出要"加快数字化发展",并对此做出了系统部署。这是国家站在战略和全局的高度,科学把握发展规律,着眼实现高质量发展和建设现代化强国作出的重大战略决策。

4.6.2　数字技术创新推动社会创新

现代社会正面临一些全球性的普遍问题,如环境污染、全球变暖、贫富分化、老龄化、慢性病与亚健康等,同时,现在又正处在一个数字化快速发展的时代,数字技术的广泛应用带来了生产效率提升和社会进步,同时也产生了数据隐私等一系列新的社会问题,因此,近十年人们开始广泛关注用数字解决方案应对社会问题新挑战,学术界将其总结为数字社会创新(digital social innovation)。

数字社会创新就是在数字化时代,利用信息和通信技术来推动社会创新的一种方式。它强调将数字技术应用于社会创新的过程中,以实现更高效、更智能、更包容的解决方案。数字社会创新是对社会创新概念的进一步拓展,社会创新是指在社会领域中引入新的思想、方法或模式,以解决社会问题或改善社会福祉的过程。它通常涉及从根本上改变社会制度、组织结构或行为方式,以实现积极的社会变革。

数字技术的快速发展和创新对社会产生了广泛而深远的影响。数字技术创新推动社会创新的方式有很多,以下是几个重要方面的例子。

1. 信息与通信技术的创新

信息与通信技术的不断创新,如互联网、移动通信、社交媒体等,已经改变了人们的生活方式和社交模式。这些技术为人们提供了更广泛的信息获取渠道、交流渠道和合作平台。人们可以更轻松地获取知识、分享经验、建立全球性的社交网络,促进跨地域和跨文化的合作与交流。

2. 数据驱动的决策与创新

数字技术的发展产生了大量的数据,并且现在有能力收集、存储和分析这些数据。数据分析和人工智能技术的创新使得人们能够从大数据中提取有价值的信息,为决策和创新提供更好的支持。通过深入了解用户行为、市场趋势和业务运营情况,组织可以更好地制定战略、改进产品和服务,并进行个性化的营销和客户关系管理。

3. 数字化的商业模式创新

数字技术推动了商业模式的创新。许多传统行业,如零售、金融、医疗等通过数字化转型,提供在线购物、移动支付、远程医疗等服务,以满足消费者的需求。同时,数字技术也催生了新的商业模式,如共享经济、众包和虚拟货币等。这些新的商业模式提供了更多的选择和机会,促进了创业和创新的发展。

4. 教育和培训

数字技术创新也给教育和培训领域带来了重大影响。在线学习平台、远程教育和虚拟现实技术等数字教育工具,使得教育资源更加平等和普及。人们可以通过互联网学习知识、技能和职业培训,不再受制于地理位置和时间限制。这种数字技术创新推动了终身学习的理念,促进了人才培养和职业发展。

5. 城市管理与智慧城市

数字技术创新也在城市管理和建设中发挥着重要作用。智慧城市概念的出现将传感器技术、物联网和大数据分析等数字技术应用于城市基础设施和公共服务中。这些技术可以帮助城市管理者更好地监测和管理交通流量、能源消耗、环境污染等城市运行指标,提高城市的效率、可持续性和生活质量。

数字技术的创新推动了社会的创新，改变了人们的生活方式、商业模式和社会组织方式。它为人们提供了更多的机会和便利，促进了经济的发展和社会的进步。然而，数字技术的创新也带来了一些挑战，如数据隐私和安全性等问题，需要持续关注和解决。

4.6.3 数字技术创新实现社会价值

数字技术创新在实现社会价值方面具有巨大的潜力。以下是一些数字技术创新如何实现社会价值的例子。

1. 医疗保健

数字技术的发展为医疗保健带来了巨大的变革。例如，电子病历系统可以改善医疗记录的准确性和可访问性，提高医疗团队之间的沟通和协作。远程医疗技术使得医疗服务可以更好地触及偏远地区的居民，改善了医疗资源的分配不平衡问题。人工智能在医学影像诊断中的应用也大大提高了诊断的准确性和效率。

2. 教育

数字技术改变了教育的方式和范式。在线学习平台使得教育资源更加广泛地传播，降低了教育的门槛，提高了教育的可及性。个性化学习软件可以根据学生的学习风格和能力提供定制化的学习经验。虚拟现实和增强现实技术可以为学生提供身临其境的学习体验，提高学习的吸引力和效果。

3. 可持续能源

数字技术可以促进可持续能源的发展和利用。智能电网系统可以监测和优化能源分配，提高能源利用效率。大数据分析可以帮助发现和优化能源消耗模式，促进能源的节约和可再生能源的利用。

4. 社会公正

数字技术可以用来推动社会公正和包容。在线平台可以提供更广泛的就业机会，打破地理和身份的限制。区块链技术可以提供透明和可追踪的交易记录，减少腐败和不公平现象。人工智能和数据分析可以帮助政府和非营利组织更好地了解社会问题，制定更有效的政策和干预措施。

5. 环境保护

数字技术可以在环境保护方面发挥积极作用。物联网技术可以用于监测和管理环境资源的使用,如水资源管理、空气质量监测等。智能传感器和大数据分析可以帮助农业实现精确施肥和水资源利用的优化,减少对环境的负面影响。

这些只是数字技术创新在实现社会价值方面的一些例子,数字技术的应用潜力非常广泛。随着科学技术的不断进步和创新,我们可以期待数字技术继续为社会带来更多的积极影响。

4.6.4 数字技术创新与社会责任

数字技术创新引发了新业态、新模式不断涌现,遵循着"数字向善、科技向善"的方向,引导数字经济的良性、有序、蓬勃发展,推动数字文明的进步。人类进步是由科技推动的,科技的发展带来的社会进步就是在践行社会责任。数字技术的创新对社会责任的各要素:经济、法律、伦理、慈善和环境都有着广泛的影响,而且往往是多个主体的共同主导。前面提到的国家战略或政策引导的科技创新无疑主体是以政府为主、由多个主体组成,即使一批大型数字平台以企业的形式出现,如脸书、阿里巴巴等,政府也在规范和监督方面加大力度和参与,而在平台的"大动脉"中又有许许多多的"毛细血管",它们在维持着平台运营的同时,也在一定尺度范围内形成了独立社群,也以一个主体形式对社会产生一定的影响。以下是数字技术创新对社会责任各个要素产生作用的一些典型例子。

1. 经济

(1) 电子商务和在线支付:数字技术创新促进了电子商务的兴起,使得在线购物和支付变得更加便捷和安全。

(2) 金融科技(FinTech):数字技术创新为金融行业带来了许多创新,如数字货币、区块链技术和智能合约,改善了金融服务的效率和安全性。

(3) 数据分析和预测:数字技术创新使得大规模数据的收集和分析成为可能,帮助企业和政府做出更明智的决策和预测。

2. 法律

（1）数字身份和身份验证：数字技术创新可以提供更安全和可信赖的身份验证方法，如数字签名和生物特征识别技术，加强了在线交易和数字化服务的安全性。

（2）智能合同和区块链：数字技术创新使得智能合同和区块链技术成为可能，提供了更安全和透明的交易方式，减少了纠纷和争议的可能性。

（3）法律信息和服务的数字化：数字技术创新使得法律信息和服务更加容易获取和理解，提供了更广泛的法律援助和法律教育机会。

3. 伦理

（1）数据隐私和安全：数字技术创新引发了对个人数据隐私和信息安全的关注，促使对数据保护和道德准则的制定和执行。

（2）人工智能伦理和责任：数字技术创新带来了人工智能的发展，引发了对人工智能伦理和责任的讨论，如公平性、透明度和算法决策的可解释性。

（3）技术研发的伦理审查：数字技术创新促使对科技研发过程中的伦理问题进行审查和监管，确保科技的发展符合道德和社会价值。

4. 慈善

（1）在线捐款和众筹平台：数字技术创新使得在线捐款和众筹平台更加便捷和可靠，促进了慈善活动和社会公益事业的发展。

（2）社交媒体和网络宣传：数字技术为慈善组织提供了更广泛的宣传平台，使得慈善活动的信息传播更加高效和全球化。

（3）数据驱动的慈善决策：数字技术创新可以帮助慈善组织更好地分析和评估慈善项目的效果和影响，提高慈善决策的科学性和可持续性。

5. 环境

（1）智能能源管理：数字技术创新可以监控和优化能源使用，通过智能电网和能源管理系统，提高能源利用效率，减少对环境的影响。

（2）精准农业：数字技术创新可以帮助农民监测土壤、气象和作物生长数据，实现精确施肥和灌溉，提高农作物产量，并减少农药和水资源的使用。

(3)数字化环境监测：数字技术创新可以提供更精确、实时的环境监测数据，帮助科学家和政府监测、保护自然资源和生态系统。

通过这些数字技术创新的典型案例，可以看出其对社会责任核心要素的影响，在实际应用中可能还有其他重要的方面和影响。数字技术创新的发展需要关注技术的合规性、可持续性和社会影响，以确保科技的发展与社会的整体利益相一致。在推动科技创新要以"科技向善"为方向的进程中，政府要起到引导和监管的作用，对推动"科技向善"的科技创新进行扶持和帮助，对利益至上、阻碍数字文明发展的行为要坚决运用法制手段予以约束；参与者要树立"向善"意识，积极主动行使权利维护利益，提高社会对"善"的诉求，通过市场行为促进推动科技创新。通过多主体的共同参与推动科技创新的"向善"发展，推动数字文明社会的进步[16]。数字技术创新作为科技创新的重要组成部分，也为科技创新成为"社会责任2.0"的核心要素奠定了重要基础。

参 考 文 献

[1] 魏伟,陈骁,郭子睿.数字经济及其核心产业统计分类(2021)[R].深圳：平安证券研究所,2021.

[2] 成都市发展和改革委员会.成都市"十四五"数字经济发展规划[EB/OL].2022-04-15.

[3] 汪毅."东数西算"正当时,赋能"新信息",共促"稳增长"[R].深圳：长城证券,2022.

[4] 尹沿技,张天,陈晶,等."东数西算"奠定数字经济发展基础[R].合肥：华安证券,2022.

[5] 顾阳."东数西算"事关经济社会发展大局[N].经济日报,2022-02-17.

[6] 黄国平,孙会亭.数字人民币成功落地需破解三大难点[N/OL].中国证券报.中证网,2019-09-21.

[7] 曹佩,程漫漫.数字人民币概况及相关标的梳理[R].上海：太平洋证券,2022.

[8] 孔蓉.一文读懂数字人民币行业与投资机会梳理[R].武汉：天风证券,2022.

[9] 中国移动.基于5G智慧园区平台的全方位园区安防场景解决方案[R].北京：中国移动.

[10] 耿军军.全球安防龙头,开启人工智能新时代：大华股份深度报告[R].杭州：浙商证券,2018.

[11] 赵春江.智慧农业的发展现状与未来展望[J].华南农业大学学报,2021(6)：1-7.

[12] 刘建波,李红艳,孙世勋,等.国外智慧农业的发展经验及其对中国的启示[J].世界农业,2018(11)：475.

[13] 康孟珍,王秀娟,华净,等.平行农业：迈向智慧农业的智能技术[J].智能科学与技术学报,2019,1(2)：107-117.

［14］ 中国信息通信研究院政策与经济研究所,中国人民大学智慧农业与数字乡村发展研究中心.中国智慧农业发展研究报告:新一代信息技术助力乡村振兴［R］.北京:中国信息通信研究院,中国人民大学,2021.

［15］ 谭昆,孙泯,杜良宗,等.智慧农业发展现状与趋势［J］.农业科学,2020(12):1071-1075.

［16］ 盘和林.数字文明新时代,"科技向善"为先［R］.嘉兴:2021年世界互联网大会乌镇峰会,2021.

第 5 章

新能源

学习目标

(1) 了解新能源技术的产业链。
(2) 熟悉"百乡千村"计划。
(3) 把握电力数字化。
(4) 适应电动汽车发展。
(5) 认识新能源创新与社会责任。

5.1 新能源技术概况

新能源技术一般是指在新技术基础上加以开发利用的可再生能源,包括太阳能、生物质能、地热能、风能、核能、海洋能(包含潮汐能、波浪能、潮流能、温差能和盐差能),以及海洋表面与深层之间的热循环等;而已经被广泛利用的煤炭、石油、天然气、水能等能源叫作常规能源。其中,新能源应用方面包括新能源汽车及储能电站等,与新信息技术及新材料结合又衍生出数字能源、能源互联网、特高压等广泛的场景。从世界范围内看,当前能源领域正处于大调整、大变革时期,能源技术、能源市场正发生重大变化。随着环境问题的日益突出及常规能源的有限性,以环保和可再生为特质的新能源越来越受到各个国家的重视。由于新能源技术在减少碳排放、降低环境污染、提高能源利用效率等方面具有重要作用,被广泛应用于电力供应、交通运输、建筑等领域,以推动可持续能源发展和应对气候变化。随着技术的不断创新和成熟,新能源技术正逐渐取代传统能源,成为能源转型的重要方向,带动了世界能源领域的革命,以太阳能、生物质能、核能、风能、新能源汽车等为代表的新能源产业正在成为最具前景、最富活力的战略性新兴产业。

5.1.1 新能源技术的发展现状

在人们的生活中主要使用的能源是石油、天然气和煤炭等化石燃料。随着经济的发展、人口的增加、社会生活的提高,预计未来世界能源消耗量将以每年2.7%的速度增长。根据目前国际上通行的能源预测,石油资源将在40年内枯竭,天然气资源将在60年内用光,煤炭资源也只能使用220年。根据国际权威单位的预测,到21世纪50年代,即2050年,全球新能源的比例,将会发展到占世界能源构成的60%以上[1],成为人类社会未来能源的基石、世界能源舞台的主角、目前大量燃用的化石能源的替代能源。

自20世纪后期以来,随着新能源技术的快速发展,部分新能源率先进入产业化阶段。例如,核电、太阳能热水器、沼气已进入产业化成熟阶段;太阳能光伏发电、风能发电、生物质发电、地热发电、生物燃料等已经进入产业化初期或中期阶段;而像一些纤维素乙醇、受控核聚变等新兴能源的技术仍处于研发阶段,距离成熟阶段还尚有一段路要走。

太阳能光伏技术迅速发展,成为最成熟和最广泛应用的新能源技术之一。太阳能电池的效率不断提高,成本不断降低,平准化发电成本(LCOE)下降了85%[2],大规模太阳能发电项目在全球范围内迅速增长。

风能技术得到了广泛应用,全球范围内建设了大型风力发电场。风力发电机的技术不断创新,风力发电成本逐渐下降,平准化发电成本(LCOE)下降了60%[2]。然而,风能的不稳定性和地理条件限制仍然是需要面临的挑战。

水力发电仍然是全球最大的可再生能源之一,大型水电项目在许多国家广泛存在。然而,由于环境和社会影响,水力发电的增长面临一些挑战。潮汐能发电技术正在进行研究和试点项目。

生物质发电和生物燃料产业快速发展,生物质发电和生物燃料产业在全球范围内得到广泛应用。利用废弃物和农作物残余物等生物质资源进行能源生产,既可以减少废弃物的处理问题,也可以降低碳排放。

地热能在一些地区得到广泛应用,特别是在供暖和温室农业方面。地热发电技术仍面临成本和地理条件限制,但在一些地热资源丰富的地区有较好的发展前景。

氢能技术在能源存储和交通运输领域有潜力。然而,氢能技术目前仍面临挑战,包括高成本、氢气生产和储存等问题。

新能源技术在过去几十年取得了显著进展,太阳能和风能成为最成熟和商业化程度最高的新能源技术。尽管仍面临一些技术、经济和政策挑战,但新能源技术的发展势头仍然强劲,对于推动可持续能源发展和减少碳排放具有重要意义。

5.1.2　新能源技术的全球格局

新能源技术的全球格局是一个复杂且不断发展的领域,涵盖了各种不同的技术和地理区域。全球新能源技术的发展格局受到多种因素的影响,包括国家政策支持、资源丰富程度、技术创新能力和市场需求等。以下是新能源技术的全球格局的主要特点。

太阳能技术领先的国家主要有中国、美国、德国、日本等国家和地区,也是全球太阳能光伏装机容量较大的国家和地区。其中,中国是全球最大的太阳能光伏市场,积极推动太阳能发电的规模化应用,也创造了世界绝大多数产能。而新兴市场包括印度、澳大利亚、阿拉伯国家等国家和地区,这些国家和地区在太阳能技术的发展上也取得了显著进展,并有望成为重要的太阳能市场。

风能技术领先的国家有中国、美国、德国、印度、英国等,也是全球风能发电装机容量较大的国家。中国仍然是全球最大的风能市场,持续推动风能技术的发展和应用。发展中的市场包括拉美国家,如巴西和墨西哥,以及北欧国家,如丹麦和瑞典,在风能技术的发展上表现出良好的潜力。

水能技术领先的国家有中国、巴西、美国、加拿大等,是全球较大的水力发电国家,拥有大型水力发电站和丰富的水力资源。比较有潜力的市场包括一些东南亚国家,如越南和菲律宾,以及非洲国家,如刚果(金)和埃塞俄比亚等,在水力发电的开发和利用上具有较大潜力。

生物能技术领先的国家有美国、巴西、欧盟成员国等,它们在生物质发电和生物燃料产业方面处于领先地位。新兴市场包括印度、中国等国家,在生物质能源利用方面也取得了显著进展,尤其在生物燃料的生产和使用上。

氢能技术领先的国家有日本、韩国、德国、美国等,这些国家在氢能技术研究和应用方面具有领先地位。新兴市场包括中国、澳大利亚等国家,在氢能技术的发展和应用上有较大的潜力。

电动汽车技术也在全球范围内得到了广泛的应用。中国、美国和欧洲是电动汽车市场的主要领导者。而随着可再生能源的使用增加，储能技术（如锂离子电池）的重要性也在增加。这些技术可以帮助解决可再生能源的间歇性问题。美国和中国在这个领域处于领先地位。碳捕获和储存（CCS）技术是应对全球气候变化的一种潜在解决方案。然而，这种技术的商业化进程仍然相对较慢。美国、加拿大和挪威在这个领域处于领先地位。

新能源发展的规模，以中国为例：截至2022年底，中国可再生能源和煤电装机分别为12.13亿 kW 和11.24亿 kW，可再生能源装机首次超越煤电，占全国发电装机的47.3%。风电、光伏发电、生物质发电、常规水电、抽水蓄能装机分别为3.65亿 kW、3.93亿 kW、0.41亿 kW、3.68亿 kW、0.45亿 kW。2022年可再生能源新增装机1.52亿 kW，占比新增装机76.2%，成为新增装机主体；风电、光伏发电、生物质发电、常规水电、抽水蓄能分别新增3763万 kW、8741万 kW、334万 kW、1507万 kW、880万 kW[3]。全球各国在新能源技术发展上的格局是动态变化的，受到国家政策、技术进步和市场需求等因素的影响。随着全球对可持续能源的需求增加及技术创新的推动，新能源技术的全球格局将继续发展和演变。

5.1.3　新能源技术的产业链

从5.1.2节了解到，新能源技术有非常多的类型，因此，每一种新能源都有相应的产业链，绝大多数类型的新能源产业链以文图并茂的形式已经在本套丛书的《能源革命与碳中和——创新突破人类极限》中详细介绍了，这里只从产业链的重要环节进行总结。

原材料采集和生产：这个环节涉及从地壳或其他自然资源中提取原材料，如稀土元素、硅等。例如，太阳能产业需要采集硅作为太阳能电池的主要材料，而风能产业需要使用稀土元素来制造风力发电机组，还需要大型复合材料制造风力涡轮等[4]。

设备制造：在这个环节，原材料被加工和制造成能源设备，如太阳能电池板、风力发电机组、电池储能系统等。在制造过程中，还需要涉及工艺、组装、测试等工序。

设备安装和运营：完成设备制造后，需要将能源设备安装到相应的场地上，并进行调试和运营。这个环节包括工程设计、土地准备、设备安装、连接电网等。

能源销售和服务：一旦能源设备开始运营，产生的能源将被销售给最终用户。这包括能源的销售、合同管理、能源供应链的管理等，同时，也包括对能源设备的维护和服务。

废弃设备的回收和处理：能源设备的寿命可能会结束或需要升级，这时需要进行设备的回收和处理。这个环节包括设备的拆解、材料的回收利用、废弃物的处理等。

以上就是新能源技术产业链的主要环节。不同的新能源技术可能会有不同的产业链结构，但大体上都会包括这些环节。

5.2 "百乡千村"计划

为落实"碳达峰、碳中和"战略目标，促进乡村绿色能源综合开发与多元利用，服务乡村振兴战略组织实施，"百乡千村"计划于2017年提出，旨在推动农村地区的精准扶贫和乡村振兴。该计划的目标是通过改善农村基础设施，包括新能源应用、提升农民收入和改善农村社会服务等措施，实现百个乡镇和千个村庄的全面小康目标。

5.2.1 "百乡千村"计划的背景

"百乡千村"计划的提出可以追溯到中国国家发展和改革委员会对农村发展和扶贫工作的深入研究和思考。中国长期以来一直面临着农村贫困问题。为了实现全面小康社会的目标，进一步减少农村贫困人口，需要更有针对性和精准的扶贫措施。部分农村地区的基础设施建设滞后，交通、水电、通信等方面存在不足，限制了农民的生产和生活条件。此外，农村地区的社会服务如教育、医疗等也相对薄弱，难以满足农民的需求。

中国政府提出了乡村振兴战略，旨在推动农村地区的发展，实现城乡发展协调一体化。"百乡千村"计划是乡村振兴战略的重要组成部分，旨在通过改善农村地区的基础设施、发展农业产业、提供社会服务等措施，促进农村地区的经济发展和农民的增收致富。为了确保农村地区实现全面小康，需要采取更有力的政策和措施，推动农村地区的发展和扶贫工作。

近年来，各方积极推进绿色、生态、美丽乡村建设，因此，农村绿色能源发展具有良好的基础。

"百乡千村"计划与新能源之间存在一定的联系。"百乡千村"计划旨在改善农村地区的基础设施和服务,其中包括能源供应。新能源技术如太阳能、风能和生物能等可以在农村地区应用于电力供应,替代传统的煤炭或柴油发电,提供清洁、可再生的能源,减少对化石燃料的依赖。"百乡千村"计划鼓励农村地区发展特色产业和农产品加工业,其中包括新能源产业。通过培育和支持农村地区的新能源产业,如太阳能光伏发电、生物质能源生产等,可以促进农村经济的多元化发展,增加农民的收入来源。"百乡千村"计划涉及农村地区能源供应链的改善和建设。新能源技术的发展和应用可以改变农村能源供应链的结构和模式,例如,在离网地区推广太阳能家庭电力系统或微型风力发电机组,可以提供可靠的电力供应,降低能源运输成本。"百乡千村"计划注重农村地区的可持续发展和生态环境保护。新能源技术的应用可以帮助农村地区实现能源节约和减排目标,减少对传统能源的消耗和环境污染,促进农村地区的绿色发展。

但也要清醒地看到,受自然条件、传统习惯等因素制约,乡村清洁能源开发利用仍存在一些短板:一是城乡居民清洁用能水平差距较大;二是农村资源规模化开发程度相对较低;三是专业化、标准化水平相对较低。参与农村清洁能源开发建设的企业规模相对较小、技术实力差,后期运维管理无法保障,缺乏农村清洁能源产品、工程技术标准和规范,影响项目长期稳定发挥效益[5]。因此,具体的"百乡千村"计划的实施方式和涉及的新能源内容可能因地区和政策的不同而有所差异。

实施"百乡千村"绿色能源发展行动,是贯彻落实"碳达峰、碳中和"战略部署,促进生态文明建设的具体实践,是服务乡村振兴战略实施、建设美丽宜居乡村的客观要求,是推动能源结构优化调整、加快绿色低碳发展的重要途径,对加快农村清洁能源开发建设、提高群众清洁用能水平、促进乡村高质量发展都具有重要意义[5]。

"百乡千村"计划的提出是为了解决农村贫困问题,推动农村地区的发展和乡村振兴,通过加大对农村地区的支持和投入,改善基础设施和社会服务,促进农村经济的发展和农民的增收致富,进一步推动中国实现全面小康社会的目标。

5.2.2 "百乡千村"计划的总体规划

"百乡千村"计划是一个较为宏大的扶贫和乡村振兴计划,它的详细总体规划可以涉及多方面,如基础设施建设、农业产业发展、社会服务提升等。

首先，加强农村基础设施建设，提高农村地区的道路、供水、电力、通信等基础设施水平，缩小城乡差距。加强农村能源供应体系建设，推广新能源应用，提供可靠、清洁的能源供应。其次，培育农村特色产业和农产品加工业，提高农民收入。推动农业现代化，提升农产品质量和市场竞争力。支持农民合作社、农业龙头企业的发展，促进农业产业链的健康发展。最后，要加强农村教育、医疗、养老等社会服务体系建设，提高服务水平。推动农村文化建设，丰富农村文化生活，提升农民的精神文化素质。加强农村社会治理，提高农村社会稳定和安全水平。推进农村生态文明建设，保护农田、水源、森林等自然资源。培育农村绿色产业，推动生态农业和可持续发展。提倡节约资源、环境友好的生产生活方式。

通盘考虑城镇和乡村发展，统筹谋划产业发展、基础设施、公共服务、资源能源、生态环境保护等主要布局，形成田园乡村与现代城镇各具特色、交相辉映的城乡发展形态。预计到2050年，乡村全面振兴，农业强、农村美、农民富全面实现。

5.2.3 "百乡千村"计划技术创新

"百乡千村"计划是中国国家发展改革委员会推出的一项旨在促进农村地区经济社会发展的计划。在该计划中，技术创新是至关重要的一部分，以推动农村地区的现代化和可持续发展。以下是一些与百乡千村计划相关的技术创新。

1. 农业技术创新

"百乡千村"计划鼓励农村地区开展农业技术创新，包括种植技术、养殖技术、农业机械化等。这些技术的创新可以提高农产品的产量和质量，增加农民收入，促进农村经济发展[6]。

2. 农村电子商务和数字经济

"百乡千村"计划鼓励农村地区发展电子商务和数字经济，通过互联网和信息技术将农产品与市场对接起来。这需要创新的技术平台、物流配送系统和电子支付等，以提高农产品的销售和农民的收入[7]。

3. 农村能源技术创新

"百乡千村"计划推动农村能源领域的技术创新，包括可再生能源的利用、能源储存和节能技术等。这有助于改善农村地区的能源供应结构,提高能源利用效率、减少能源消耗和环境污染。

4. 教育和培训创新

"百乡千村"计划倡导创新的教育和培训方式,为农村地区的青年和农民提供职业技能培训和创业教育。这有助于提高农民的创新能力和创业意识,促进农村人力资源的发展。

5.2.4 "百乡千村"计划与社会责任

"百乡千村"计划旨在推动农村地区的科技创新和发展,提升农村经济、生活水平和环境质量。该计划主要由政府主导,通过政策引导和资源投入来推动农村地区的发展。在推行"百乡千村"计划的过程中,社会责任是一个关键的方面。

"百乡千村"计划旨在通过改善农村地区的生产条件、生活环境和社会服务,促进农村地区的可持续发展。社会责任要求确保发展过程不仅满足当前需求,还考虑到未来的可持续性。"百乡千村"计划的目标之一是减少城乡差距,促进社会公平。社会责任要求确保政策的执行不会加剧社会不平等,关注弱势群体的权益。"百乡千村"计划可能涉及大量的数据收集和信息共享,以支持农村发展和政策实施。社会责任要求保护农民的数据隐私,防止数据滥用和泄露。推行"百乡千村"计划需要政府、企业、社会组织等多方合作。社会责任要求各方共同参与,合作推动计划的实施,确保各方的利益得到平衡。在推动农村地区发展的过程中,要避免对环境造成负面影响。社会责任要求在发展过程中考虑环境可持续性,采取措施保护生态环境。农村地区拥有丰富的历史和文化传统。社会责任要求在推进发展时尊重当地文化,避免对文化遗产的侵害。"百乡千村"计划的成功实施需要培训农村居民的技能,提供就业机会。社会责任要求确保培训和就业机会的公平分配。改善农村地区的基础设施和服务,有助于提升社会安全和健康水平。社会责任要求确保相关政策和措施能够真正造福农村居民。

"百乡千村"计划的推行需要充分考虑社会责任,以确保农村地区的发展不仅是经济增长,还能促进社会公平、可持续发展和社会和谐。

5.3 电力数字化

5.3.1 电力数字化的背景

电力数字化是指运用先进的信息技术和通信技术,将传统的电力系统转变为智能化、高效化、可持续发展的现代电力系统。

全球能源需求不断增长,尤其是新兴经济体的快速发展和城市化进程加剧了电力需求。为满足日益增长的电力需求,提高电力系统的供应可靠性和效率势在必行。为了减少对传统化石燃料的依赖,实现能源结构的转型和碳排放的减少,许多国家推动清洁能源的发展,如可再生能源(太阳能、风能等)和能源存储技术的应用。电力数字化可以有效地集成和管理这些分散式、可再生能源资源。可再生能源的发电具有波动性和不稳定性,如太阳能和风能受天气条件影响。电力数字化可以通过智能调度和控制,实现可再生能源的有效利用和平滑供电。现代社会对电力供应的可靠性和质量有更高的要求。电力数字化可以通过智能感知、自愈网等技术手段,提高电网的故障检测、恢复和维护能力,保障供电的可靠性和质量。智能电网是电力系统向数字化、自适应、可互操作的方向发展的产物。它利用先进的通信和信息技术,实现电力系统的自动化、优化调度、用户参与等功能,提高电网的灵活性、效率和可持续性。随着信息技术和通信技术的快速发展,以及相关设备和传感器的成本下降,电力数字化技术变得更加可行和可负担。这促使许多国家和企业加大对电力数字化的研发和应用投入。

电力数字化背后的动因包括能源需求增长、能源转型、可再生能源的发展和不稳定性、供电可靠性和质量要求、智能电网概念的提出及技术的进步和成本下降。这些因素共同推动着电力行业向数字化转型,以实现更加智能、高效、可持续的电力系统。

在未来 20 年里,电力行业向基于软件的方法发展,使运营更加高效和安全。通过利用基于软件的新兴技术,能够更加依赖计算的准确性来延长正常运行时间,并减少人为错误。物联网推动的数字化革命将使领导者能够利用这些知识来更有效地培训团队,而数字化转型的发电厂(凭借其内部领域新专业知识)可以协助公司确保其工厂得到优化,以实现最佳性能。

5.3.2 电力数字化转化路线图

利用数字孪生技术搭建三维可视化平台,可促进互联网、IoT、GIS、数字建模等技术进行融合,将日常运行产生的能耗数据,基于地理位置在三维空间中实时显示全区域能耗运行情况,实现实时态势感知。利用 3D 数据可视化分析平台,以更直观、更震撼的可视化效果,为电力数字化数据决策提供解决方案,如图 5-1 所示。

图 5-1　电力数字孪生管理平台系统

能耗管理和基础设施的优化运作,要求管理手段不断更新。基于三维可视化的能耗管理平台,并构建三维数字孪生配电房运维管理系统,提升管理者对能源管理的智能化运维水平;通过三维可视化技术,全面展示全区域设备设施,进一步摸清家底,使管理更高效、更安全、更低耗、更智慧,提升公共服务水平。对于一个建筑群或小区都是类似的,以一个校区为例。

能够实现对校区各建筑用水、用电能耗数据的实时动态分布式监测,用以掌握建筑能耗的实时数据和历史数据,对各种能源系统进行集中管理。

系统可实现用能的实时在线分区、分项监测和计量,能耗数据的自动采集与存储,能耗统计与分析,数据发布,优化运行控制等功能,帮助学校的后勤管理部门、节能管理部门对能源系统进行有效的监测与管理,为后续节能降耗研究、设计与改造提供决策依据。

通过能耗指标跟踪总体指标,从单体建筑视角显示综合用能量最高的前 10 幢建筑。能耗报警,从建筑和组织两个视角显示能源消耗超标报警及原因分析等信息。

做到动态化管理,节能指标化,通过制定合理的节能指标化体系,实现能耗定额管理;管理动态化,在数据可视化的基础上更进一步加强能耗管理,实现"可预测"的管理效果;决策科学化,提供节能监管决策数据的支持,便于学校领导科学决策;设备运维智能化,支持对相关设备进行智能化运维管理,通过三维可视化建模,直观展示全校区用能设备运行状态,以及对相关设备进行监控预警。

5.3.3 电力数字化技术创新

电力数字化技术创新是指在电力行业中应用新兴数字技术和创新方法,来改进电力系统的运行、管理和服务。这些技术和方法的应用可以提高电力系统的效率、可靠性、安全性和可持续性。以下是一些电力数字化技术创新的例子。

1. 智能电网(smart grid):实现控制和优化

智能电网利用先进的通信和控制技术,实现对电力系统中各个环节的实时监测、控制和优化。它能够更好地集成可再生能源、电动车充电设施和能源储存系统,提高电力系统的灵活性和可持续性。

2. 虚拟电厂(virtual power plant):优化能源分配

虚拟电厂通过互联网和信息技术将分散的分布式能源资源(如太阳能板、风力发电机和储能系统)集成起来,形成一个虚拟的能源发电和管理系统。这种集成能够更好地优化能源的利用和分配,提高电力系统的可靠性和效率。

3. 采用新型测绘手段助力电力数字化:快速采集地理信息

实时全映射物理城市的呈现载体和展示窗口,能实现物理空间和数字空间的双向映射,即数字孪生,主要利用三维地理信息模型(3D GIS)和建筑信息模型(BIM),共同构建起电力全空间。3D GIS 实现了电力宏观大场景的数字化模型表达和空间分析,BIM 则实现了对电力细胞级建筑物的物理设施、功能信息的精准表达。实现电力彻底的"数字化",将涉及海量的数据建模与数据更新。利用激光扫描、航空摄影、移动测绘等新型测绘设施,旨在快速采集和更新电力地理信息和实景三维数据,确保两个世界的实时镜像和同步运行。

4. 区块链技术：促进能源共享和交易

区块链技术可以用于电力系统中的能源交易和数据管理。通过区块链的去中心化和安全性特点，可以实现电力市场的透明、高效和可信任交易，促进分布式能源资源的共享和交易。

5. 采集全要素数据助力电力行业

首先，从数据的类型和范围来看，要涵盖电力行业的"全域"，涉及主要政府信息、行业领域信息、第三方社会机构掌握的信息等多元化数据，形成电力全域数据。

其次，从数据的来源渠道来看，要体现"全量"的特点，涉及陆地、空中全部维度、全部数量的数据。

最后，从数据获取方式来看，考虑到"全时"性特点，需要数字化标识电力的每一个实体，对智能感知终端进行数字化标识后，使得终端设备具备唯一的全局身份标识，作为数字模型的唯一索引，便于数据实时采集、反馈，并方便对终端的远程操控。没有全要素的表达，就没有精准的管理。

6. 布局"边缘计算＋云计算"模式助力电力行业：高效处理海量数据

通过布置在陆上、空中的智能感知传感器采集到具有时间标识的电力运行数据，反映到行业管理中，将静态数字模型升级为可感、动态、在线的立体化数字模型，"边缘计算＋云计算"的模式可高效处理整个过程中的海量数据。

边缘计算是部署在各类智能感知设备上，通过初步计算进行数据过滤，完成对数据的第一步清洗，利用云计算的虚拟、分布等特点，形成大规模、群体的计算能力，将通过"边缘计算＋云计算"之后的计算结果输入数据处理中心，进行价值化定义，输出需要的决策结果。

7. 利用机器学习算法助力电力管理：推动自我学习智慧成长

用机器学习算法（人工智能），实现对电力的整体认知，实时处理人所不能理解的超大规模全量多源数据。在具体运作过程中，首先，通过输入的方式，实现有效采样、模式识别、行动指南和规划决策；其次，将人类智能和机器学习算法（人工智能）相结合，把专业经验和数据科学有机融合，洞悉人所没有发现的电力复杂运行规律和自组织隐性秩序;再次,机器学习算法(人工智能)通过迭代发展,不断优化,提升智能算法执行的效率和性能,保证数据决策的有效性和高效性。制定超越局部次优决策的全局最优策略,使城市层面的全局统一调度与协同得以及时调配,问题得以快速处置。最终实现通过物理城市和数字城市虚实互动,不断交换数据和传递指令,在数字世界仿真,在物理世界执行,使城市运行不断优化,向高度有序化发展。

电力数字化技术创新可以优化电力行业的各环节,提高供电效率、降低能源浪费,并促进可持续能源的应用。这些创新对于满足未来能源的需求、推动能源转型具有重要意义。

5.3.4 电力数字化与社会责任

数字化技术的应用不仅对电力行业本身的发展产生影响,也对社会、环境和可持续发展产生影响。

电力数字化可以促进可持续能源的集成和管理,如太阳能、风能等。通过电力数字化技术,电力公司可以更好地监测和控制分布式能源资源,优化能源的生产和分配,实现清洁能源的最大程度利用,从而履行对环境的社会责任。电力数字化技术可以帮助电力公司监测和管理能源消耗,优化电力系统运行,从而降低能源的浪费和碳排放。通过提高电力系统的效率和能源使用的可控性,电力数字化有助于实现低碳目标。电力数字化可以提高电力市场的透明度,促进公平竞争和减少信息不对称。这有助于确保电力市场的正常运行,维护电力市场的公平性和社会公正。电力数字化涉及大量的数据收集、存储和传输,涉及用户的隐私。电力公司需要确保数据隐私的保护,防止数据泄露和滥用,维护用户权益。电力数字化可以改善能源供应的可靠性和普及程度,有助于解决能源贫困问题。电力公司需要考虑到农村地区和边远地区的能源需求,履行社会责任,提供普惠性的电力服务。电力数字化需要用户了解和适应新的技术和服务。电力公司可以承担社会责任,提供相关教育和培训,以帮助用户更好地理解和使用数字化服务。电力数字化可以提高电力系统的监控和运维效率,提高电力系统的安全性和可靠性。电力公司有责任确保供电的稳定性,维护社会的基础运行。电力数字化可以促进用户和社会参与电力决策和管理。电力公司可以借助数字化平台与用户互动,收集反馈、优化服务、履行社会责任。

电力数字化在带来创新的同时,电力数字化技术的应用也可以更好地履行社会责任,促进可持续发展、能源效率提升和社会公平,并提供更加可靠、高效和环保的能源服务,实现电力供应与社会和谐共赢。

5.4 电动汽车

电动汽车(electric vehicle,EV)是一种以电能作为能源驱动的汽车。相比传统的内燃机汽车,电动汽车使用电池或其他电力储存装置来存储和释放能量,以驱动电动机产生动力,并推动车辆运行。电动汽车作为一种清洁、高效的交通方式,具有减少污染和依赖化石燃料的优势,未来有望在全球范围内得到更广泛的应用和发展。因此,电动汽车技术创新非常活跃,也有效地推动了社会责任。

5.4.1 电动汽车的背景

电动汽车的发展背景涵盖了多个因素,其中包括环境问题、能源安全、技术创新和政策支持等。传统燃油汽车排放的尾气排放物对环境和人类健康造成了负面影响。气候变化和空气污染成为全球关注的焦点,促使政府和国际组织采取行动,推动低碳交通的发展。传统燃油汽车依赖有限的化石燃料资源,其供应受到地缘政治和经济因素的影响。电动汽车的发展视为减少对石油等不可再生能源的依赖,提高能源安全性的一种方式。随着电池技术的不断进步和成本的下降,电动汽车的性能和续航里程得到了显著提升。同时,与传统内燃机相比,电动汽车具有更高的能源利用效率和更低的运营成本,吸引了消费者和企业的关注。为了推动电动汽车的发展,许多国家和地区制定了一系列政策和措施。这些政策包括购车补贴、免税减税、建设充电桩基础设施、排放标准和配额制度等,以鼓励消费者购买电动汽车并支持相关产业链的发展。许多汽车制造商意识到电动汽车市场的潜力,并加大了对电动汽车技术的研发和投资。同时,消费者对更环保和可持续的交通方式的需求增加,电动汽车逐渐成为消费者选择的一种新型交通工具。

电动汽车的发展是由环境和气候变化的关注、能源安全和依赖性问题、技术创新和成本下降、政府政策支持及市场需求等多个因素共同推动的。这些因素相互作用,促使电动汽车逐渐成为未来可持续交通的重要方向,并在全球范围内受到越来越多的关注和支持。

5.4.2 电动汽车的发展路线图

电动汽车的发展路线图包括"三纵三横"的发展布局,如图 5-2 所示[8]。"三纵"方向包括纯电动汽车、插电式混合动力汽车和燃料电池汽车。"三横"方向包括动力电池与管理系统、驱动电机与电力电子及网联化与智能化技术。

图 5-2 电动汽车"三纵三横"的发展布局

1. "三纵"方向

1) 纯电动汽车

纯电动汽车(battery electric vehicle,BEV)使用电池储存能量,驱动电机直接提供动力。纯电动汽车的发展路线图主要集中在以下几方面。

(1) 动力电池技术:改进电池的能量密度、充电速度和循环寿命,以提高纯电动汽车的续航里程和充电效率。

(2) 充电基础设施:建设更多的充电站点,提高充电速度和便利性,以满足纯电动汽车的日常充电需求。

(3) 续航里程:通过技术进步和材料创新,提高电池储能能力,使纯电动汽车能够实现更长的续航里程。

(4) 降低成本:通过规模化生产和技术进步,降低电池成本,使纯电动汽车的售价更具竞争力。

2) 插电式混合动力汽车

插电式混合动力汽车(plug-in hybrid electric vehicle,PHEV)结合了内燃机和电动机的优势。它们可以通过插电充电或内燃机发电来提供动力。插电式混合动力汽车的发展路线图主要包括以下几方面。

（1）增加纯电动续航里程：通过改进电池技术，增加插电式混合动力汽车的纯电动续航里程，减少汽车对内燃机的依赖。

（2）提高能量利用效率：优化内燃机和电动机的协同工作，提高能量的利用效率，减少能源浪费。

（3）充电基础设施：建设更多的充电桩和插电式混合动力汽车充电设施，提高充电便利性和充电速度。

3）燃料电池汽车

燃料电池汽车(fuel cell electric vehicle, FCEV)使用氢气和氧气反应产生电能，驱动电动机。燃料电池汽车的发展路线图主要涉及以下几方面。

（1）燃料电池技术：改善燃料电池的效率和耐久性，减少成本，以提高燃料电池汽车的可靠性和性能。

（2）氢能基础设施：建设氢气供应基础设施，包括氢气生产、储存和加注站点，以支持燃料电池汽车的商业化应用。

（3）氢能源供应链：建立可持续的氢气生产和供应链，包括可再生能源的利用和氢气生产的环保方式。

2. "三横"方向

1）动力电池与管理系统

（1）提高电池技术：改善电池的能量密度、充电速度、循环寿命和安全性能，以提高电动汽车的性能和可靠性。

（2）电池管理系统(BMS)：开发更智能的电池管理系统，用于监测和控制电池的状态，提高电池的使用寿命和性能。

2）驱动电机与电力电子

（1）驱动电机技术：提高电动机的效率和功率密度，减小电机尺寸和质量，以实现更高的性能和更好的节能效果。

（2）电力电子技术：开发更高效的电力电子转换器和控制系统，提高电能的转换效率和稳定性。

3）网联化与智能化技术

（1）网联化：将电动汽车与互联网连接，实现车辆之间和车辆与基础设施之间的信息交流,提供导航、远程监控、充电网络等服务。

(2) 智能化技术:应用人工智能、自动驾驶和车辆感知技术,提高电动汽车的安全性、舒适性和便利性。

"三纵三横"的发展布局将推动电动汽车的性能提升、成本降低和商业化推广,加速实现可持续交通的目标。

5.4.3 电动汽车技术创新

电动汽车技术包括了很广的产业链,而且在不断创新和发展,以下是几个主要的技术创新领域。

1. 电池技术创新

电池技术是电动汽车的核心,其创新对于提高续航里程、充电速度和安全性至关重要。电池技术创新是指对电池的设计、材料、制造和性能等方面进行持续改进和发展,以提高电池的能量密度、充电速度、安全性等特性。电池技术创新在电动汽车、可再生能源储存、移动设备等领域具有重要意义。以下是电池技术创新的一些关键方向和趋势。

(1) 能量密度提升:提高电池的能量密度是电池技术创新的关键目标之一。通过改进电极材料、电解质和结构设计,使电池能够在相同体积和质量下储存更多的能量,延长设备使用时间和电动汽车的续航里程。

(2) 快速充电技术:快速充电技术可以大幅缩短电池充电时间,提高设备的可用性。研究人员在电极设计、电解质改进、温度管理等方面进行创新,以实现更快的充电速度。

(3) 循环寿命和稳定性:增强电池的循环寿命和稳定性是电池技术创新的重要目标。通过控制电极材料的膨胀、电解质的分解等问题,延长电池的使用寿命,减少电池稳定性的退化。

(4) 安全性改进:提高电池的安全性是一个持续的挑战。创新涉及防止过充、过放、过热等情况的技术,以减少电池的火灾和爆炸风险。

(5) 新材料研发:新材料的研发可以显著改善电池的性能。例如,固态电池材料可以提高电池的能量密度、充电速度和安全性,成为未来的一个重要方向。

(6) 可持续性和环保:在电池材料的选择和制造过程中,考虑到环境影响和可持续性变得越来越重要。研究人员致力于开发可再生、环保的电池材料和制造工艺。

(7) 跨行业合作：电池技术的创新需要跨学科的合作，涉及材料科学、化学、物理学等领域。产业界、学术界和政府需要共同努力，推动电池技术的进步。

(8) 应用领域多样化：电池技术创新不仅影响电动汽车和移动设备，还涵盖可再生能源储存、航空航天、医疗设备等多个领域。因此，电池技术需要在多个应用领域持续创新。

电池技术的不断创新对于提高能源利用效率、推动清洁能源转型及改善移动设备和能源储存的性能都具有重要影响。

2. 充电基础设施发展

为了支持电动汽车的普及和方便充电，充电基础设施的发展也进行了创新和改进。

(1) 快速充电站点：建设更多的快速充电站点，使电动汽车在短时间内获取足够的电能，提高充电便利性。

(2) 无线充电技术：研究和开发无线充电技术，通过电磁场耦合或电磁辐射将电能传输到电动汽车，减少充电插头的使用。

(3) 智能充电管理系统：利用物联网技术和数据分析，实现充电设施的智能管理和优化，提高充电效率和资源利用率。

3. 驱动电机和电力电子技术创新

驱动电机和电力电子系统对电动汽车的性能和效率至关重要。相关的技术创新如下。

(1) 高效驱动电机：研发更高效、更轻量化的驱动电机，提高能量转换效率，减少能源浪费。

(2) 先进的电力电子系统：改进电力电子转换器的设计和控制算法，提高能量的转换效率和响应速度，增强驱动系统的稳定性。

(3) 轻量化材料和结构设计：采用轻量化的材料和优化的结构设计，减小驱动电机的质量和体积，提高整车的能效和行驶性能。

4. 电动汽车的"新四化"技术创新

电动汽车的"新四化"包括共享化、智能化、电气化和网络化，如图 5-3 所示[9]，将电动汽车与互联网和智能设备连接起来,实现车辆之间、车辆与基础设施之间的信息交互,实现共享化和智能化管理。

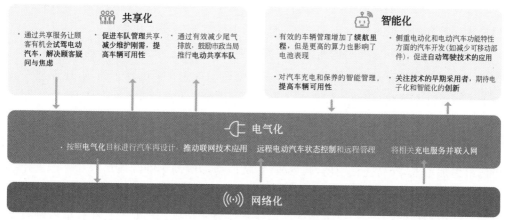

图 5-3 汽车"新四化"塑造出行变革

（1）共享化：共享化是指将电动汽车作为共享出行的工具,通过共享平台和服务,实现多人共同使用一辆或多辆电动汽车。这种模式可以提高出行效率和资源利用率,减少交通拥堵和车辆闲置的问题。一些创新的共享电动汽车服务模式包括短程租赁、按需打车和拼车等。共享化还可以促进城市空间的节约和环境可持续性。

（2）智能化：智能化是指利用人工智能、物联网和大数据等技术,赋予电动汽车更高级的智能功能和自主决策能力。这包括车联网技术的应用,使电动汽车能够实现与外部环境和其他车辆的实时通信,以实现智能导航、智能充电管理、智能驾驶辅助等功能。智能化还可以提供个性化的用户体验,通过学习驾驶习惯和行为模式,为用户提供定制化的出行服务。

（3）电气化：电气化是指推动整个交通系统向电动化方向转变,减少对传统燃油车的依赖,促进电动汽车的普及和发展。这包括推广纯电动汽车、插电式混合动力汽车和燃料电池汽车等多种电动车型,推动更多的人选择电动汽车作为出行工具。电气化还需要配套的充电基础设施建设,以支持电动汽车的充电需求,并促进可再生能源的利用。

（4）网络化：网络化是指将电动汽车与互联网和智能设备相连接,形成一个智能化的交通生态系统。这包括车辆之间、车辆与基础设施之间的信息交互和数据共享,以实现智能导航、充电网络管理、远程监控和车辆管理等功能,例如,通过手机应用或云平台,车主可以远程监控和控制电动汽车的状态,包括充电、预热/预冷、导航等。网络化还可以提供更多的出行服务,如共享车位等,以提高出行便利性和用户体验。

通过这些技术创新的不断推进,使得电动汽车在续航里程、充电速度、驾驶性能和用户体验等方面不断取得突破和进步,加速了电动汽车的发展和普及。

比亚迪是中国一家知名的新能源汽车制造商,也是全球领先的电动车企业之一。比亚迪在新能源汽车及相关领域取得了多项创新。首先在纯电动车领域,比亚迪一直致力于纯电动车的研发与生产,推出了多款电动车型,包括电动轿车、SUV、MPV 和纯电动巴士。比亚迪旗舰车型"唐"和"汉"系列在电动车市场取得了广泛认可。在刀片电池技术方面,比亚迪开发了 Blade 系列动力电池技术,采用刀片形式的电池模块,使电池组更加紧凑,提高能量密度,减少质量,从而增加电动车的续航里程和性能。比亚迪也在混合动力领域进行了研究和应用。其 DM 系列车型采用混合动力系统,结合了内燃机和电动机的优势,提供更高的燃油经济性和低排放。比亚迪也在智能驾驶技术方面进行了研究和开发,逐步实现自动驾驶功能。除了车辆领域,比亚迪还在能源存储领域展开创新,开发用于储能系统和太阳能电池板的电池产品等,如图 5-4 所示[10]。

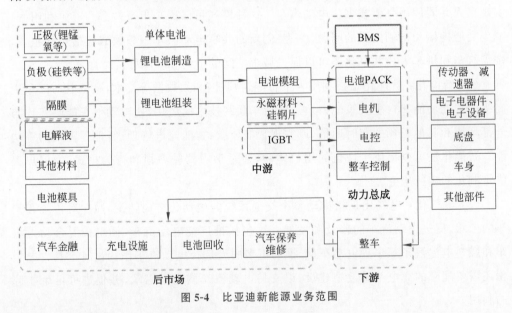

图 5-4 比亚迪新能源业务范围

5.4.4 电动汽车与社会责任

电动汽车作为一种环保、节能的交通工具,与社会责任紧密相关。电动汽车使用电能代替传统燃油,减少了尾气排放和空气污染,有助于改善城市空气质量和减少温室气体排放,从而对环境保护产生积极影响。电动汽车的发展促进了电池技术的创新,推动了可再生能源的应用,提高了能源资源的可持续利用率,有助于减少对非可再生资源的依赖。电动汽车的推广促进了电池技术、智能驾驶等领域的发展,推动了科技创新,带动了新兴产业的发展,对社会经济产生积极影响。电动汽车的普及减少了人们对石油的依赖,提高了能源的多样性和安全性,有助于维护国家能源安全。电动汽车产业链的发展涉及制造、研发、销售等多个环节,为社会创造了就业机会,促进了经济增长。电动汽车可以降低交通噪声和空气污染,提升城市交通环境,改善市民的出行体验,提高社会可达性。电动汽车的推广需要政府、企业、社会组织和公众的共同参与与合作,促进了社会的互动和合作,体现了社会责任感。

然而,电动汽车也面临一些社会责任挑战,例如,电池回收与处理、充电基础设施建设、能源来源等问题,需要各方共同努力解决。

通过推广电动汽车的使用,社会可以共同追求环境友好、可持续发展的目标,同时,也需要在电动汽车的生命周期中关注其社会影响,实现科技和社会责任的平衡。

5.5 新能源创新与社会责任

新能源创新和社会责任是两个密切相关的领域。新能源创新本身就是应对环境挑战的重要途径之一,就是遵循着"科技向善"。开发和推广新能源技术可以减少对有限的自然资源的依赖,减少碳排放和其他污染物的释放,从而有助于保护环境和应对气候变化。通过积极推动和参与新能源创新,可以履行环境责任,减少对环境的负面影响。新能源创新的目标之一就是实现能源的可持续发展。可再生能源,如太阳能、风能和水能等具有持久性和可再生性,对能源供应的长期稳定性具有重要意义。通过投资研发新能源技术和应用可再生能源,可以推动能源的可持续利用,并为未来能源供应做出贡献。

新能源市场潜力巨大,涉及技术、产品和服务的创新。通过推动研发和应用新能源技术,可以拓展市场份额,增加收入来源,并获得竞争优势。创新还可以吸引消费者、投资者和合作伙伴的关注与支持,增强企业乃至国家的竞争力,因此,新能源创新应该成为国家战略。

5.5.1 新能源创新与国家战略

新能源创新与国家战略密切相关,它在国家能源安全、经济发展、环境保护和科技创新等方面都具有重要的战略意义。新能源创新是实现能源安全的重要手段之一。传统的能源供应主要依赖于化石燃料,而新能源技术的开发和应用可以减少对进口能源的依赖,并确保国家能源供应的稳定性和可持续性。通过鼓励新能源创新,国家可以降低对能源进口的依赖程度,减少能源安全风险。新能源创新对于促进经济发展具有重要意义。新能源产业的发展将带动相关产业链的壮大,包括新能源设备制造、工程建设、运营管理等领域,创造就业机会,促进经济增长。新能源产业还有助于提升国家的技术水平和创新能力,推动经济结构升级和产业转型。新能源创新对于减少环境污染和应对气候变化至关重要。传统能源的使用导致大量的温室气体排放和环境污染,而新能源技术的应用可以减少碳排放和空气污染,改善环境质量。通过支持新能源创新,国家可以降低环境风险,提高生态环境质量,并积极履行国际环保承诺。新能源创新是科技创新的重要领域之一。在新能源领域,需要进行材料研发、储能技术、电池技术、智能网联等方面的创新。国家通过鼓励科技创新和研发投入,促进新能源技术的突破和应用,可以提高国家的科技创新能力和竞争力,推动产业升级和经济转型。

因此,新能源创新与国家战略是相互促进和支持的关系。国家通过制定相应的政策、提供资金支持、加强科技研发合作等手段,鼓励企业和研究机构在新能源领域进行创新,以推动能源转型、提升经济发展和促进环境可持续性。同时,新能源创新也为国家提供了实现能源安全、经济增长和环境保护的重要路径。

5.5.2 新能源创新推动社会创新

新能源创新可以从很多方面推动社会创新,产生广泛的社会影响和变革。新能源技术的创新可以改变能源供应和分配方式,促进能源民主化和去中心化。例如,分布式能源系统和微电网技术使得个人、社区和企业能够自主生产和分享能源,减少对传统能源供应网络的依赖,增加能源的可访问性和可持续性。新能源技术的应用可以改变人们的能源消费行为,促进节能和可持续生活方式的兴起。智能电网和智能家居技术提供了实时能源数据和控制能源消耗的手段,激励用户节约能源、优化能源利用,并鼓励可再生能源的使用。电动汽车和智能交通系统等新能源技术推动了交通和出行方式的创新。电动汽车的普及可以减少交通尾气排放和空气污染,改善城市空气质量。智能交通系统和共享出行平台提供了更高效、环保和便捷的出行选择,推动城市可持续交通的发展。新能源创新鼓励社区居民和组织之间的能源合作和共享。社区能源项目、能源合作社和能源共享平台等形式的兴起,促进了社区参与能源决策和能源资源的共同管理,增强了社区凝聚力和可持续发展。新能源创新带来了绿色经济和创业机会。新能源产业链的发展催生了新的就业机会和创业领域,包括新能源设备制造、能源管理和储能技术等。这些创业机会推动了创新创业精神的发展,并促进了经济增长和可持续发展。

从上面的一些典型案例中可以看出,新能源创新对社会产生了广泛的影响,推动了能源供应和消费模式的变革,促进了可持续生活方式和城市发展。同时,它也为社会创新和创业提供了新的机会和动力,推动了绿色经济和可持续发展的实现。

5.5.3 新能源创新实现"碳中和"

实现"碳中和"是指将二氧化碳的排放量降至几乎为零的状态。新能源创新是实现"碳中和"的关键之一,因为传统能源,如煤、石油和天然气等产生大量的二氧化碳排放,加剧了全球气候变化的问题。

可再生能源主要是指太阳能、风能、水能、地热能等能源。这些能源的利用不会产生二氧化碳排放,而且其来源广泛,可以永续供应。通过开发和利用可再生能源,可以逐步替代传统的化石燃料能源,降低二氧化碳排放。可再生能源具有波动性和间歇性,如太阳能和风能的不稳定性,需要发展能源储存技术,以便在能源供应不足时提供稳定的能源输出。能源储存技术,如电池储能、水泵储能、压缩空气储能等,都有助于优化能源利用,提高可再生能源的使用效率。交通部门是全球温室气体排放的重要源头。推广电动汽车和电动公共交通工具,减少燃油汽车的使用,可以显著降低二氧化碳排放。通过技术创新和节能措施,提高能源利用效率,减少能源浪费,也是实现"碳中和"的重要途径。建设智能电网,实现能源的高效调度和管理,将不同能源源源不断地接入电网,可确保可持续和稳定的能源供应。生态工程手段,如森林植被的保护和恢复,有助于吸收大量的二氧化碳。同时,碳捕获技术,如直接空气捕获和碳排放的捕获与封存等,也可帮助减少大气中的二氧化碳含量。在能源生产和使用过程中,实行节约再利用的原则,减少资源的浪费,进一步降低碳排放。

新能源创新的实现需要政府、企业和公众共同合作,鼓励和支持科学研究、技术开发和投资,以推动可持续能源的广泛应用,最终实现"碳中和"的目标。同时,国际社会的合作也至关重要,因为气候变化是全球性的问题,需要各国共同努力才能取得显著的成效。

5.5.4　新能源创新与社会责任

新能源创新本身就带着强烈的社会责任使命,在"科技向善"的引导下,不仅涵盖了环境方面的可持续发展,还惠及社会责任其他核心要素,如经济、法律、伦理及慈善等多个领域。本章介绍的3个场景都是政策引导的科技创新,都是多主体的共同主导,类似的新能源创新还有很多。下面将新能源创新对社会责任核心要素影响进行简要的阐述。

1. 经济

(1) 创造就业机会:新能源创新通常需要大量的研发、设计、制造和维护工作,因此,对经济产生积极影响。它可以创造大量就业机会,涵盖了各种技能和领域,从工程师和科学家到技术支持和销售人员。

(2) 促进经济增长:新能源行业的发展可以成为经济增长的引擎。它涉及大规模的基础设施建设、研发投资和市场营销,这些都会带动相关产业的增长。

(3) 减少能源成本:采用新能源技术,如太阳能和风能,可以降低企业和个人的能源成本。这有助于提高可支配收入,刺激消费和投资,从而促进经济发展。

(4) 创新生态系统:新能源创新促使产业链的创新,包括新的供应链、新型材料、新的生产工艺等,这有助于形成创新生态系统,推动相关产业的发展。

(5) 能源安全:通过多元化能源供应,减少对进口能源的依赖,提高了国家的能源安全。这可以减少对国际油价波动的敏感性,有利于经济稳定。

(6) 企业竞争力:企业积极参与新能源创新可以提高其在市场上的竞争力。投资于清洁能源和可持续技术有助于企业更好地满足消费者和投资者对环保和社会责任的需求,进而增加市场份额。

(7) 可持续发展:新能源创新有助于实现可持续发展目标,包括减少碳排放、提高资源效率和改善环境质量。这有助于维护生态平衡,支持长期的经济可持续性。

2. 法律

(1) 法律合规性:新能源技术的开发和部署需要遵守一系列法律法规,包括环境法、能源法、土地使用法等。企业和研究机构必须确保其活动符合这些法律要求。

(2) 知识产权保护:新能源领域的创新需要强化知识产权保护,包括专利、商标和版权等。这可以鼓励更多的公司和个人参与新能源技术的研究和开发。

(3) 监管法规:新能源行业可能受到各种监管法规的监督,包括能源市场监管、环境保护法规和能源政策。法律的变化和监管要求会影响新能源项目的可行性和盈利能力。

(4) 补贴和激励政策:政府通过法律法规来制定能源政策,包括对新能源项目的补贴和激励措施。这些政策可以显著影响新能源市场的发展和竞争。

(5) 电力市场规定:新能源技术接入、集成到电力系统中需要遵守电力市场规定,以确保平稳运行和公平竞争。

(6) 国际法规:新能源项目可能涉及国际合作和投资。国际法规和贸易协定可以影响新能源技术的跨国发展和合作。

3. 伦理

(1) 可持续发展:新能源技术的发展符合可持续发展原则,有助于减少碳排放、保护环境、降低资源耗竭,从伦理角度看是一种对未来世代负责的行为。

(2) 能源公平性:伦理要求新能源的普及和受益应该是公平的,不应该对社会中弱势群体造成不平等。新能源项目的规划和实施应该关注社会公平性,确保能源资源的平等分配。

(3) 技术伦理:新能源技术的开发和应用应该考虑技术伦理问题,包括数据隐私、网络安全和人工智能伦理。这有助于确保新技术的使用是透明、公平和道德的。

(4) 全球伦理:新能源领域具有全球性影响,因此,伦理原则也需要跨越国界。国际合作和法律框架可以推动全球伦理标准的制定,处理全球性的能源和环境问题。

4. 慈善

(1) 教育和培训：慈善机构和企业可以资助教育和培训项目，帮助培养下一代工程师、科学家和技术专家，以推动新能源创新。这些项目可以提供奖学金、研究经费和技术培训。

(2) 技术转让：企业可以通过慈善捐款支持技术转让和技术援助项目，帮助发展中国家采用清洁能源技术，从而减缓气候变化和提高能源可及性。

(3) 能源普及：慈善机构和企业可以投资于能源普及项目，以确保清洁和可持续能源解决方案能够覆盖更广泛的地区和社区。

(4) 全球健康和卫生：清洁能源的推广有助于改善室内和室外空气质量，有益于全球健康。慈善捐款可用于支持健康和卫生项目，减少与污染相关的健康问题。

(5) 社会投资和慈善：一些企业和个人将一部分利润用于社会投资和慈善事业，慢慢成熟的影响力投资和逐步兴起的科学捐赠，支持新能源项目的发展和科技创新，从而促进社会责任的实践。

5. 环境

(1) 环境减少碳排放：新能源技术，如太阳能、风能和核能等，可以替代传统的燃煤和石油能源，从而显著减少二氧化碳和其他温室气体的排放。这有助于应对气候变化，减缓全球变暖的速度。

(2) 改善空气质量：使用清洁能源来替代化石燃料有助于减少空气污染，降低有害颗粒物和空气质量指数。这对于人类健康和环境保护都有积极影响。

(3) 水资源保护：新能源技术通常使用较少的水资源，相对于传统发电方式。这有助于减轻淡水资源短缺问题，降低对水资源的竞争。

(4) 土地使用优化：一些新能源项目，如太阳能光伏和风能发电，可以在有限土地上部署，减少土地开发的需求，有助于保护生态系统和自然景观。

(5) 资源可持续性：新能源技术通常依赖可再生资源，如太阳能和风能等。这有助于减少对有限化石燃料和矿物资源的依赖，促进资源可持续性。

(6) 生态多样性：新能源项目在规划和实施中需要考虑生态多样性的保护。这包括采取措施减少对野生动植物栖息地的干扰，以及防止生态系统的破坏。

(7) 海洋保护：一些新能源技术，如海洋潮汐和波浪能发电，有助于利用海洋资源,同时尊重海洋生态系统的保护。

(8) 循环经济：新能源技术的发展可以促进循环经济的原则,减少废弃物和资源浪费,提高资源利用效率。

总之,社会责任本身就是推动新能源创新产生和发展的主要原因之一,所以新能源创新与社会责任的关系密不可分。从政府开始就通过税收优惠、补贴、法规等方式鼓励新能源技术的研发和应用,并设立监管框架以确保新能源产业的健康发展。在经济层面,新能源创新促进绿色经济的可持续发展,创造新的就业机会,减少对传统化石燃料的依赖,降低能源成本,推动经济的高质量增长。新能源创新还可以促进人们对环保和可持续发展的认知和重视。通过教育、宣传和文化活动,培养公众环保意识,倡导绿色生活方式,从而推动整个社会向着更加环保的方向发展。新能源创新还需要政府、企业、学术界、社会组织及公众的共同参与和努力。只有在多方合作的共同推动下,才能实现新能源的可持续、高质量发展,也使新能源创新成为科技创新是"社会责任 2.0"核心要素的最好例证。

参 考 文 献

[1] 全球能源转型：A Roadmap to 2050[R]. Abu Dhabi：International Renewable Energy Agency (IRENA),2018.

[2] 曹艺严,陈济,刘秉祺,等. 电力增长零碳化(2020—2030)：中国实现碳中和的必经之路[R]. 北京：落基山研究所,2021.

[3] 王攀. 2022 年可再生能源发展情况发布,发电装机首超煤电[R]. 长沙：湘财证券研究所,2023.

[4] ZHANG Y,WANG Z,WANG X. A Comparative Analysis of Industrial Chain of Wind Power and Solar Power in China：In 2020 3rd International Conference on Mechanical,Electronic and Information Technology Engineering (ICMEITE 2020)[C]. Dordrecht：Atlantis Press；2020.

[5] 山东省"百乡千村"绿色能源发展行动实施方案[R]. 济南：山东省能源局,2021.

[6] LIU J,WANG Y,SONG Y,et al. Agricultural Innovation,Rural Entrepreneurship,and Poverty Reduction：Evidence from China's Poverty-Stricken Counties[J]. Journal of Rural Studies,2020,79：197-206.

[7] ZHANG Y,WANG C. Analysis of the Construction and Development Path of Rural E-commerce in China：In 2018 2nd International Conference on Management Engineering, Software Engineering and Service Sciences[C]. New York：Association for Computing

Machinery,2018:1-4.

[8] 郝秋慧,韩承林.2021中国智能电动汽车竞争格局分析报告[R].北京:亿欧智库,2021.

[9] 王华,蔡沈隽,河原倚健郎.电动汽车:不止于动力系统的革新[R].北京:埃森哲,2021.

[10] FRANKY L,CHANDLER Y,FOY F.新能源车行业研究:电动车方兴未艾,智能化重塑价值[R].香港:富途证券,2022.

第 6 章

新材料

学习目标

(1) 了解新材料技术的产业链。
(2) 熟悉纳米材料、碳化硅、光伏材料等材料技术。
(3) 认识新材料创新与社会责任。

6.1 新材料技术概况

新材料技术是指应用先进科学和工程原理,研发和制造出具有优异性能、功能和特性的全新材料的领域。这些材料通常是在原子或分子级别进行设计和控制,以满足特定的需求和应用。以下是新材料技术的一些概况。

纳米技术的发展推动了纳米材料的研究和应用。纳米材料具有尺度在纳米级别的特性,因此,在力学、电学、热学等方面表现出与传统材料不同的性质。而纳米复合材料是将纳米颗粒嵌入传统材料中,以增强材料的性能和功能。石墨烯(graphene)是一种由碳原子构成的单层蜂窝状结构的二维材料。它是一种新兴的纳米材料。由此可见,纳米材料包括丰富的内容,6.2 节将做一定展开介绍。

碳化硅(silicon carbide,SiC)是一种广泛应用于高温、高压和高频电子器件、光电器件和化学传感器等领域的特殊材料。它是由硅和碳元素组成的化合物,具有许多独特的性质,使其在许多高性能应用中具有重要作用,也是 6.3 节介绍的内容。

生物材料是指用于医疗、生物工程和生物科学领域的材料。这些材料可与生物体相容,有助于组织修复和再生。这部分第 7 章会仔细介绍。

光电材料可转换光能到电能或电能到光能。它们在光伏、光电子器件和光通信等领域有广泛应用。其中光伏玻璃是极具特色的光伏材料,也称太阳能光伏玻璃或光伏发电玻璃,是一种集成了太阳能发电功能的特殊玻璃产品。它具有传统玻璃的透明性和强度,同时利用太阳能光伏技术,在光照下可以将光能转换为电能,6.4节将重点介绍光伏玻璃。

超导材料在低温下表现出无电阻电流传导的特性,在能源传输和储存方面有着重要的应用潜力。

由于新材料的范围很广,所以本章不可能一一介绍,但还是有一些新材料可以在这里提一下,例如,3D打印技术的发展推动了新材料的开发,即特殊合金、高性能聚合物、陶瓷材料等,使得3D打印在制造、医疗、航空航天等领域得到广泛应用。智能材料能够对外部环境作出响应并做出适应性的变化。例如,形状记忆合金、传感器和执行器等。共享材料是一种可持续的材料概念,旨在减少资源消耗和环境影响。这包括可回收材料、可再生材料和可持续生产材料等。绿色材料是指对环境友好的材料,可以降低对环境的负面影响。这包括可降解材料、环保材料和可持续发展材料。

随着科学技术的不断进步,新材料的发展将在未来继续对各个领域产生深远的影响。

6.1.1 新材料技术的发展现状

在现代科技的推动下,新材料技术得到了显著的发展和突破。在古代,人们已经开始使用和开发一些新材料,如陶瓷、玻璃、金属合金等。随着冶金、陶瓷和玻璃工艺的不断进步,人们的生产和生活得到了改善。在19世纪时期的工业革命为新材料技术的发展打下了基础。工业化的推进带动了冶金、化工、纺织等行业的发展,出现了许多新的合金、塑料、橡胶等新材料。20世纪中期,半导体材料的研究和应用成为重要的新材料技术。半导体材料的发现和发展促进了现代电子、通信和计算机技术的蓬勃发展。20世纪末期—21世纪初期,纳米材料的研究引发了新的科学和技术革命。纳米技术使得人们能够制备和控制材料的纳米结构,从而赋予材料独特的性质和功能。近年来,光伏材料的研究取得了重大突破。新型的光伏材料,如铜铟镓硒(CIGS)和钙钛矿太阳能电池等被广泛关注,用于太阳能发电和可再生能源产业。石墨烯和碳纳米管等碳纳米材料的发现引起了科学界的轰动,石墨烯的发现被授予2010年诺贝尔物理学奖,标志着对其重要性的认可。这些材料由于其独特的电子和力学性质,成为新一代电子器件和能源存储材料的候选材料。生物可降解材料在医学和环境领域得到广泛应用,如医用植入物、药物控释系统和环境友好型包装等。

现代新材料技术正在涉及的领域越来越广泛,从材料基础研究到工程应用,涵盖了电子、光电、能源、医学、环境等多个领域。随着科学技术的进步和新兴技术的涌现,新材料技术的发展前景依然广阔,将继续推动科技和社会的进步。

新材料能够显著开发出传统材料所不具备的优异性能和特殊功能,使其成为高新技术发展的基础和先导,是现代工业发展的共性关键技术,催生出新兴产业的核心发展产业。因此,新材料是全球新一轮工业革命的推动力,材料强则制造强,制造强则国力盛。发展新材料已然是寻找经济发展新动力的突破口,比较完整的新材料分类图谱,如图 6-1 所示[1]。

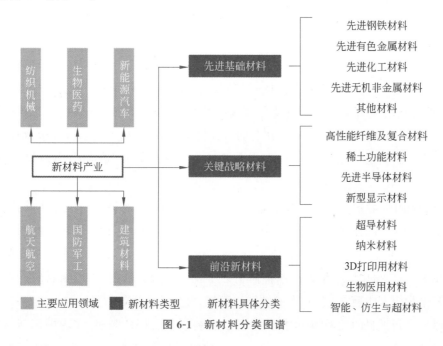

图 6-1 新材料分类图谱

6.1.2 新材料技术的全球格局

全球新材料技术的发展呈现出多极化和多样化的趋势,不同国家和地区在不同领域有着各自的优势和特色。新材料技术的全球格局将继续受到科技创新、经济发展和政策支持等多方面因素的影响,未来将持续扩展和深化。全球新材料产业格局总体可以划分为3个梯队,如图6-2所示[1]。

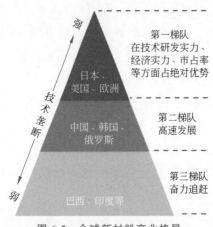

图6-2 全球新材料产业格局

长期以来,美国、日本和欧洲在新材料技术方面处在第一梯队,这是因为它们拥有绝大部分的大型跨国公司,例如,新材料领域耳熟能详的陶氏杜邦、康宁、3M、帝人、东丽、东洋纺、巴斯夫、盈创、索尔维、帝斯曼等。这些大型跨国公司在经济实力、核心技术、研发能力、市场占有率等多方面占据绝对优势,并通过持续创新,在高技术含量、高附加值的新材料市场中保持着主导地位[2]。美国一直在新材料技术领域全面领跑,拥有众多优秀的研究机构、高水平的大学和世界知名的科技企业,如斯坦福大学、麻省理工学院、IBM、苹果等。日本的优势在化工新材料、电子信息材料、高分子材料等领域,其制造业和科技研究机构在新材料方面取得了许多重要成果,如丰田、索尼、东京大学等。欧洲的优势则在结构材料、光学与光电材料、生态环境材料等方面,在新材料研究方面有许多知名的研究机构和大学,如英国剑桥大学、德国马普学会、瑞士ETH Zurich等,同时,也有一些具有全球影响力的企业,如西门子、诺基亚等。

目前,中国、韩国和俄罗斯处于新材料产业的全球第二梯队。中国在半导体照明、稀土永磁和人工晶体材料等细分领域具备一定的优势。但是,由于中国新材料产业起步较晚、原始创新能力不足,核心技术与专用装备水平相对落后,关键材料的保障能力也存在不足,使得中国新材料产业整体仍处于发展阶段。目前,中国新材料产业的发展主要聚焦两大主题:一是在产业链核心领域,实现关键战略材料的自给自足;二是紧跟全球前沿新材料的发展动向,抓住前沿新材料创新发展的契机,实现中国新材料领域的跨越式发展[2]。韩国在新材料技术方面取得了显著的进展,特别是在电子和半导体材料方面,如三星、LG等企业在这方面领先。俄罗斯在过去也有着悠久的材料科学传统,其在金属、合金和纳米材料等方面有着深厚的研究基础。

巴西、印度则处于第三梯队,正在奋力追赶。巴西在一些特定的新材料领域,如生物材料和可再生能源材料方面有一些研究成果。印度在材料科学研究和应用方面也有着一些优秀的研究机构和科技企业。

值得注意的是，全球科技格局在不断变化，每个国家和地区都在不断努力提升自身的技术水平和创新能力。新材料领域的竞争和合作是全球范围内持续发展的趋势。新材料技术的研发和应用往往需要跨学科、跨国界合作。许多国家和地区积极开展国际合作项目，共同推动新材料技术的进步，加速新材料在全球范围内的推广和应用。

6.1.3　新材料技术的产业链

新材料技术的产业链通常可以分为上游、中游、下游 3 个主要环节，上游是基础原材料的生产和供应，中游是新材料的生产和加工，下游是新材料在各种应用领域的使用，如图 6-3 所示[3]。

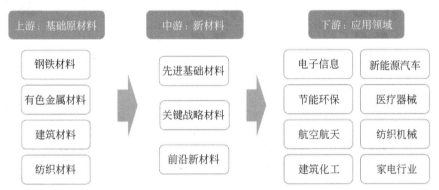

图 6-3　新材料技术的产业链

上游环节是新材料产业链的基础，它涉及生产和供应各种原始材料和化学品，用于后续中游环节的加工和合成新材料。这些原材料可以是金属、矿石、化工原料、高纯度化合物等。在这一阶段，主要的产业包括采矿、化工生产、精细化工等。

中游环节是新材料的生产和加工阶段，主要包括先进基础材料、关键战略材料和前沿新材料的制造。这些材料通常是通过各种物理、化学或生物方法从基础原材料中合成或制备而来。中游环节的技术水平和创新能力直接决定了新材料的性能和品质。

先进基础材料包括一些基础性能优越的材料，如高性能金属材料（例如，钛合金、高强度钢）、高性能陶瓷材料、高性能聚合物等。

关键战略材料是指在国防、安全、能源等重要领域具有战略意义的材料，如稀土元素、高纯度硅、高性能磁性材料等。

前沿新材料是指材料中通常最具有创新性和应用潜力的，包括纳米材料、功能性材料(如光电、磁电、热电材料)、生物材料等。

下游环节是新材料应用的阶段,涉及新材料在各种行业和领域的使用。新材料的应用领域非常广泛,可以包括但不限于以下几方面。

电子信息:半导体材料、光电子材料、导电材料等。

新能源汽车:轻量化材料、电动汽车电池材料等。

节能环保:新能源材料、高效能源存储材料、环保材料等。

医疗器械:生物材料、生物传感材料等用于医疗器械、组织工程等。

航空航天:高性能金属、复合材料等用于航空航天器、导弹、火箭等领域。

新材料技术的发展不断推动着上游、中游和下游环节的融合和协同发展,促进了各个产业的创新和提升。新材料技术在很多领域已经实现了产业化,并成为新兴产业的重要支撑。特别是在电子、能源、汽车、航空航天、医疗器械等领域,新材料的产业化进展迅速。新材料产业链的繁荣和健康发展对于推动经济增长、提高产业竞争力和推进可持续发展具有重要意义。

6.2 纳米材料

纳米材料是一种在纳米尺度范围内具有特殊结构和性质的材料。纳米尺度通常是指物质的尺度为 $1\sim100\mathrm{nm}(1\mathrm{nm}=10^{-9}\mathrm{m})$。在这个尺度下,材料的特性和行为可能与其在宏观尺度上完全不同。

纳米材料的研究和应用已经成为纳米科技领域的重要组成部分。它们在许多领域中展示出了独特的性质和潜在的应用。纳米材料在电子器件中具有优异的性能,例如,碳纳米管和量子点,可用于制造更小、更高效的电子元件。纳米颗粒的高比表面积和特殊的表面活性位点使其成为优秀的催化剂,在化学反应中起到重要作用。添加纳米颗粒可以改善材料的力学性能和耐用性,如纳米增强的复合材料。纳米材料在生物医学领域有广泛的应用,包括纳米药物递送、生物传感器和医学成像。纳米材料在环境治理和污染处理中也有潜在的应用,如纳米吸附剂和纳米催化剂。

尽管纳米材料具有许多潜在的应用,但是由于其特殊性质,也存在一些挑战和风险。其中包括纳米材料对环境和生物体可能产生的潜在影响,以及纳米材料的生产和处理过程中的安全性问题。因此,在纳米材料的研究和应用过程中,需要充分考虑其安全性和环境影响,并采取相应的预防措施。

6.2.1　纳米材料的背景

近代科技进步:在 20 世纪后期,计算机技术和材料科学等领域取得了飞速发展,为纳米材料的研究提供了更多的理论基础和实验手段。

1981 年,IBM 的物理学家格尔德·宾宁和海因里希·罗尔发明了扫描隧道显微镜(STM),使得科学家能够首次在纳米尺度下观察和操纵原子。1986 年,材料科学家埃里克·德雷克斯勒在一篇名为《引力在微观和宏观之间》的文章中首次提出了"纳米技术"这一概念,并在 1991 年出版的书籍《引力引导的科学》中进一步探讨了纳米尺度下的材料和机器的可能性。

随着合成化学和纳米颗粒制备技术的发展,科学家们开始能够制备出各种形态和性质的纳米材料,如纳米粒子、纳米线、纳米片等。许多国家和私营机构开始将纳米科学和纳米技术作为重点研发领域,并投入大量资金和资源用于纳米材料的研究和开发。

人们逐渐认识到纳米材料在电子、医学、环境、能源等众多领域的巨大潜力,这进一步推动了纳米材料研究的发展。随着时间的推移,纳米材料的研究逐渐成为一个跨学科的领域,涉及物理学、化学、生物学、工程学等多个学科。随着技术的不断进步,纳米材料的制备和应用也在不断拓展,为科学、技术和产业带来了全新的可能性和挑战。然而,纳米材料的研究与应用也引发了一些伦理、安全和环境等方面的关切,因此,对纳米材料的研究需要进行谨慎和全面的评估。

6.2.2　纳米材料的发展路线图

纳米材料的发展路线图是一个动态的蓝图,随着科技进步和应用需求的不断变化而不断更新。以下是一般性的纳米材料的发展路线图,但要注意实际的路线图可能因不同国家、地区或机构的重点研究领域和技术优先级而有所不同。

纳米材料从基础研究和材料探索开始,理解纳米材料的基本概念和原理,探索纳米尺度下材料特性和性能的变化规律。合成和表征不同类型的纳米材料,如纳米颗粒、纳米线、纳米薄膜等,研究其结构和性质。开发先进的纳米材料制备技术,包括物理法、化学法、生物法等。

然后进入纳米材料功能化与性能优化的研究。研究纳米材料的功能化方法,通过调控纳米结构和表面性质实现特定的功能,如光学、电子、磁性等,优化纳米材料的性能,包括强度、导电性、光吸收率等,以满足不同领域的应用需求。

接下来进行交叉学科融合与应用拓展。推动纳米材料与其他学科的融合,如纳米生物技术、纳米电子学、纳米医学等,创造新的应用领域。开发具有高性能和多功能的纳米材料产品,满足电子、医疗、环境、能源等多个领域的需求。

下面的重点将是大规模生产与工业化。优化纳米材料的生产工艺,实现大规模、低成本的纳米材料制备。探索新型纳米材料的商业化应用,拓展纳米材料产业的规模。

可持续发展与安全性评估也将是未来发展的重点。加强对纳米材料的生态安全性评估和环境风险研究,确保纳米材料的可持续发展和应用安全。推动纳米材料产业的规范化和标准化,确保产品质量和安全性。

需要强调的是,纳米材料的发展路线图是一个综合性的计划,需要政府、学术界、产业界及公众的共同参与和协作。随着纳米材料科学的不断进步,可能会涌现出新的技术突破和应用领域,使纳米材料继续成为推动科技进步和社会发展的重要驱动力。

另外,纳米材料的发展路线也可以围绕产业链展开,上游原材料供应和原材料生产及制造设备,中游纳米材料,下游制成设备和应用领域,如图6-4所示[4]。

关于上游原材料供应,需要针对纳米材料的研发,探索适合纳米制备的原材料。在这个阶段,需要重点关注高纯度、高质量和可持续性的原材料开发。其中建立可靠的原料供应链,确保纳米材料制备过程中的稳定性和可控性。

中游纳米材料通过制备技术的改进,不同的纳米材料制备技术需要持续改进,以提高产量、降低成本并确保纳米结构的一致性。纳米材料的性能往往与其尺度和表面性质密切相关,因此,需要开发精确控制尺度和表面修饰的技术。探索开发具有多种功能的纳米材料,如磁性、光学、电学等,并且在制备过程中实现这些功能的组合。

下游制成设备和应用领域需要开发适用于纳米材料的先进制造设备,确保大规模生产和工业化应用的可行性,推动纳米材料在各个行业中的广泛应用,包括但不限于电子、能源、医疗、环保、材料等领域。重视纳米材料在应用过程中的安全性,并建立相关的规范和标准,以确保人类和环境的健康与安全。

纳米材料的发展路线图如果紧密围绕产业链展开,那么从原材料供应到纳米材料

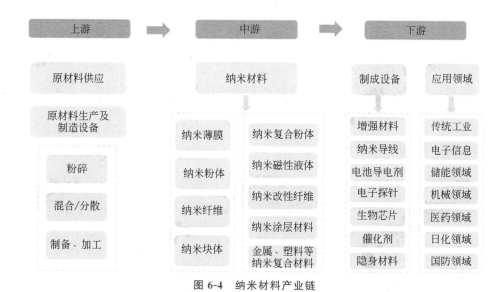

图 6-4　纳米材料产业链

制备,再到制成设备和广泛应用领域,就可以不断推动技术创新和产业化,促进纳米材料在各个领域的应用和发展。同时,需要注重安全性与可持续性,加强合作与交流,推动纳米材料产业的全面发展。

6.2.3　纳米材料技术创新

纳米材料技术创新是指在纳米尺度下对材料进行改进、优化和设计的过程。这种技术创新可以涉及纳米材料的制备、性能调控及应用领域的拓展。以下是一些纳米材料技术创新的方向和例子。

1. 制备技术创新

通过合理设计,使纳米颗粒在特定条件下自动排列组装,形成具有特定结构和性能的纳米材料是自组装技术的核心。开发环境友好型纳米材料制备方法,降低有毒物质的使用,减少对环境的影响。发展精确控制纳米材料尺度的技术,以控制其特定性能和应用。创新多种功能集于一体的纳米材料合成方法,如磁性、光学和生物学功能的组合。

2. 表面修饰与功能调控

改变纳米材料表面的化学组成和结构,以调控其相互作用和性能。研发合金化纳米材料,通过不同金属的合成,获得优异的物理和化学性能。利用纳米尺度下的量子效应,调控纳米材料的光学、电学和磁学性质。

3. 纳米材料在能源领域的应用

开发高容量、高效率的纳米材料用于锂离子电池、超级电容器等能源存储设备。改进纳米材料在太阳能电池中的应用,提高能量转换效率。开发高效、高选择性的纳米催化剂用于水解、电解和其他能源转换过程,例如,纳米材料可用于提高太阳能电池的效率,并用作高性能的储能材料[5]。

4. 纳米医药与生物应用

纳米材料在药物递送和治疗方面有着巨大的潜力。纳米粒子可以用来输送药物到特定的细胞或组织,从而提高治疗效果并减少副作用。设计纳米材料载体,实现药物在生物体内的靶向传递,提高疗效并减少副作用。开发纳米材料用于生物成像和诊断,如纳米粒子在磁共振成像中的应用。创新纳米生物传感器,实现对生物分子、细胞和生理信号的高灵敏检测。

5. 纳米材料在环境保护中的应用

开发纳米材料用于水污染治理、大气污染减排等环境保护技术。利用纳米材料制备高灵敏、高选择性的环境监测传感器。例如,纳米颗粒可以用作吸附剂来去除水中的有害污染物。

6. 纳米电子学与信息技术

纳米材料的特殊性质使得科学家们能够设计、制造更小、更快、更高效的电子器件。纳米尺度的晶体管和存储器件已经成为现代电子技术的重要组成部分。探索利用纳米材料的量子效应进行信息存储和计算的新技术。随着硅基芯片开始接近极限,诸如石墨烯和碳纳米管这样的碳纳米材料使摩尔定律得以延续。碳纳米材料耗能更低,产热更少,因此,可以实现比硅材料更高的元件密度。这意味着一块芯片上可以容纳更多的晶体管,从而使集成电路速度更快、能耗效率更高。与此同时,成本也能降低。最近一项令人振奋的进展是在碳纳米管上实现的三维芯片,它整合了数据存储和数据处理。与现有的硅基芯片相比,多层结构芯片有潜力将芯片性能提高数百乃至数千倍[6]。

这些只是纳米材料技术创新的一部分方向和示例,这些创新和应用使得纳米材料技术成为了一个多领域交叉的前沿科技,为未来的科学研究和产业发展提供了丰富的机会和挑战。未来随着科学技术的不断发展,还将有更多令人期待的创新涌现。纳米材料的技术创新有望推动各个领域的发展,并为解决许多现实问题提供新的解决方案。同时,为了充分发挥纳米材料技术的优势,也需要平衡其潜在的风险和安全问题,以确保其可持续和负责任的发展。

6.2.4 纳米材料与社会责任

纳米材料是具有纳米级尺度的材料,其特殊性质和应用前景引起了广泛的关注和研究。在纳米材料的研发、生产和应用过程中,与社会责任密切相关,需要平衡科技创新、经济发展和社会影响。

纳米材料因其特殊的性质可能在人体和环境中产生不同寻常的效应。科学家和制造商需要确保纳米材料的安全性,避免潜在的生态和健康风险。社会需要充分了解纳米技术的潜在影响和应用领域。提供准确的科学信息,进行公众教育,有助于消除误解,增加公众对纳米材料的认知。纳米技术可能引发一些伦理和社会问题,如隐私问题、人类改造和社会不平等等。需要进行深入的伦理和社会影响研究,制定相应的政策和法规。纳米材料的商业化需要遵循道德标准,不得滥用技术优势,避免不良竞争和商业虚假宣传。纳米材料的生产和应用需要考虑资源利用效率和生命周期的环境影响,以促进可持续发展。在纳米技术的发展过程中,需要吸纳各方利益相关者的意见,建立科学透明的决策机制,以保障社会参与和公正治理。科研机构和企业在纳米材料的研发过程中,需要考虑知识的共享与转移,以促进全球科学和技术的共同进步。

纳米材料作为前沿技术领域,不仅需要关注其技术创新和经济价值,还需要充分考虑其对环境、健康、社会和伦理等方面的影响,以实现科技创新与社会责任的平衡。科学界、产业界和政府需要共同努力,建立健全的纳米材料治理体系,纳米材料产业能够在可持续发展的基础上获得公众的信任和支持,同时对社会和环境产生积极的影响,实现社会责任的目标。

6.3 碳化硅

碳化硅(carbide silicon,SiC)是一种化合物,由硅(Si)元素和碳(C)元素组成,是第三代半导体材料。与前两代半导体材料相比具有许多优异的特性,使得它在各个领域得到广泛应用。

碳化硅有一些主要特性,例如,碳化硅具有极高的熔点和热稳定性,在高温下仍能保持优异的性能,因此,被广泛应用于高温工程材料;碳化硅是一种硬度很高的材料,类似于金刚石,使其在耐磨和磨损方面表现出色;碳化硅具有优秀的热导率,是散热材料和导热材料的理想选择;碳化硅在室温下是绝缘体,但在高温下也可表现为半导体特性,因此,在电子和功率电子领域有广泛应用;碳化硅在许多化学环境下具有较好的耐腐蚀性,特别是在酸性条件下。

碳化硅有丰富的应用场景:

(1) 碳化硅作为半导体材料,在功率电子器件如功率二极管、MOSFET(金属氧化物半导体场效应晶体管)和IGBT(绝缘栅双极性晶体管)中应用广泛,用于高温高压和高频率场所。

(2) 碳化硅由于其高温稳定性和耐腐蚀性,在制造陶瓷和耐火材料中得到应用,用于高温炉膛、耐火涂料等;碳化硅优异的热导率使其成为高功率电子器件和LED(发光二极管)等散热材料的理想选择。

(3) 由于碳化硅硬度高,耐磨性好,常用于制造磨具和切削工具,如砂轮和刀片;碳化硅还是第三代半导体材料,与前两代半导体材料相比被广泛运用于新能源汽车、充电桩、智能电网、光伏逆变器和风力发电等领域。

(4) 碳化硅用于制造颗粒过滤器和脱硫脱硝催化剂等环保材料,用于控制汽车尾气和工业废气的排放。

碳化硅作为一种多功能材料,具有广泛的应用前景,在高温、高压、高频和特殊环境下都有独特的优势,因此,在工程材料、电子器件、磨损耐磨材料、散热材料等方面都具有重要地位。

6.3.1 碳化硅的背景

碳化硅的发展背景可以追溯到 20 世纪早期,但它的商业应用和广泛研究始于 20 世纪后期。碳化硅早期研究是一种合成材料,最早由爱迪生实验室的爱迪生和亨利·伍德在 1891 年通过将石墨和黏土烧结而成。早期研究集中在基础材料的制备和理解,但在当时没有实际应用。

在 20 世纪 60 年代末期,碳化硅作为半导体材料开始在电子和功率电子器件中得到应用。逐渐取代了传统的硅材料。碳化硅因其高温稳定性和耐腐蚀性,20 世纪 70 年代开始在陶瓷和耐火材料制造中应用。20 世纪 80 年代,由于碳化硅具有极高的硬度和耐磨性,开始在磨具和切削工具制造中广泛应用。随着功率电子器件和 LED 等高功率设备的发展,碳化硅的优异热导率使其成为理想的散热材料,用于控制设备的温度。

近年来,碳化硅在环保领域也得到越来越多的关注。例如,前面提到的应用于汽车尾气和工业废气的排放控制。随着纳米技术的发展,纳米碳化硅开始受到更多关注。纳米碳化硅具有特殊的性质和潜在应用,如在生物医学、传感器和能源存储等领域。

碳化硅的发展背景可以概括为不断优化制备技术和理解材料特性,使其在各个领域得到广泛应用。随着科学技术的不断进步,碳化硅的应用前景仍然十分广阔,并在未来有望在更多领域展现出其独特的优势。

6.3.2 碳化硅的发展路线图

碳化硅作为第三代半导体最具代表性的材料,其发展路线图涉及在各个领域的研发、制备技术改进和应用拓展等方面。以下是碳化硅的发展路线图的主要阶段。

首先是基础性质研究。深入研究碳化硅的基本物理、化学和电子性质,以便更好地了解其特性和潜在应用。探索不同晶体结构和形态的碳化硅材料,以改进其性能和应用,进行结构优化。开发精确控制碳化硅尺寸的技术,如纳米碳化硅和微米碳化硅的制备。

其次是工艺技术改进与产业化。优化碳化硅的制备工艺,降低成本、提高产量和产品质量。实现碳化硅的大规模工业化生产,以满足不同领域的需求。建立严格的质量控制标准,确保碳化硅产品的稳定性和一致性。

然后是应用领域拓展与创新。进一步拓展碳化硅在电子器件和功率电子器件中的应用,提高其性能和可靠性。开发更高性能的碳化硅陶瓷和耐火材料,满足高温、腐蚀等极端环境下的需求。加强碳化硅在散热材料和电子器件散热中的应用,提高高功率设备的性能和稳定性。探索碳化硅在环保和能源领域的应用,例如,在颗粒过滤器、脱硫脱硝催化剂等方面的应用。继续开发纳米碳化硅的研究,探索其在纳米医药、传感器和能源存储等领域的潜在应用。

还有很重要的是可持续发展与社会责任。加强碳化硅制备过程的环境友好性,降低资源消耗和排放。持续关注碳化硅的安全性,确保其在制备、使用和废弃过程中不对人类和环境造成危害。

这些就构成了碳化硅的发展路线图的主要内容,随着科学技术的不断进步和社会需求的变化,碳化硅有望在更多领域发挥其优异的性能,为各行各业带来创新和发展。

从碳化硅晶片产业链,如图 6-5 所示的[7]角度看,碳化硅的发展路线图可以分为以下几个阶段。

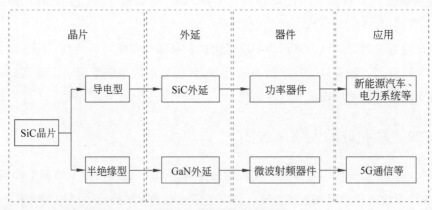

图 6-5 碳化硅晶片产业链

1. 晶片衬底

首先是高质量碳化硅晶片衬底的制备,重点在于优化碳化硅晶片衬底的生长技术,以实现高晶格质量和较低缺陷密度。然后是大尺寸晶片衬底,努力开发大尺寸、高质量的碳化硅晶片衬底,满足大规模制造和大尺寸器件的需求。目前开始探索制备纳米尺度的碳化硅晶片衬底,应用于纳米器件和生物医学等领域。

2. 外延

发展碳化硅外延生长技术,实现高晶格质量和较低缺陷密度的外延层。研发多功能碳化硅外延层,包括不同掺杂和结构,以满足不同器件的要求。针对高频、高功率电子器件,追求更高纯度的碳化硅外延生长。

3. 器件

持续优化碳化硅功率 MOSFET、肖特基(Schottky)二极管等器件,提高功率密度、温度和可靠性。研发高性能碳化硅射频器件,满足 5G 和高频通信领域的需求。探索碳化硅在光电子器件中的应用,如激光器和光传感器等。

4. 应用

推动碳化硅在电动汽车、太阳能逆变器等领域的广泛应用,提高能源转换效率。将碳化硅器件应用于 5G 通信、雷达系统等高频应用,实现高效率、高功率的通信传输。开发纳米碳化硅在生物医学成像、生物传感器等领域的应用,用于健康监测和疾病诊断。

这个产业链角度的发展路线图强调了碳化硅从基础材料制备到器件制造再到最终应用的全过程发展。通过持续改进制备技术、优化外延和器件制造工艺,以及拓展不同应用领域,碳化硅将不断发展并应用于更多的高性能和高效能领域,为各个产业带来新的创新和发展机遇。

6.3.3 碳化硅技术创新

碳化硅的技术创新是非常活跃的领域,涵盖了多方面,包括制备技术创新、材料性能调控、应用领域拓展等。以下是碳化硅技术创新的一些主要方向。

1. 制备技术创新

开发新的碳化硅制备方法,如溶胶-凝胶法、高温气相法、等离子体增强化学气相沉积等,以实现高效、低成本、高纯度的制备。探索环境友好型碳化硅制备工艺,以减少有毒物质的使用和废弃物的产生,降低对环境的影响。发展精确控制碳化硅颗粒尺寸的技术，包括纳米碳化硅、微米碳化硅等，以满足不同应用的需求。

2. 材料性能调控

研究和优化碳化硅的晶体结构、形态和晶粒大小，以改变其物理和化学性质。通过掺杂或与其他材料合金化，改善碳化硅的导电性、光学性能等，拓展其应用范围。对碳化硅的表面进行修饰，改变其表面性质，如增强吸附能力、改善界面相容性等。

3. 应用领域拓展

持续优化碳化硅在功率电子器件中的性能，提高功率密度和工作温度范围。5G通信基站应用需要更高的峰值功率、更宽的带宽及更高的频率，对微波射频器件提出了更高要求，而半绝缘型碳化硅衬底制备的氮化镓射频器件在高频段的优异表现使其成为 5G 时代基站应用的候选技术，如图 6-6 所示[8]。

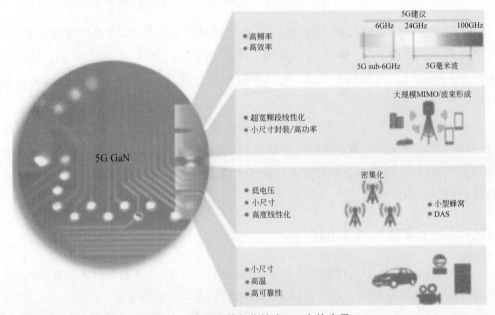

图 6-6　碳化硅基氮化镓在 5G 中的应用

探索碳化硅在太阳能电池、电动汽车、能源存储等领域的潜在应用，提高能源转换和存储效率。碳化硅在电动汽车领域主要用于：主驱逆变器、车载充电系统（OBC）、电源转换系统（车载 DC/DC）和非车载充电桩，如图 6-7 所示[9]。近些年，碳化硅真正受到关注应该是特斯拉宣布在 Model 3 车型中作为功率器械使用,是什么原因让特斯拉愿意用超出传统硅 10 倍价格的碳化硅芯片呢?作为第三代半导体最具发展前景的材料,与传统硅器件相比,以碳化硅衬底制成的功率器件,具有耐高温、耐高压和低能量损耗的优势,这也是特斯拉愿意花重金购买碳化硅芯片的原因,能够显著提升续航能力。

研发纳米碳化硅技术创新用于生物医学成像、药物传递等应用,拓展生物医学技术。探索新型纳米碳化硅的制备方法,实现高纯度和可控的纳米颗粒合成。研发纳米碳化硅在纳米传感器、颗粒过滤器、纳米电子等领域的应用,发挥其纳米尺度下的独特性能。

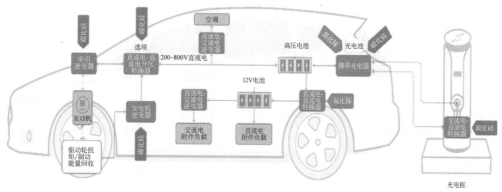

图 6-7 碳化硅在新能源车中的应用

这些技术创新的方向将有助于进一步推动碳化硅材料的发展,提高其性能,拓展其应用领域,从而满足不断发展的科技和工业需求。随着科学技术的不断进步,碳化硅的技术创新前景十分广阔。

6.3.4 碳化硅与社会责任

碳化硅(SiC)是一种广泛用于高温、高压、高频等极端条件下的材料,具有优异的热导率、机械性能和耐腐蚀性。在碳化硅的研发、生产和应用过程中,与社会责任密切相关,需要平衡技术创新、经济发展和社会影响。

碳化硅所具有的优异的热导率和耐高温特性,可用于高效能源利用、节能降耗的领域。然而,碳化硅的生产过程可能涉及能源消耗和排放,需要关注环保问题,减少对环境的影响。在碳化硅的生产中,可以采用绿色制造技术和循环经济原则,减少废料产生,提高资源利用率,降低生态足迹。碳化硅在制备过程中可能涉及有毒物质的使用,需要确保工人和环境的安全。同时,在碳化硅应用的过程中,如在半导体、电力电子等领域,需要注意其对人体健康的潜在影响。在碳化硅的商业化过程中,需要遵循产业道德,不得滥用技术优势,避免不当竞争和商业虚假宣传。在碳化硅技术的发展过程中,需要吸纳各方利益相关者的意见,建立科学透明的决策机制,以保障社会参与和公正治理。碳化硅的应用领域包括能源、电子、汽车等,需要考虑其对可持续发展的贡献,如促进能源转型、提升电子设备效率等。科研机构和企业在碳化硅的研发过程中,需要考虑知识的共享与转移,以促进全球科学和技术的共同进步。

以碳化硅为代表的第三代半导体材料逐渐进入产业化加速放量阶段,在技术创新和产业发展的同时,需要充分考虑其对环境、健康、社会和伦理等方面的影响。科学界、产业界和政府需要共同努力,通过积极践行社会责任,使碳化硅能够在可持续发展的基础上获得公众的信任和支持,同时,对社会和环境产生积极的影响。

6.4 光伏玻璃

光伏玻璃是一种特殊的建筑玻璃,它融合了太阳能光伏发电技术和建筑材料的功能。光伏玻璃通过在玻璃表面或夹层中嵌入光伏电池,可以将太阳光转换为电能,实现太阳能发电,并且同时具备传统建筑玻璃的功能。光伏玻璃可用于建筑的外墙、屋顶、遮阳篷、窗户等位置,将建筑与太阳能发电相结合,提供清洁能源,并且具备保温、隔声、防紫外线等功能。光伏玻璃的主要特点和优势如下。

太阳能发电:光伏玻璃能够将太阳光直接转换为电能,实现建筑一体化的太阳能发电,减少对传统电网的依赖,节能环保。

透明性:光伏玻璃可以具备较高的透明性,保持建筑的自然采光效果,不影响室内光线质量。

美观性:光伏玻璃在外观上与普通建筑玻璃相似,可以与建筑完美融合,不破坏建筑的整体美观性。

抗紫外线:光伏玻璃能够过滤掉大部分紫外线,减少紫外线对室内家具和人体的伤害。

隔声和保温：光伏玻璃可以保持与普通建筑玻璃相似的隔声和保温效果，提高建筑的舒适性。

可持续发展：光伏玻璃的使用可以减少传统能源消耗，降低碳排放，对可持续发展有积极影响。

光伏玻璃在建筑行业逐渐得到广泛应用，尤其是在绿色建筑和可持续发展项目中。随着技术的不断进步和成本的降低，光伏玻璃的市场应用前景将继续扩大，并为建筑行业提供更多的绿色和高效能源解决方案。

6.4.1 光伏玻璃的背景

光伏玻璃的发展背景可以追溯到20世纪初期，但其商业应用和广泛研究始于近几十年。在20世纪初期，科学家们开始研究半导体材料的光电转换性能，试图将光电效应应用于能源转换。然而，早期的光伏器件效率较低，技术还不成熟，限制了光伏玻璃的实际应用。

在20世纪50年代和20世纪60年代，硅光伏技术逐渐崭露头角。首次实现了具有实用价值的硅光伏电池，应用于航天、航空和一些特殊用途的电力供应。然而，硅光伏电池在建筑集成方面存在一些限制，如质量和外观问题。

为了解决硅光伏的集成问题，人们开始探索在建筑玻璃上集成光伏电池的技术。1995年，美国国家可再生能源实验室（NREL）成功研制出第一块透明光伏玻璃样板。这标志着光伏玻璃技术的初步发展，并为未来的研究和应用奠定了基础。

随着技术的不断改进和成本的降低，光伏玻璃逐渐进入商业化阶段。各种新型光伏玻璃产品相继问世，包括透明薄膜太阳能电池、有机光伏玻璃等，这些技术创新大大拓展了光伏玻璃的应用领域。光伏玻璃开始商业化主要由欧美企业主导。欧美光伏需求的大发展带来包括光伏玻璃在内的中国组件制造端的扩张。近10年，随着中国光伏需求的放量，使中国光伏组件制造开始引领全球。

随着人们对环境保护和可持续发展意识的提高，绿色建筑和清洁能源的需求逐渐增加。光伏玻璃作为一种能同时提供建筑功能和可再生能源的材料，受到越来越多的关注和应用。

当前，光伏玻璃技术仍在不断研发和创新中。科学家和工程师们致力于提高光伏玻璃的效率、降低成本，并拓展其在建筑领域和其他领域的应用。

概括起来，光伏玻璃的发展背景从早期光伏效应的发现，到硅光伏的兴起，再到光伏玻璃的出现和技术改进,最终实现商业化应用。光伏玻璃作为一种绿色、可持续的能源解决方案,将在未来的建筑和能源领域持续发展和创新。

6.4.2 光伏玻璃的发展路线图

光伏玻璃的发展路线图涵盖了从基础研究到商业化应用的多个阶段和关键技术的发展方向。以下是光伏玻璃发展的主要路线图。

首先是基础研究与材料优化。深入研究不同光伏材料在玻璃基底上的性能和适用性,如硅、有机光伏材料等光伏玻璃材料研究。优化光伏玻璃的透明性和光电转换效率,在追求高效率发电的同时,保持足够的透明度。研究光伏玻璃材料在长期使用过程中的稳定性和耐候性,确保其长寿命和可靠性。

其次是工艺技术改进与制备方法创新。优化光伏电池在玻璃基底上的制备工艺,提高光电转换效率和电池的稳定性。研发先进的涂层技术,确保光伏电池在玻璃上的黏附性和稳固性。发展高效、低成本的光伏玻璃大规模生产技术,降低成本,提高市场竞争力。

然后是应用领域拓展与市场应用。将光伏玻璃应用于建筑外墙、屋顶、遮阳棚等位置,实现建筑与能源发电的一体化。拓展光伏玻璃在汽车、公交车等交通工具上的应用,提供车载电力。研发适用于手机、平板计算机等移动设备的光伏玻璃,延长电池续航时间,探索光伏玻璃在农业、航空航天、医疗等领域的潜在应用。

很重要的是可持续发展与环境友好性。对光伏玻璃的生产和应用进行全面的环境评估,确保其在整个生命周期中的环境友好性。推动光伏玻璃的回收和再利用,最大程度减少资源浪费。

光伏玻璃的发展路线图,从光伏行业产业角度,上游主要是原材料的采制、提炼;中上游是光伏电池片、光伏玻璃及组件各个部分的制作;中游是将光伏电池片、光伏玻璃及其他辅材组合起来的层压工艺;下游是组件成品和光伏电池板;其最终的应用终端是光伏电站,包括集中式电站及分布式电站,如图6-8所示[10]。

从上游的原材料采制和提炼开始,不断优化硅材料的提炼和加工工艺,提高硅材料的纯度和质量,降低成本。研发新型光伏材料,如钙钛矿、有机光伏材料等,提高光电转换效率和降低制造成本。

属于中上游的光伏电池片、光伏玻璃及组件制造。持续改进光伏电池片制造工艺,提高电池转换效率和稳定性。优化光伏玻璃的生产工艺,确保其透明性和电池黏

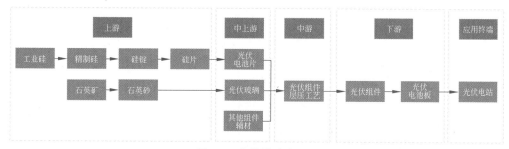

图 6-8 光伏玻璃产业链

附性。组合光伏电池片和光伏玻璃,生产光伏组件,如太阳能电池板和光伏玻璃模块。

中游的层压工艺。层压技术改进:不断改进光伏组件的层压工艺,确保组件的密封性和稳定性。研发高效的辅材,如胶黏剂、封装材料等,以提高组件的性能和耐久性。

下游的组件成品和光伏电池板制造。进行光伏组件的批量生产,确保产品质量和性能的一致性。光伏电池板生产:将光伏组件组装成成品的光伏电池板,用于最终的光伏电站建设。

应用终端:光伏电站。建设大规模的集中式光伏电站,以实现大规模的太阳能发电;建设分布在建筑物上或分散在城市区域的分布式光伏电站,为当地供电和储能。

随着科技的不断进步和市场需求的变化,光伏玻璃有望在更多领域发挥其重要作用,为可持续能源发展和绿色建筑做出贡献。

6.4.3 光伏玻璃技术创新

光伏玻璃作为一种融合光伏发电和建筑材料功能的材料,从研发到产业化及应用都具有很大技术创新空间,下面是一些主要的技术创新领域。

1. 提高光电转换效率

光伏玻璃的核心是光伏电池,未来的技术创新将聚焦于提高光伏电池的效率。研究人员不断探索新型材料、优化电池结构,以实现更高的光电转换效率,从而提高光伏玻璃的发电能力。双面发电组件趋势已经确立,与单面组件相比,双面组件具有生命周期长、生命周期内发电量更大、发电效率更高、衰减更慢的优点。双面双玻组件基本构造,如图 6-9 所示[11]。

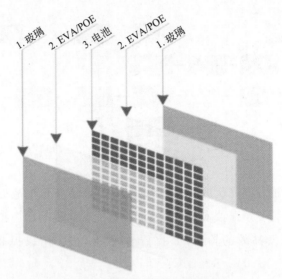

图 6-9　双面双玻组件基本构造

2. 透明度与发电性能平衡

光伏玻璃需要同时具备透明性和发电性能,未来的技术创新将努力在这两方面取得平衡。通过改进材料、电池设计和工艺,使光伏玻璃在透明度和发电效率方面都得到最优化。薄膜电池由于使用原料少、成本低、弱光性能好等优异特性,一直以来都是各科研院校和企业研究的重点,如图 6-10 所示[12]。

3. 智能化光伏玻璃

未来的光伏玻璃可能不仅仅是发电和建筑功能的结合,还将朝着智能化方向发展。智能光伏玻璃可能具备光调节功能,能够根据光照强度自动调整透明度和发电效率,以适应不同场景的需求[13]。

4. 灵活性和多功能性

未来的光伏玻璃可能会更加灵活多样,可以适应不同建筑形态和应用场景。例如,柔性光伏玻璃可以应用于曲面建筑,实现更广泛的建筑集成。

5. 可持续发展

技术创新将着重考虑光伏玻璃的可持续性。在原材料采购、制造工艺和生命周期

图 6-10　薄膜太阳能电池结构示意图

管理方面,将努力减少环境影响,提高资源利用效率,推动光伏玻璃的可持续发展。

6. 多领域应用

随着技术的不断发展,光伏玻璃将拓展更多的应用领域。除建筑领域外,光伏玻璃有望应用于汽车、移动设备、户外广告牌等领域,为更多场景提供清洁能源解决方案。

7. 能源储存整合

光伏玻璃与能源储存技术的整合也是未来的发展方向。将光伏玻璃与储能设备相结合,可以实现太阳能的稳定供应,解决不稳定发电的问题。

光伏玻璃的技术创新和未来发展将在提高发电效率、实现智能化、多功能化和可持续发展等方面持续推进。随着技术的不断进步和市场需求的增加,光伏玻璃有望成为未来清洁能源产业中的重要组成部分,并为建筑和其他领域提供更多绿色、高效能源解决方案。

6.4.4　光伏玻璃与社会责任

光伏玻璃是一种将太阳能电池集成到玻璃表面的可再生能源技术,具有将太阳能转换为电能的功能。在光伏玻璃的研发、生产和应用过程中,与社会责任密切相关。

光伏玻璃将太阳能转换为电能,是可再生能源的重要应用领域之一。通过推广光伏玻璃的应用,有助于减少对传统能源的依赖,降低温室气体排放,促进可持续能源的发展。光伏玻璃的应用可以减少建筑能耗,通过自身发电实现建筑物的能源自足,降低碳排放,为节能减排做出贡献。光伏玻璃可用于建筑外立面和屋顶,将太阳能集成到建筑中,促进绿色建筑的发展,改善城市环境,提高建筑的能源利用效率。光伏玻璃的应用可以促进城市的可持续发展,通过建筑物自身发电,减轻电网负荷,提高城市电力供应的可靠性。光伏玻璃产业涵盖了材料研发、制造、安装等多个环节,为社会创造了就业机会,促进了经济增长。推广光伏玻璃的应用需要公众的支持与参与,公众需要了解其潜在影响和好处。科学普及和教育可以增加公众的认知和理解。光伏玻璃的应用可以实现分布式能源发电,促进社区的能源自给自足,提高能源平等性,减少贫困地区的能源断供。光伏玻璃的寿命有限,需要考虑其废弃物处理问题,合理管理废弃光伏玻璃以减少环境污染。

通过合理规划和推广光伏玻璃的应用,光伏玻璃企业能够在经济发展的同时,为社会和环境带来积极影响,节能减排和环境保护,推动清洁能源产业的可持续发展。科学界、产业界和政府需要共同努力,实现科技创新与社会责任双赢,为可持续能源的未来做出贡献。

6.5 新材料创新与社会责任

新材料创新重点就是提高效率改善环境,因此,新材料创新与社会责任之间存在密切的关系,无论是新材料的研发,还是生产和应用,都关乎着技术进步、经济效益和社会影响。

由于新材料范围很广,本书只列举了3个典型的新材料,但是也足以总结出新材料创新成为国家战略的深层逻辑、推动着社会创新、促进实现可持续发展及深刻影响着社会责任。

6.5.1 新材料创新与国家战略

正如前面提到的新材料创新在技术进步、促进环保和可持续发展等方面起的巨大作用,对国家的发展和战略目标的意义也是重大的。以下就对新材料创新与国家战略之间的关系做一个梳理总结。

首先,新材料创新可以促进产业结构升级和转型升级,提高产业竞争力,推动国家经济的持续健康发展。新材料产业的发展也将带动相关产业链的发展,形成新的增长点。新材料创新推动科技进步,对国家科技创新体系起到重要推动作用。新材料的研发需要跨学科的合作,加强基础研究和应用技术研究,提高国家科技创新能力。新材料创新有助于推动可持续发展,开发环保、高效能源利用和可再生资源等新型材料,促进绿色制造和生产,减少对自然资源的依赖,降低碳排放。

其次,新材料在军事领域的应用对国家安全至关重要。新材料的创新可以提高军事装备的性能和功能,增强国家国防实力。

新材料产业还是国家战略新兴产业之一,对于实现产业结构优化、经济发展转型升级具有战略重要性。新材料的创新和应用可以提高国家在全球市场的竞争力,推动本国企业走向国际,参与全球产业链分工和竞争。

还有一个重要方面就是新材料创新需要大量高素质的科技人才,国家需要加大对新材料领域的人才培养和引进力度,建立和完善人才培养体系。

因此,新材料创新是国家战略的重要组成部分,与国家的经济发展、科技进步、可持续发展、国防安全等密切相关。国家需要加强政策支持、加大投入,推动新材料创新成果的转化应用,以实现科技强国和经济发展的目标。

6.5.2 新材料创新推动社会创新

新材料的创新可以为社会创新提供有力支持,同时,社会创新也为新材料的应用和发展提供了广阔的应用场景。

新材料的创新为解决社会问题提供了新的技术应用和解决方案。例如,新型环保材料可以帮助改善环境问题,新型医用材料可以提高医疗服务质量等。新材料的创新可以推动产业结构的转型升级,带动相关产业的发展和壮大。新材料的应用可以促进产业升级,推动新兴产业的发展。新材料的创新可以改进产品性能,提高产品品质,满足消费者需求,拓展市场份额,推动产品和服务的创新。

新材料创新关注可持续发展和环保,推动绿色制造和生产,减少资源消耗和环境污染,促进社会可持续发展。还有 6.5.1 节提到的新材料的创新和应用可以提高国家在全球市场的竞争力,推动国家在技术和产业领域的地位和影响力,这也是对社会创新的有力促进。

新材料创新需要产学研各方的合作和共同努力。促进产学研合作可以加快新材料技术的转换应用，推动创新成果的落地。新材料创新为创新创业提供了机遇，鼓励创业者发掘新材料的商业价值，推动创新创业生态的发展。

由此可见，新材料创新是社会创新的重要推动力量。通过不断推动新材料技术的发展和应用，可以为社会创新提供新的动力和路径，推动经济、科技和社会的可持续发展。同时，社会创新也为新材料创新提供了广阔的应用场景和市场需求，形成良性循环，共同推动社会和经济的进步。

6.5.3 新材料创新实现可持续发展

新材料创新在实现社会可持续发展方面扮演的角色是很突出的，前面的分析中不断提到新材料创新对社会可持续发展的作用，这里再针对性地梳理一下。

新材料创新可以研发和应用更加节能、环保、高效的材料，减少资源消耗和浪费。例如，轻量化材料可以降低交通工具的燃油消耗，新型能源材料可以提高能源利用效率，都有助于资源高效利用。新材料创新致力于开发环境友好型材料，减少对环境的影响。采用可降解材料、回收利用材料等创新技术，可以减少垃圾污染和土壤污染，提高生态系统的稳定性。新材料创新在清洁能源领域有着重要作用。通过开发新型光伏材料、能量存储材料等，可以推动可再生能源的发展，减少对化石燃料的依赖，降低碳排放量。

新材料的创新可以推动产业结构升级和转型，促进传统产业向高科技、高附加值产业转变。新材料的应用也能带动相关产业链的发展，形成新的增长点。新材料创新在城市建设领域有着广泛应用，例如，高性能建筑材料可以提高建筑能效，绿色交通材料可以改善交通拥堵等，推动城市的可持续发展。

新材料的创新有助于提高产品的安全性和健康性，保障公众的健康和安全。例如，医用材料的创新可以提高医疗服务的质量和效率。

新材料的创新需要大量高素质的科技人才，促进新材料产业发展也带动了相关人才的培养和教育。

总之，新材料创新的推动对社会可持续发展具有重要的意义。通过不断推进新材料技术的研发和应用，可以促进资源高效利用、环境友好、清洁能源发展、产业升级等方面的可持续发展，为社会的繁荣和进步做出贡献。

6.5.4 新材料创新与社会责任

新材料创新带着浓厚的社会责任的考量,所以,从前面几小节的分析中就已经体现其对社会责任影响的很多方面。围绕着"科技向善"的准则,新材料创新既可以推动经济增长,又有助于可持续发展和社会责任实践。以下就新材料创新对社会责任各要素的主要影响再做一下梳理。

1. 经济

(1) 经济增长和就业机会:新材料的研发、制造和应用通常需要大量的研究人员、工程师和技术专家,因此,可以创造大量的就业机会。新材料产业的增长有助于推动经济增长,提高人民生活水平。

(2) 产业竞争力:新材料创新可以提高企业的竞争力。具有创新性的材料可以改进产品的性能、质量和可持续性,有助于公司吸引更多的客户和投资。

(3) 资源效率:许多新材料是更轻、更坚固、更耐用的,可以减少资源的使用,如能源、原材料和水。这有助于降低生产成本、提高资源效率,从而改善企业的经济状况。

(4) 创新生态系统:新材料的研发涉及多个领域,包括材料科学、工程学、化学和物理学等学科。这种多学科的创新生态系统可以推动相关产业的发展,进一步促进经济增长。

(5) 降低成本:新材料创新有助于开发更具成本效益的解决方案,如更耐久的建筑材料、轻量化汽车部件和高效能源储存技术。这有助于减少企业和个人的支出。

(6) 市场扩张:新材料的开发可以创造新的市场机会,拓展现有产业或创建新的产业。这有助于企业扩大市场份额,增加收入。

2. 法律

(1) 知识产权保护:新材料创新通常涉及知识产权,如专利、商标和版权。法律确保创新者的知识产权得到保护,鼓励企业和研究机构进行更多的新材料研发。

(2) 产品安全和合规性:法律规定了产品安全和合规性的标准,包括新材料制造和使用的安全性。这有助于确保新材料不会对人们的健康和环境造成危害。

(3) 卫生和安全法规:新材料的使用可能涉及工业过程和劳工健康。法律规定了工作场所的卫生和安全标准,以确保员工和公众的安全。

(4) 贸易法规：新材料的国际贸易可能受到国际贸易法规的影响。法律框架规定了跨国贸易和知识产权的规则，以确保公平竞争和技术转让。

(5) 创新激励：法律可以提供创新激励，如研发税收抵免或政府资助，以鼓励企业投入更多资源进行新材料创新研发。

3. 伦理

(1) 可持续性和环境伦理：新材料的开发应遵循环保和可持续性原则。这包括减少资源消耗、降低能源需求、减少废物产生及尽量减轻对环境的不利影响。伦理要求新材料的生命周期评估，以确保其对环境的影响最小化。

(2) 社会公平和公正：新材料创新应考虑社会公平和公正的原则。这包括确保新材料的普及是公平的，不会对社会中弱势群体产生不平等的影响，并考虑社会多样性。

(3) 安全和健康伦理：伦理要求新材料的制造和使用不会对人类健康产生负面影响，必须进行充分的风险评估，并采取措施来确保新材料的安全性。

(4) 隐私和数据伦理：一些新材料可能涉及数据收集和处理。伦理原则要求对个人隐私的尊重，确保数据的合法、透明和安全使用。

(5) 科学研究伦理：在新材料科学研究中，伦理原则要求诚实、透明和可复制的研究实践，以确保科学的可信度和道德性。

4. 慈善

(1) 慈善捐款：企业和富有社会责任感的个人可能会将一部分收入用于慈善事业，包括支持新材料创新。这些捐款可用于资助新材料研究、创新项目和技术开发，有助于推动更多的创新，其中同样包含了影响力投资和科学捐赠。

(2) 教育和培训：慈善机构和企业可以资助教育和培训项目，帮助培养新一代科学家、工程师和技术专家，特别是那些从事新材料领域工作的人才。

(3) 研究和发展：慈善捐款可用于资助新材料研究和创新项目，加速新材料技术的发展和商业化进程。

(4) 社区发展：企业和慈善机构可以支持当地社区的发展，特别是那些受益于新材料项目的社区。这可能包括改善基础设施、提供就业机会和提高生活质量。

(5) 技术援助：一些慈善机构支持技术援助项目，将新材料技术引入发展中国家，以改善当地生活条件和促进可持续发展。

(6) 全球健康和卫生：新材料创新可以在医疗领域产生积极影响。慈善机构可以支持医疗新材料的研发和应用，改善全球卫生状况。

5. 环境

(1) 减少资源消耗：新材料的创新通常旨在提高资源利用效率。这包括减少原材料的使用、降低能源消耗和减少废弃物产生。这有助于保护自然资源，降低对有限资源的依赖。

(2) 降低污染和废物：一些新材料具有更低的污染潜力，或者可以更容易地回收和再利用。这减少了有害废弃物的产生，有助于减轻对环境的影响。

(3) 可持续性：许多新材料是可持续的，包括可生物降解的材料、可再生资源制成的材料及循环利用的材料。这有助于降低对有害化石燃料和非可再生资源的依赖。

(4) 生态系统保护：新材料创新的实施需要考虑对生态系统的保护。这包括减少对生态系统的破坏、降低对野生动植物栖息地的影响，以及采取措施保护生物多样性。

(5) 水资源管理：一些新材料的应用有助于改善水资源管理，如高效节水材料、水质监测技术和水处理技术。这有助于减轻淡水资源短缺问题。

(6) 空气质量改善：新材料的应用有助于改善空气质量，降低有害颗粒物和有害气体的排放，对人类健康和环境产生积极影响。

(7) "碳中和"和气候变化：一些新材料创新直接有助于"碳中和"和应对气候变化。这包括碳捕获技术、碳储存技术和低碳交通工具材料的开发。

新材料创新推动科技进步，开发出具有更优异性能和特性的材料，为各行业提供更多可能性和解决方案。新材料的应用拓展可以改进现有产品、开发新产品，推动产业升级。新材料创新要关注环保和可持续发展，通过研发环保友好的材料，减少资源消耗和能源消耗，降低环境污染和碳排放，推动绿色制造和生产。新材料的创新可以提高资源利用效率，利用替代材料或废弃物再生产新材料，降低对稀缺资源的依赖，实现资源循环利用。新材料的创新可以优化产品性能，使产品更具竞争力和附加值，提升用户体验，满足市场需求。新材料的创新可以降低生产成本，提高生产效率，增加产品的市场竞争力。新材料创新可以应对各类现实问题，如医疗领域的生物材料、能源领域的高效材料等，为解决社会问题和提高生活质量做出贡献。新材料的创新可以推动相关产业的发展，形成产业链，带动相关产业的繁荣和成长。

然而，新材料的研发需要评估其对人体健康的影响，确保材料在使用过程中不会产生有害物质,同时,需要考虑制备过程中工作人员的安全。新材料的应用不能带来社会不平等,需要关注其对社会的影响,避免引发伦理和社会问题。新材料创新的先进性及广泛的应用场景,对社会责任各个维度产生着影响,而且很多领域可以上升到国家战略,因此,新材料创新必须多个主体共同主导,从新材料创新的角度,提供了科技创新应该成为"社会责任2.0"的核心要素的事实场景。新材料创新促进履行社会责任,进而实现可持续高质量发展的目标。

参 考 文 献

[1] 李政,郑敏仪,游浩坤,等.2021年中国新材料产业深度研究报告:从政策、中外产业发展对比、投融资环境、产业园规划出发、探寻新材料投资逻辑及国产替代机会[R].南京:头豹市场研读,2021.

[2] 国家新材料发展战略咨询委员会.全球新材料产业格局:美日欧大权在握,我国处第二梯队[R].北京:前沿材料,2019.

[3] 鲁方.新材料产业链全景图谱分析及政策解读[R/OL].OF Week新材料网,2023-05-31.

[4] 朱茜.2022年中国纳米材料产业全景图谱[R].深圳:前瞻产业研究院,2021.

[5] 王中林.纳米科学和纳米技术:发展领域和方向[J].中国科学基金,2001(6):337-341.

[6] 纳米科学与技术:现状与展望2019[R].Berlin:Springer Nature,2019.

[7] JIN Y T.碳化硅(SiC):新一代半导体材料,打开新能源车百亿市场空间[R].Hong Kong:Haitong International,2022.

[8] 施毅.碳化硅:第三代半导体之星:行业专题报告[R].杭州:浙商证券研究所,2023.

[9] 王哲昊.碳化硅:搭乘新能源发展东风:安信国际.TMT硬件行业深度[R].香港:安信国际,2023.

[10] 邹戈,谢璐,李振兴,等.复盘光伏玻璃十五年,行业迎来结构变化[R].广州:广发证券,2020.

[11] 余小丽.光伏玻璃:市场关注的五大问题[R].福州:兴业证券经济与金融研究院,2019.

[12] 王飞.TCO玻璃:小荷才露尖尖角,进口替代空间大[R].福州:兴业证券经济与金融研究院,2021.

[13] KOU Z,WANG J H,TONG X R,et al. Multi-Functional Electrochromic Energy Storage Smart Window Powered by CZTSSe Solar Cell for Intelligent Managing Solar Radiation of Building[J]. Solar Energy Materials and Solar Cells,2023(254).

第 7 章

生命科学

学习目标

(1) 了解生命科学产业链。
(2) 熟悉基因工程、再生医学、脑科学。
(3) 认识生命科学与社会责任。

7.1 生命科学概况

生命科学是一门综合性科学,研究生命现象及其相关的所有领域。它涵盖了对生物体、生物过程、生物系统及生物分子的结构和功能进行研究的广泛范畴。生命科学主要包括分子生物学、基因工程、细胞生物学、遗传学、再生医学、脑科学、生理学、生态学、进化生物学、生物技术等许多领域。

分子生物学:研究生物分子的结构、功能和相互作用,包括基因的表达调控、蛋白质合成、信号传导等分子级别的生物过程。

基因工程:应用分子生物学和遗传学的知识,对基因进行编辑、改造和传递,以实现人工控制生物体的基因表达和特性。

细胞生物学:研究细胞的结构、功能和生理过程,包括细胞的生长、分裂、信号传导和细胞器的功能。

遗传学:研究遗传信息的传递和变异,包括基因的遗传、遗传性状的表达及基因组的结构和功能。

再生医学:研究和应用组织和器官的再生和修复,以促进损伤组织的修复和替代。

脑科学：研究大脑的结构、功能和神经生物学，了解思维、感知、记忆等脑功能。

生理学：研究生物体的生理过程和功能，包括器官系统的功能、代谢过程、生物体对环境的适应能力等。

生态学：研究生物与环境的相互关系，包括生态系统的结构和功能、生物群落的组成和演变、生态平衡与生态保护等。

进化生物学：研究生物种类的起源、演化和适应能力，包括自然选择、物种形成和群体遗传学等。

生物技术：应用生命科学知识和技术，开发新的生物产品、生物治疗和生物工程等，推动医药、农业和环保领域的进步。

这些生命科学领域相互交叉、相辅相成，在医学、农业、环保、食品安全、能源等多个领域都发挥着重要的作用，在解决生命现象和社会问题中举足轻重。随着科技不断进步，生命科学的持续发展，为人类的健康、环境保护和可持续发展做出了重要贡献。

7.1.1 生命科学的发展现状

生命科学的发展可大致划分为描述生命、认识生命、改造生命、创造生命、把握生命5个阶段。

最早的生命科学研究主要是对生物体和生物现象的描述和记录。这个阶段主要关注观察和描述生物的形态、结构、特征和行为，积累了丰富的生物学知识。然后进入认识生命阶段，在认识生命阶段，生命科学开始探索生物体内部的结构和功能，揭示生物体内部的组织、细胞、基因等的作用和相互关系。分子生物学、细胞生物学、遗传学等学科逐渐成为主流。到了改造生命阶段，生命科学开始尝试对生物进行干预和改造。基因工程技术的出现使得人类可以对基因进行编辑和改造，实现对生物体的某些特性进行调控。现代生命科学逐渐进入了创造生命阶段，通过合成生物学等技术，科学家可以人工合成生物分子、细胞和生物体。这使得科学家能够创造出新型的生物体，推动生命科学的前沿研究。而把握生命阶段，生命科学将更加关注生命伦理学、生物伦理学等问题，探讨对生命进行应用和利用的道德和伦理问题。社会对于生命科学的应用也将更加谨慎和深入思考。

纵观生命科学的发展，已经经历了由描述生命、认识生命到改造生命3个阶段。科学家们一直力求在认识生命的基础上去改造生命，以求为人类带来更多的福祉。过去，由于人类认识自然手段的落后，人们只能从外观简单地去描述生命，因此，只能很粗糙地认识生命。显微镜的发现,使得人们认识到组成生命的基本单位是细胞;X 晶体衍射技术的发展,使得科学家们认识到组成生命遗传物质的 DNA 呈双螺旋结构;PCR 技术的出现,使得科学家们可以从分子水平去操作生命分子 DNA,因此,大大加快了人类揭示生命奥秘的进程。现在生命科学的发展已经能帮助科学家根据自己的意愿发展各种改造生命的手段和方法,而且效率更高、针对性更强,如转基因技术、基因工程技术、再生医学技术、脑科学技术及各种其他生物工程技术等。目前,高度自动化的 DNA 测序仪,使得科学家们有能力对生物的全基因组进行测序;生物芯片技术,可以帮助科学家从基因组的全景角度去了解生命过程的分子机制[1]。随着研究的不断深入,科学家们必将有能力创造出低级的、简单的生命形式,直至高级的、复杂的生命形式。当然需要小心才是,只是从科学发展的角度必将完成对生命的完全解码和编码。今后的生命科学发展必将使得人类有能力去创造生命,并把握生命,当然,这个阶段离我们仍有一定的距离。另外,还需要基于人类的法律、伦理和美学标准去指导。

总体而言,生命科学的发展经历了不断深入认识生命的过程,从描述生命到认识生命、改造生命、创造生命,最终到面对生命科学应用的伦理与道德问题。这些阶段的发展推动了生命科学的进步和应用,对人类社会的发展产生了深远的影响。

7.1.2　生命科学的全球格局

生命科学是一个全球性的科学领域,世界各国拥有众多生命科学的研究机构和学术领域,包括大学、研究所、实验室等。一些发达国家在生命科学研究方面具有显著优势,拥有世界一流的科研团队和设施,成为生命科学领域的领军者。尤其突出的是美国,美国是全球生命科学领域的领军国家之一。美国拥有众多世界一流的生命科学研究机构和大学,吸引了大量的科学家和研究人员。美国在基础生物学、分子生物学、基因工程、再生医学等领域取得了众多重要的科研成果,并在生物技术产业方面拥有较为完善的体系。欧洲国家在生命科学领域也有着重要的地位。例如,英国、德国、法国、瑞典等国家在生物学、医学、生态学等领域具有较高的研究水平。欧洲国家之间也常常进行合作,加强生命科学研究和技术交流。日本在生命科学领域也一直处于国际前列。日本在细胞生物学、脑科学、再生医学等方面的研究成果丰硕,也在生物技术产业上取得了重要进展。中国在生命科学领域也取得了显著的进展,成为全球生命科学研究的重要力量之一。中国在基础生物学、遗传学、生物技术等方面的研究日益深入,并在科研设施和人才培养方面加大了投入。中国政府对生命科学的支持力度不断增加,促进了生命科学的快速发展。由于各国之间经济、科技水平和政策等方面存在差异,生命科学的发展也存在差异。一些发达国家在生命科学方面投入巨大,取得显著成果,而一些发展中国家在科技和研究设施方面还面临一定的挑战。

生命科学的研究通常需要跨国际合作,世界各国科研机构和科学家之间保持着广泛的合作交流。国际合作有助于共享资源、加速科研进程和解决全球性的生命科学问题。通过生命科学领域的合作,许多重要的科学项目和研究都是跨国合作的成果。在生命科学领域合作的同时,各国之间的竞争也非常激烈。各个主要国家都在加大对生命科学的投入和支持,争夺科研成果、高端人才和技术创新。各国通过竞争和合作,共同推动生命科学的进步和应用,为全球社会的发展和健康做出贡献。同时,面对生物技术应用带来的伦理和法律问题,各国也在积极探索和规范相应的道德和法律框架。

7.1.3 生命科学的产业链

生命科学的产业链是指涵盖了生命科学研究和商业化生产及应用过程中所需的各类产品的全球产业体系。生命科学的综合服务体现在商业化中,同时,综合服务也是重要的一个类别,因此,生命科学的产业链主要包含以下四大类,如图7-1所示[2]。

	科研试剂	实验耗材	仪器设备	综合服务
特点	▶品类繁杂,下游应用广泛	▶日常消耗器,使用频率高	▶属于实验室基础投入	▶属于增值服务内容
举例	▶化学试剂:通用化学试剂、高端化学试剂 ▶生物试剂:蛋白类、分子类、细胞类	▶通用耗材:塑料耗材、玻璃器皿、口罩、手套等 ▶专用耗材:一次性反应袋、色谱填料(柱)、滤膜等	▶通用仪器:水浴锅、电子天平、离心机等 ▶分析仪器:质谱、色谱等 ▶专用设备:生物反应器 ▶安全控制:低温冰箱,无菌隔离器	▶检测服务(CRO) ▶基因测序服务 ▶实验室装修设计 ▶软件管理
复购	▶由于实验的重复性要求,多数科研试剂会复购	▶实验类耗材具有批量采购特点,多数需要复购	▶仪器设备使用年限较长,因此复购需求低	▶综合服务属于增值需求,复购频次取决于客户黏性

图7-1 生命科学的产业链

科研试剂:科研试剂是用于生命科学研究和实验的化学试剂,如抗体、酶、蛋白质、核酸等。这些试剂广泛应用于分子生物学、细胞生物学、免疫学、基因工程等领域,是生命科学研究的基础。

实验耗材:实验耗材是科研人员在实验室中使用的各种耗材和工具,如培养基、离心管、PCR试管、显微镜片等。实验耗材对于科研实验的顺利进行非常重要,保障了实验的准确性和稳定性。

仪器设备：生命科学研究和应用需要各种仪器设备来进行数据采集、分析和实验操作。例如，PCR仪、质谱仪、流式细胞仪、显微镜等仪器设备，它们均在生命科学领域扮演着关键的角色。

综合服务：生命科学的产业链还包括提供各类综合服务的机构，如生物样品库、基因测序服务、药物开发服务、合成生物学服务等。这些服务机构为科研人员和企业提供定制化的服务和解决方案。

生命科学的产业链的各个环节相互关联，共同构成了一个完整的生态系统。从科研试剂和实验耗材为研究提供基础支持，到仪器设备为研究提供先进的数据和分析手段，再到综合服务为研究和应用提供定制化的解决方案，每个环节都发挥着重要的作用，推动着生命科学领域的发展和进步。同时，这些环节之间也相互依赖和促进，形成了一个复杂而紧密的产业链体系。

7.2　基因工程

基因工程（genetic engineering）是一种利用生物技术手段对生物体的基因进行人为编辑和改造的过程。通过基因工程技术，可以向生物体的基因组中加入、删除或修改特定基因，从而改变生物体的遗传特性和表现型。这项技术的发展自20世纪70年代开始，对生命科学和相关领域产生了深远影响。

基因工程的应用非常广泛，通过基因工程技术，改良农作物、家畜和禽类的遗传特性，使其具有抗病虫害、耐逆性、提高产量等优势。基因工程为生物药物的研发和生产提供了重要的手段，同时，也有望治疗一些遗传性疾病。利用基因工程技术生产酶、激素、抗生素等生物产品，推动生物工业的发展。基因工程可用于生物修复，即利用改造的微生物去除有毒污染物，促进环境的净化。

然而，基因工程也伴随着一些伦理、安全性和道德问题，例如，对生态环境的潜在影响、基因编辑可能导致的遗传变异等，需要社会持续关注和合理引导。因此，在推进基因工程应用的同时，也需要加强法律、伦理和科学监管，确保其安全和可持续发展。

7.2.1 基因工程的背景

基因工程的发展背景可以追溯到 20 世纪初期，但其真正取得重大突破和快速发展是在 20 世纪后期。

基因工程得以诞生完全依赖于分子生物学、分子遗传学、微生物学等多学科研究的一系列重大突破。在 20 世纪 50 年代初期，James Watson、Francis Crick 等发现了 DNA 的双螺旋结构，揭示了基因的分子本质和遗传信息的存储方式，为基因工程奠定了基础。到了 20 世纪 70 年代初期，赫舍尔·阿特坎等发现了限制性内切酶，这是一类能够识别 DNA 特定序列并切割 DNA 分子的酶。限制性内切酶的发现为基因工程提供了关键的工具，使得科学家可以准确地剪切和拼接 DNA 分子。1972 年，保罗·伯格和斯坦利·诺曼·科恩成功地将细菌 DNA 的一个片段插入另一个细菌的 DNA 中，形成了第一个重组 DNA 分子，这是重组 DNA 技术的开创性实验。重组 DNA 技术的出现使得基因工程成为可能。1973 年，赫伯特·沃尔赛和斯坦利·科恩成功地构建了世界上第一例基因工程生物——一个携带病毒的细菌。这标志着基因工程的正式诞生。随着限制性内切酶和 DNA 合成技术的不断发展，基因克隆技术逐渐成熟。1978 年，科学家成功地克隆了第一个哺乳动物基因，奠定了基因克隆技术的基础。到了 20 世纪 80 年代，Sanger 测序方法的出现和不断改进使得基因测序技术更加高效和准确，推动了基因组学的发展和基因研究的深入。2012 年，CRISPR-Cas9 基因编辑技术的问世，使得科学家可以更加简便、准确地对基因进行编辑，进一步推动了基因工程的发展。如图 7-2 所示为基因测序技术的迭代过程[3]。

基因工程的快速发展在医学、农业、工业等领域产生了广泛的应用，为人类社会的发展和健康做出重要贡献。然而，基因工程也伴随着一系列伦理和安全问题，需要科学家和社会共同努力，确保其合理、安全和可持续发展。

7.2.2 基因工程的发展路线图

基因工程的发展路线图可以从两个角度来描述，首先是从基因工程主要步骤的角度描述如下。

第一步是基因分离。基因工程的第一步是从生物体的 DNA 中选择目标基因，并将其分离出来。科学家使用不同的技术和方法，如 PCR、DNA 测序等，来选择和提取

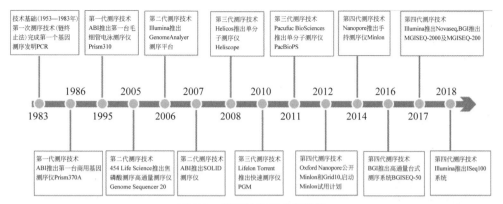

图 7-2 基因测序技术的迭代

所需的基因序列。

第二步是基因修饰。在基因分离后,科学家对目标基因进行修改和编辑,以实现特定的目的。基因修饰可以包括插入新基因、删除不需要的部分、修复缺失的基因序列或改变基因的排列顺序等。

第三步是基因克隆。基因修饰后的目标基因需要被放置到一个载体中,形成重组 DNA 分子。载体可以是质粒子、病毒或其他形式的 DNA 分子,具体选择取决于应用的需求。重组 DNA 分子的构建过程称为基因克隆。

第四步是基因转染。完成基因克隆后,重组 DNA 分子需要导入目标细胞,这个过程称为基因转染。基因转染可以通过不同的技术实现,如转染剂、电穿孔、病毒载体等,以确保重组 DNA 成功进入目标细胞。

第五步是基因表达。一旦重组 DNA 成功导入细胞,目标基因开始在细胞内表达,并产生所需的蛋白质或 RNA 产物。基因表达的成功与否直接影响着基因工程的效果和应用。

其次从基因工程产业链角度描述,基因工程产业链是一个涵盖了基因工程在不同领域应用的全过程体系,包括基因检测、基因诊断、基因治疗、基因合成、DNA 存储等环节,如图 7-3 所示[4]。

基因检测是对个体或种群的基因组进行分析和检测的过程。早期的基因检测主要用于确定遗传病风险、遗传性疾病的诊断等。随着技术的进步和成本的降低,基因检测逐渐广泛应用于个体基因组测序、个人健康风险评估、个体化医学等领域。

基因诊断是根据基因检测的结果,对个体患病风险进行准确诊断的过程。基因诊

图 7-3 基因工程产业链

断在临床医学中扮演着重要角色,可以帮助医生对遗传性疾病做出准确诊断,并制定个体化的治疗方案。

基因治疗是利用基因工程技术,修复或替代患者的异常基因,以治疗遗传性疾病的过程。基因治疗在医学领域被视为一种潜在的革命性治疗方法,可以治愈或减缓一些无法通过传统药物治疗的疾病。

基因合成是通过化学合成手段,合成特定的基因序列。基因合成技术使得科学家可以合成人工基因、优化基因组等,为生物工程和合成生物学提供了重要工具。

DNA 存储是通过将数字信息通过转换编码为 DNA 序列,以实现数字信息在

DNA分子中的长期存储。DNA存储技术被认为是一种高效、持久、安全的信息存储方法,在数据存储领域有着重要的应用前景。

基因工程产业链的发展路线图涵盖了基因工程在医学、生物科技、信息技术等多个领域的应用。这些领域的不断发展和创新将推动基因工程产业链的进一步完善和拓展,为人类社会的健康和可持续发展做出重要贡献。同时,随着技术的不断发展,对伦理、安全和社会道德的关注也是十分重要的,需要持续关注和引导。

7.2.3 基因工程技术创新

基因工程技术创新是指不断推动基因工程领域发展的新理念、新方法和新技术的出现和应用。随着科学的进步和技术的不断发展,基因工程技术在以下很多方面实现了重要的创新。

(1) CRISPR-Cas9是一种革命性的基因编辑技术,它是由细菌天然的免疫系统启发而来。该技术可以精准地剪切和编辑DNA序列,使得科学家可以更简便、准确地修改生物体的基因,具有广泛的应用前景,包括基因治疗、农业生产等[5]。除了CRISPR-Cas9,还有其他基因组编辑技术不断涌现,如CRISPR-Cas12、CRISPR-Cas13等。这些技术的出现丰富了基因工程的工具箱,提供了更多的选择和灵活性。

(2) 基因合成技术随着化学和生物技术的进步而不断发展,使得科学家可以合成大量的人工基因和DNA序列。这项技术为合成生物学和生物工程领域提供了重要的工具和资源,推动了合成生物学的快速发展。合成生物学是一门涉及基因工程、系统生物学、计算生物学等多学科的综合性科学,旨在构建和设计生物系统。这一领域的发展不断推动基因工程技术的创新和应用。基因工程技术在疫苗研发方面的创新对于全球公共卫生具有重要意义。基因疫苗技术利用基因工程手段来合成和表达病原体的抗原,为疫苗的开发提供了新的途径和方法。

(3) DNA存储技术是一种新兴的信息存储方法,通过将数字信息编码为DNA序列,实现信息的长期存储。这种技术的出现对于数字信息的保护和存储具有重要意义。进一步的信息化及数字化意味着企业将对敏捷性、分析能力和自动化等领域进行创新。随着企业大力推动价值链数字化,企业领导者,不只是首席信息官(CIO)或首席数字官(CDO),而是整个管理团队,都在积极响应数字化转型。数字化转型在企业的每一个部门都势在必行,包括研发、生产、供应链到商业部门,甚至人力资源等核心职能部门。数字化转型创新不仅是基因工程,而且是整个生命科学很多环节的重要创新领域,如图7-4所示[6]。

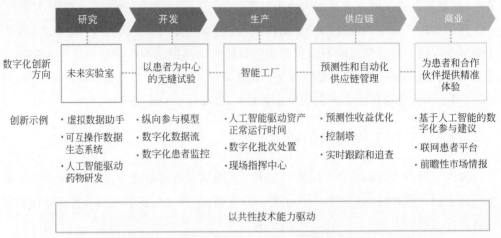

图 7-4　从"研发到商业化"全方位的数字化创新

这些创新和进步为基因工程技术的应用拓展了新的可能性,并对医学、农业、环境保护等领域产生了积极的影响。然而,随着技术的不断推进,也需要继续关注其伦理、安全和社会影响,确保其合理、负责任的应用。

7.2.4　基因工程与社会责任

基因工程是一种利用分子生物学技术对生物体的基因进行改造和调控的方法,具有广泛的应用前景,但同时也引发了伦理、社会和环境等方面的讨论和关注。基因工程与社会责任之间存在密切的关系,需要在科技创新、伦理准则、环境保护和社会参与等方面取得平衡。

基因工程涉及对生物体基因的修改和操作,可能涉及生命的改变。科学家和研究者需要遵循伦理准则,确保基因工程的应用不会对生物体造成不可逆的伤害。同时,需要确保基因工程的安全性,避免可能的生态风险。在人类基因编辑领域,如CRISPR-Cas9技术,需要严格遵循伦理原则。对人类基因的编辑需要慎重考虑,避免涉及道德和法律等问题,如基因改造的目的是否合理,是否影响到后代的基因传递等。2018年,中国科学家韩建平宣布成功编辑了人类胚胎中的基因,引发了国际社会的广泛关注和争议[7]。

基因工程可能引起生态系统的变化,对环境产生影响。在推广基因工程应用前,需要进行充分的环境影响评估,预测潜在的生态风险,采取适当的风险管理措施。转基因食品是将外源基因插入作物中,以赋予其特定性状,如抗虫害、耐干旱等。转基因食品的上市和消费引发了食品安全和环境风险的讨论,涉及食品监管、食品标识和消费者权益等问题。

基因工程的应用涉及公众,需要公众的理解和支持。科学界需要与公众进行开放的沟通,提供准确的信息,让公众了解基因工程的科学原理、潜在影响和社会价值。推广基因工程应用需要教育公众,提高科学素养。科学普及可以减少公众误解和不确定性,促进公众对基因工程的理解。基因工程的应用涉及科技创新和经济利益,但同时需要考虑社会的公平性,避免科技创新造成社会不平等。

基因工程作为一项具有潜在风险和伦理挑战的技术,各方机构在开展相关研究和应用时需要承担相应的社会责任,应将社会利益置于首位,确保其研究和产品对社会的积极影响和贡献。

7.3 再生医学

再生医学(regenerative medicine)是一门综合性的医学领域,是制作具有功能与生命性的身体器官组织,用于修复或是替换身体内因为老化、生病、受损所造成的不健康的器官与组织,或是以其他方式来刺激体内组织或是器官再生的方法。再生医学的目标是恢复受损组织或器官的功能,从而提高生活质量和延长寿命。

再生医学的核心理念是通过生物材料、细胞培养、干细胞、基因工程等技术,促进身体组织的再生和修复。干细胞是一类具有自我更新和分化潜能的细胞,可以分化成各种类型的细胞。干细胞研究是再生医学的重要组成部分,通过研究和利用干细胞,可以促进组织的再生和修复。组织工程是指利用生物材料和细胞培养技术,构建功能性组织和器官。例如,利用支架和干细胞构建人工心脏瓣膜或人工皮肤等。再生医学也涉及器官移植领域,例如,心脏、肾脏、肝脏等器官移植,帮助患者恢复受损器官的功能。

再生医学对医学领域的发展具有重要意义,它有望为许多患者提供新的治疗选择和更好的康复前景。然而,再生医学领域也面临一些挑战,包括技术的安全性、效率和伦理等问题。因此,推进再生医学的发展需要不断的科学研究和严谨的伦理监管,以确保其在医学实践中的负责任应用。

7.3.1 再生医学的背景

再生医学的发展背景可以追溯到 20 世纪初期,但其真正取得重大突破和快速发展是在 20 世纪后期。

在 20 世纪六七十年代,细胞生物学和组织工程的发展为再生医学奠定了基础。科学家开始研究细胞的生物学行为和分化过程,探索细胞如何在体内实现自我修复和再生。第一位提出"组织工程学"术语的是美籍华裔科学家冯元桢教授。组织工程学的基本原理是,从机体获取少量活组织的功能细胞,与可降解或吸收的三维支架材料按一定比例混合,植入人体内病损部位,最后形成所需要的组织混器官,以达到创伤修复和功能重建的目的。组织工程被认为是继细胞生物学和分子生物学之后,生命科学发展史上又一新的里程碑,组织工程学的出现,将外科学带入了再生医学的新阶段。20 世纪 80—90 年代,干细胞研究成为再生医学的一个重要领域。科学家发现干细胞具有自我更新和分化为多种细胞类型的能力,这使得干细胞成为再生医学的重要工具。从 20 世纪 60 年代起,器官移植手术取得了显著的成功,如肾脏、心脏等器官的移植手术。这些成功案例为再生医学的发展提供了重要的经验和借鉴。在 20 世纪 70—80 年代,基因工程技术的迅速发展推动了再生医学的进步。基因工程技术为基因治疗、基因编辑等再生医学领域提供了重要的工具和方法。1998 年,詹姆斯·汤姆森和他的团队首次成功地从人类胚胎中分离出人类胚胎干细胞。这一突破引发了干细胞研究的热潮,成为再生医学领域的重要里程碑。2006 年,日本科学家山中伸弥成功地通过诱导多能干细胞技术(iPS 细胞技术)将成体细胞转化为类似胚胎干细胞的状态。这一发现在再生医学领域具有重大意义,为患者提供了个体化的再生医学治疗选择。

这些重大的科学突破和技术进步为再生医学的快速发展提供了坚实的基础。随着科技的不断进步,再生医学有望为许多疾病的治疗和人类健康做出更大的贡献。同时,再生医学领域也面临一些挑战和伦理问题,需要科学家和社会共同努力,确保其合理、安全和可持续发展。

7.3.2 再生医学的发展路线图

再生医学从狭义上讲是指利用生命科学、材料科学、计算机科学和工程学等学科的原理与方法,研究和开发用于替代、修复、改善或再生人体各种组织器官的定义和信息技术,其技术和产品可用于因疾病、创伤、衰老或遗传因素所造成的组织器官缺损或功能障碍的再生治疗。而从广义上讲,再生医学可以被认为是一门研究如何促进创伤与组织器官缺损生理性修复,以及如何进行组织器官再生与功能重建的新兴学科,可以理解为通过研究机体的正常组织特征与功能、创伤修复与再生机制及干细胞分化机理,寻找有效的生物治疗方法,促进机体自我修复与再生,或构建新的组织与器官以维持、修复、再生或改善损伤组织和器官功能[8]。因此,再生医学是非常综合的一门学科。再生医学的发展路线是与许多相关领域发展息息相关的。

从再生医学的产业链图谱,如图 7-5 所示,可以看出再生医学的详细体系架构[9]。因此,再生医学的发展路线图是一个综合性的发展过程,涵盖了多个关键技术和领域的进步。

再生医学的早期阶段主要集中在对细胞和组织的研究。科学家开始探索细胞的生物学行为,寻找具有再生潜能的细胞类型,并研究组织的再生和修复机制。随着对生物材料研究的深入,天然生物材料开始被应用于再生医学。这些生物材料可以作为支架或模板,促进细胞生长和组织再生。再生医学的发展也涉及分子药物的研发。科学家研究和开发分子药物,以激活或抑制细胞和组织的生物学过程,促进治疗和再生。基因技术在再生医学中扮演着重要角色。基因编辑技术如 CRISPR-Cas9 的发展使得科学家可以精确地修改基因序列,为基因治疗和修复提供了强大工具。组织工程技术是再生医学的重要组成部分。科学家利用生物材料和细胞培养技术构建人工组织和器官,为组织再生提供支持。目前在一般情况下,组织工程和再生医学没有严格区分,再生医学的内涵随着研究的深入正在不断扩大,包括组织工程、细胞和细胞因子治疗、基因治疗、微生态治疗等,国际再生医学基金会(IFRM)已经明确把组织工程定为再生医学的分支学科[8]。干细胞技术是再生医学的核心技术之一。干细胞具有自我更新和分化为多种细胞类型的能力,可用于再生和修复受损组织。

随着技术的进步和临床研究的深入,再生医学的应用逐渐拓展到临床实践。临床试验和转化研究对于验证再生医学技术的安全性和有效性至关重要。未来,再生医学有望与个性化医学融合。通过结合个体的遗传信息和细胞特性,定制化的再生医学治疗方案将成为可能。

再生医学的发展是一个不断积累知识、技术突破和实践探索的过程。它代表了医学领域在探索新的治疗方法和应对医学难题方面的前沿进展。然而,随着再生医学的

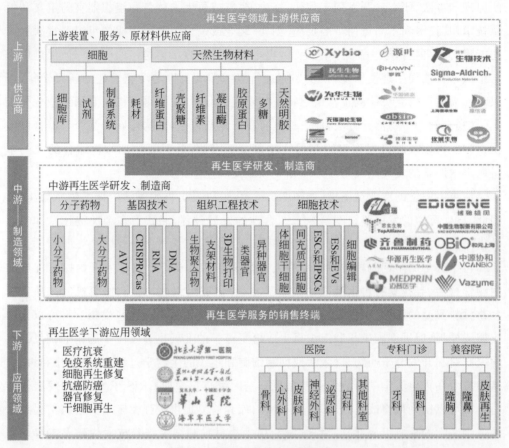

图 7-5 再生医学的产业链图谱

应用不断拓展,也需要严格遵循伦理标准和安全措施,确保其合理、安全和可持续发展。

7.3.3 再生医学技术创新

再生医学作为一个不断发展的领域,涵盖了多项技术和方法的创新。

干细胞是再生医学的核心技术之一。近年来,科学家通过不断改进培养和分化技术,实现了从多种来源获取干细胞,并成功将其应用于治疗不同类型的疾病和损伤。例如,单细胞转录组学技术的应用不断推动了对干细胞分化和功能的理解。基于人类多能干细胞(hPSC)的替代疗法为帕金森病(PD)的治疗带来了巨大希望。不同标记分选的移植物具有惊人一致的细胞组成，其中，mDA 神经元富集，而脱靶神经元类型大多耗尽，表明移植结果稳定。研究提供了对 mDA 神经元分化过程中细胞异质性的更好理解，并建立了一种实现稳定且可预测治疗结果的、生成高度纯化供体细胞的策略，提高基于人类多能干细胞对帕金森病细胞替代疗法的前景，如图 7-6 所示[10]。还有诱导多能干细胞技术(iPS 细胞)，iPS 细胞技术也是一种重要的干细胞技术，通过重新编程成体细胞，使其获得类似胚胎干细胞的特性。这种技术可以避免使用胚胎干细胞，有望实现个体化的再生医学治疗。这些最新的研究成果展示了干细胞技术在再生医学领域的重要进展，为治疗疾病和再生组织提供了新的科学依据和希望。这些成果所涉及的研究方法和技术对于干细胞研究和再生医学的发展都具有重要的启示和推动作用。

组织工程技术涉及使用生物材料和细胞培养技术构建人工组织和器官。科学家不断探索新的生物材料和 3D 打印技术，以实现更精确和复杂的组织工程。例如，最近的研究中，科学家利用 3D 生物打印技术成功地构建了复杂的人工组织，如人工心脏瓣膜和肝脏组织，为器官替代和再生医学提供了新的途径。

人体组织 3D 生物打印过程，如图 7-7 所示[11]。

（1）前处理：从人体分离细胞并进行体外细胞扩增，利用磁共振成像(MRI)或计算机断层扫描(CT)获得目标组织的结构信息并创建打印模型，如耳、肾、骨。

（2）加工：生物墨水制备，在 MRI 或 CT 扫描组织模型引导下对 3D 细胞支架进行 3D 生物打印。

（3）后处理：用于体外支架成熟为 3D 功能性人体组织的生物反应器培养系统，以及 3D 生物打印人体组织的潜在应用。

这些最新的研究成果及技术创新展示了组织工程技术在再生医学领域的重要进展，为构建复杂组织和器官、体外培养组织器官等提供了新的方法和技术支持。这些成果为再生医学的发展带来了新的可能性，有望为治疗疾病和组织修复提供更加有效和精确的治疗方案。

由于再生医学的综合及交叉的特性，许多方向的技术创新都属于再生医学创新的一部分。例如，再生医学领域开始涌现基因疫苗技术，利用基因工程技术构建和表达病原体的抗原，用于预防和治疗感染性疾病。脱细胞技术是一种将细胞从组织中去除，保留细胞外基质的方法。脱细胞的组织提供了理想的支架，可用于再生和修复受损组织。通过基因工程技术，科学家可以修复患者的遗传缺陷或缺失的基因，治疗遗

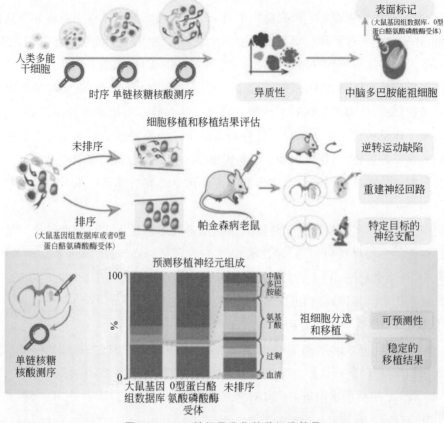

图 7-6　mDA 神经元分化的单细胞转录

传性疾病,并为患者提供个体化的治疗方案。

这些技术创新为再生医学的发展提供了新的可能性和希望,为治疗各种疾病和损伤提供了新的选择和方法。然而,随着技术的应用,也需要继续关注其安全性、伦理问题及社会接受程度,以确保其负责任和可持续发展。

7.3.4　再生医学与社会责任

再生医学是一门致力于修复、替代、再生人体组织和器官的领域,涉及干细胞研究、组织工程、生物打印等技术。由于其涉及生命科学和医学的前沿,再生医学的发展也引发了一系列的社会责任和伦理问题。

再生医学涉及的胚胎干细胞研究和使用,引发了伦理问题,如胚胎是否具有人的

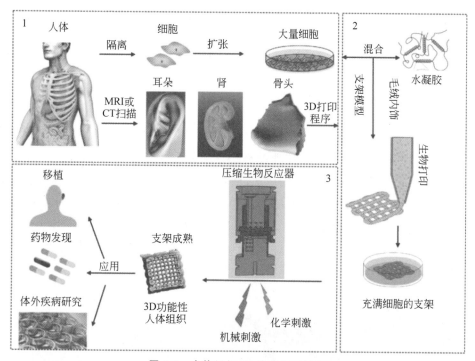

图 7-7 人体组织 3D 生物打印过程

地位、胚胎干细胞的获得途径等。不同国家和地区的法律对这些问题有不同的规定,需要平衡科学研究和伦理准则。2006 年,日本科学家山中伸弥通过发现诱导多能性干细胞,避免了使用胚胎干细胞,缓解了一部分伦理问题[12]。造血干细胞移植在治疗血液疾病方面具有巨大潜力。然而,获取合适的干细胞和配型困难等问题,使得公平获取治疗成为社会责任的焦点。利用生物打印和组织工程技术,可以培养人体器官进行移植。这一领域的发展需要考虑器官捐赠、安全性和道德问题。

再生医学作为一项涉及生命健康的前沿科技,再生医学的发展和应用需要科技企业在尊重道德和伦理的前提下,承担相应的社会责任。由于再生医学涉及对生物体的探索和干预,科技企业在开展研究和开发时必须严格遵守伦理和法律标准。保障研究对象的知情同意、保护隐私权等是应尽的基本责任。再生医学领域的发展需要在科技创新的同时,充分考虑伦理、法律、患者权益、公平性等多重社会责任。国际社会、科学界和政府需要共同合作,制定适当的准则和规定,共同推动再生医学在全球范围内的可持续发展。

7.4 脑科学

脑科学是一门研究大脑结构、功能和行为的学科。它是跨学科的领域,涵盖了神经生物学、心理学、认知科学和计算神经科学等多个学科的内容。脑科学的目标是了解大脑是如何工作的,以及它在产生认知、行为、情感和意识等方面的作用。狭义地讲就是神经科学。广义的定义是研究脑的结构和功能的科学,还包括认知神经科学等。大脑不同皮层的部位有不同的功能。例如,大脑后方是视觉功能区,最前方的上侧有运动功能区、感觉功能区、嗅觉功能区,前方还有语言功能区,如图7-8所示[13]。

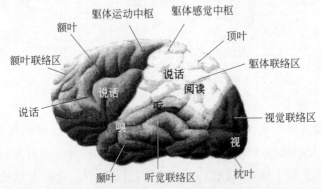

图7-8 大脑皮层的各个区域负责不同的脑功能

脑科学的主要研究内容包括以下内容。

神经解剖学:研究大脑的结构,包括神经元(神经细胞)的类型、连接方式和分布。

神经生理学:研究神经元的生物电活动和神经递质的传递,以及脑区之间的信息传递。

认知神经科学:探索大脑如何支持认知功能,如注意力、记忆、学习、语言和感知等。

系统神经科学:研究大脑的不同区域如何协同工作以产生特定的行为和功能。

计算神经科学:运用数学和计算模型来理解神经系统的运作原理和信息处理机制。

神经影像学：使用不同的神经影像技术（如脑电图、功能性磁共振成像）来观察大脑的活动。

神经可塑性：研究大脑如何适应环境变化和学习经验，并调整其结构和功能。

脑科学的研究对于理解和解决与大脑相关的各种问题和疾病，如神经退行性疾病（如阿尔茨海默病）、神经精神障碍（如抑郁症、焦虑症）及大脑损伤等具有重要意义。同时，脑科学的进步也为发展智能技术和人工智能提供了重要的参考和启示。

7.4.1　脑科学的背景

大脑是人体最重要的器官，也可能是最复杂的物体——结构复杂、功能复杂。人脑约有 1000 亿个神经元，彼此通过突触连接等方式构成了错综复杂的神经网络。虽然人类对大脑的探秘从未停止，而且有近 1/3 的诺贝尔生理学或医学奖与脑科学有关，但是，目前人类对大脑的认识和理解依然有限。脑科学的发展背景可以追溯到古代，但它却在近代和现代得到了迅速发展。

早期的脑科学思想可以追溯到古埃及、古希腊、古印度和中国等文明。早期的哲学家、医生和思想家对大脑和心智的关系进行了探讨。例如，古希腊的亚里士多德认为心脏是思维和感知的中心。在文艺复兴时期，人体解剖学的研究蓬勃发展。安德烈斯·维萨利（Andreas Visali）等解剖学家开始系统地研究大脑的结构，为后来的脑科学研究奠定了基础。在 19 世纪初期，德国解剖学家和生理学家约翰·瓦伦布格（John Valenburg）首次提出了神经元说，认为神经系统是由无数个独立的神经元组成，并通过突触进行信息传递。这个理论为后来的神经科学奠定了基础。在 19 世纪后期，神经电信号的发现和电生理学的发展为研究神经信号传递提供了关键工具。赫尔曼·冯·亥姆霍兹和其他科学家的工作在这一领域取得了突破。在 20 世纪初期，神经科学逐渐成为一个独立的学科。不同学科的合作和交流促进了对大脑结构和功能的深入研究。加强脑图谱绘制，如路易斯·阿利哈特（Luis Alihart）的神经解剖学研究，有助于理解神经元连接和脑回路。

在 20 世纪末期和 21 世纪初期，脑成像技术，如功能性磁共振成像（fMRI）和脑电图（EEG）等得到迅速发展。这些技术使得科学家能够非侵入性地观察大脑活动，并研究认知和行为的神经基础。随着计算机技术的进步，计算神经科学逐渐兴起。计算模型的应用使得科学家能够更好地理解大脑的信息处理机制。神经可塑性研究表明，大脑在不同的学习和经验中能够重塑自身的结构和功能，这为神经康复和治疗提供了新的途径。

脑科学的发展得益于不断增长的跨学科合作、先进的技术手段和研究方法，以及对大脑和神经系统理解的不断深化。随着时间的推移，脑科学将继续为人类揭示大脑这一神秘宝藏的奥秘。神经科学最关键的一点，就是理解大脑网络结构的形成与功能。

7.4.2 脑科学的发展路线图

由于脑科学的重要性、复杂性及综合性，脑科学的发展路线图从几个主要国家的发展计划中可以看得更加清楚。

美国一直是脑科学研究的领先者之一。它拥有许多顶尖的研究机构和大学，如国立卫生研究院（NIH）、斯坦福大学、哈佛大学和麻省理工学院等。美国在脑成像技术、神经可塑性、认知神经科学等领域处于国际领先地位。美国前总统奥巴马于2013年启动的"脑计划"（Brain Initiative）。"脑计划"是美国政府倡议的一项大规模研究计划，旨在加速对大脑功能和复杂性的理解。该计划于2013年4月由奥巴马总统宣布，并由多个美国政府机构共同支持，包括国立卫生研究院、国家科学基金会（NSF）、国防部高级研究计划局（DARPA）等。此计划还与私营部门、大学和国际伙伴合作，组织架构如图7-9所示[14]。

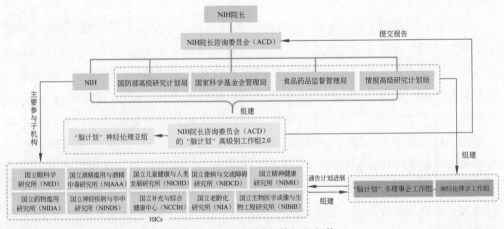

图7-9 美国"脑计划"的组织架构

"脑计划"的目标是开发新的技术和工具，以探索大脑的基本工作原理，例如，神经元的活动、神经网络的连接方式及大脑中信息的传递和处理。该计划主要聚焦于神经科学、计算神经科学和神经工程学等交叉学科,以推动脑科学和神经技术的进步。在"脑计划"的支持下,科学家们进行了大量关于神经元活动的研究,推动了脑成像技术和神经调控技术等的发展,并在对大脑认知功能、神经可塑性等方面取得了许多重要的发现。该计划对脑科学领域的研究起到了重要的支持和推动作用。

而瑞士早在2005年就推行了"蓝脑计划"(The Blue Brain Project)。其名字"蓝脑"源自于该计划创建者亨利·马克拉姆(Henry Markram)的脑神经元模型项目。该计划的主要目标是创建一个精确的数字化脑模型,以模拟人类大脑的神经元活动和神经网络连接。"蓝脑计划"包括从实验室获取神经元数据、开发神经元模型和神经网络模型,以及使用高性能计算设施进行大规模脑模拟。它使用先进的计算技术,包括超级计算机,以处理复杂的神经元连接和大规模的神经网络模型[15]。该计划的成果在大脑科学和计算神经科学领域引起广泛关注。它为神经学家和计算科学家提供了一个实验和研究的平台,以深入研究大脑的结构和功能。尽管"蓝脑计划"在一些方面取得了重要进展,但模拟整个人脑仍然是一个巨大的挑战,并且引发了一些争议。

基于"蓝脑计划",欧盟的"人脑计划"(Human Brain Project)是一项旨在模拟和理解人类大脑的大规模跨学科研究计划。该计划于2013年由欧盟委员会启动,是欧盟支持的最大脑科学项目之一。它汇集了来自欧洲各地的数百名科学家和研究人员,涵盖了神经科学、计算科学、信息技术等多个领域。"人脑计划"的主要目标是通过脑模拟,对人脑的结构和功能进行深入研究,并推进对神经系统疾病的认识和治疗。为了实现这一目标,该计划运用高性能计算和大数据分析技术,构建了一个名为"脑模拟器"的复杂计算模型,试图模拟大脑的神经元活动、神经网络和信息处理过程。除了脑模拟,该计划还涵盖了许多相关领域的研究,如神经科学、脑成像技术、神经计算学、神经工程学等。该项目还强调数据共享和跨学科合作,以促进不同领域的交流和合作[16]。然而,"人脑计划"在启动初期曾经引起一些争议和批评。有些科学家和研究者对该计划的实施方法和目标提出了质疑,认为在短期内实现对人脑的完整模拟是不现实的,并认为资金的分配和项目管理存在问题。自该计划启动以来,欧盟委员会对其进行了调整和改进,并继续支持脑科学研究和技术发展。无论是成功还是争议,该计划都在促进欧洲脑科学领域的发展,并为理解人脑和神经系统提供了新的研究途径。瑞士、德国、英国、法国等国家都在脑科学领域有着世界级水平的研究机构。

日本在脑科学领域也有着显著的研究成果,尤其在神经细胞和神经元连接的研究方面。日本政府支持的一个重要脑科学项目——BRAIN/MINDS旨在整合多种神经科学技术和方法,以深入了解大脑的结构和功能,并将这些知识应用于研究脑疾病。BRAIN/MINDS项目于2014年启动,计划为期10年,是由日本科学技术振兴机构(Japan Agency for Medical Research and Development,AMED)领导的合作项目。该项目的主要目标之一是创建一个高度精细的大脑地图,以展示大脑内部各种细胞类型的分布、连接方式和功能。为了实现这个目标,BRAIN/MINDS项目整合了多种高级神经科学技术,包括高分辨率的脑成像技术、单细胞RNA测序技术、光遗传学及神经元追踪等。这些技术的结合可以更全面地理解大脑的复杂结构和功能[17]。通过BRAIN/MINDS项目,日本希望推动脑科学和神经技术的发展,并促进对神经系统疾病的认识。这项研究对于发展神经科学的理论和应用,以及为脑科学技术提供新的突破,具有重要的意义。

中国在脑科学领域取得了快速发展,政府对科学研究的投资不断增加。中国的一些大学和研究机构在脑科学领域取得了显著进展,尤其是在脑成像技术和神经可塑性方面。2014年,中国启动了名为"脑计划"的重要脑科学项目,也称"中国脑科学研究计划"。该项目旨在推动脑科学和神经技术的发展,加强对大脑结构和功能的研究,以及深入探索与大脑相关的各种问题和疾病,如图7-10所示[18]。该项目包括推进脑科学研究,加强对大脑结构、功能和行为的研究,提高对大脑工作原理的理解。发展神经技术,开发和应用新的神经科学技术和工具,如脑成像技术、脑电图、单细胞测序等,以促进脑科学研究的进展。促进国际合作,与其他国家和地区开展脑科学领域的交流与合

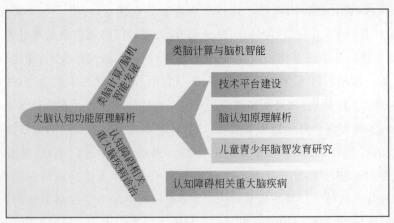

图 7-10　中国"脑计划"整体布局

作,共同推动脑科学研究的发展。将脑科学的研究成果应用于医学和工程领域,帮助改善神经系统疾病的治疗和脑-机接口技术的发展。

作为国家项目,中国的大脑研究项目于2021年启动。中国科技部正式发布科技创新2030"脑科学与类脑研究"重大项目2021年度项目申报指南的通知,涉及59个研究领域和方向,国家拨款经费预计超过31.48亿元。

中国"脑计划"是中国政府和科研机构联合推进的重要科学计划,旨在提升中国在脑科学领域的研究和创新能力,并为解决与大脑相关的重大科学和医学问题提供有力支持。

除了上述国家以外,英国、德国、法国、加拿大、韩国等在近十来年也在"脑计划"中投入重金,总结如表7-1所示[19]。

表7-1 近十年来各主要国家"脑计划"中的财政投入

国际脑科学相关计划及关注领域列举			
国家/地区	相关规划计划	布局重点	公共财政投资力度
美国	"神经科学研究蓝图"(2004年至今)"通过推动创新型神经技术开展大脑研究"计划(2013年)	重大神经疾病、全谱系相关重大技术	超过20亿美元/年
欧盟	2013年确定人类脑计划为"未来和新兴技术"之一	重大疾病、大脑计算模拟	1亿欧元/年,共10年
英国	英国医学研究理事会(MRC)(2010—2015年)	基础神经科学、神经退行性疾病	超过1.2亿英镑/年
德国	建设Bernstein国家计算神经科学网络项目,2010年进入二期	计算神经科学	超过4000万欧元
法国	2010年发布"神经系统科学、认知科学、神经学和精神病学主题研究所"发展战略	基础神经科学、神经退行性疾病	2011年资助9500万欧元
加拿大	提出"加拿大脑战略"	神经疾病	2011财年预算拨款1亿加元
日本	2008年启动"脑科学研究战略研究项目";2014年出台为期10年的"BRAIN/MINDS计划"	重大神经疾病、脑基智能、新技术	超过4000万美元/年
韩国	将脑科学上升为国家战略,"第二轮脑科学研究推进计划"(2008—2017年)	重大神经疾病、脑技术与信息技术融合	13.8亿美元/10年

这些国家的脑科学研究都在不断取得新的突破,未来随着科技的发展,脑科学的

研究将会进一步拓展人类对大脑奥秘的认知。

7.4.3 脑科学技术创新

脑科学技术创新是脑科学领域不断发展的关键驱动力。随着科技的进步,许多新技术和工具被应用于脑科学研究,为我们深入了解大脑的结构和功能提供了新的机会。同样,因为脑科学的重要性和复杂性,脑科学技术的创新也是最丰富和最有潜力的。下面列举几个代表性的创新领域。

脑成像技术是一类用于观察和测量大脑活动的非侵入性方法。它们允许科学家在活体状态下研究大脑的结构、功能和代谢活动。功能性磁共振成像(fMRI)是一种通过测量大脑局部血流和氧合水平变化来反映神经活动的技术。它可以显示不同脑区的活动,用于研究任务执行、感知、认知和情绪等大脑功能[20]。结构性磁共振成像(sMRI)是一种用于获取大脑结构信息的成像技术。它可以显示大脑的形态、大小和形状,用于研究大脑结构的差异及与神经系统疾病的关联。脑电图(EEG)是一种记录大脑皮层电活动的技术。它可以用于研究大脑的时域特性,例如,观察不同神经元群体的同步和异步活动[21]。脑磁图(MEG)是一种记录大脑磁场变化的技术。它可以测量神经元活动产生的微弱磁场,用于研究大脑功能和神经网络的连接。正电子发射断层成像(PET)是一种通过注射放射性示踪剂来测量大脑代谢和神经递质活动的技术。它用于研究与特定生物学过程相关的脑区活动。单光子发射计算机断层成像(SPECT)是一种用于测量脑区血流和代谢的成像技术。其中,功能性磁共振成像(fMRI)和脑电图(EEG)是最为常见的技术。fMRI 可以测量脑血流和氧合水平的变化,从而反映不同脑区的活动。EEG 记录了大脑皮层的电活动,对研究大脑的时域特性具有重要意义。

光遗传学(optogenetics)是一种使用光敏蛋白来控制和观察神经元活动的技术。通过在神经元中引入光敏蛋白,科学家可以使用激光或光纤来精确控制神经元的激活或抑制,从而研究神经元网络的功能和连接[22]。光遗传学技术的发展为神经科学研究提供了一种强大的工具,它被广泛应用于理解大脑的运作机制和研究神经系统疾病。

脑-机接口技术(brain-computer interface,BCI)是一种将脑部信号与计算机或外部设备相连接的技术。它允许人类通过大脑活动与机器进行直接交互,实现脑控制的外部设备,如肢体假肢、电动轮椅、计算机游戏、文字输入等。这种技术对于帮助残障人士恢复功能和改善交流能力具有重要的应用前景[23]。目前,已经很多企业在进行脑-机接口技术的应用产业化,包括著名企业家 Elon Mask。脑-机接口技术也是脑科学研究的在脑机智能技术的一个重要应用。如果能够更进一步研发出类人脑的新型计算模型和新的类似神经元的处理硬件,并将它们应用到新一代计算机上,则有可能做出更优秀、更高效的计算机。它们的计算能力也将更接近人类,并且能耗更低、效率更高[24]。例如,通过癫痫诊断过程,特别是通过一种用于记录深层脑区电活动的技术——立体脑电图(stereoel ectroencephalo graphy,SEEG)手术逻辑的介入,利用脑成像(fMRI)、正电子发射断层成像(PET)、计算机断层扫描(CT)等影像设备,形成对大脑 3D 影像,借助立体脑电图电极所获得并记录下的特定区域神经元簇群所释放的深部脑电(如 pHFO 高频小波),形成对于大脑功能区域脑网络的拓扑结构认知,即利用时域、频域与空间分布之间的信息耦合,而这一过程恰恰可用于脑功能网络图谱的绘制,如图 7-11 所示[25],立体脑电图深部脑电对认知脑、保护脑及创造脑所起到的重要作用。脑科学研究产生了大量复杂的脑电图(EEG)、脑磁图(MEG)、脑成像(fMRI)等数据。AI 技术可以帮助加快数据处理和分析速度,提取数据中的特征和模式,帮助研究人员更快地理解大脑活动模式和脑功能。

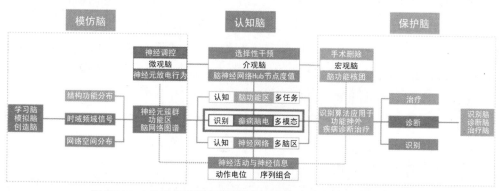

图 7-11　立体脑电图深部脑电对认知脑、保护脑及创造脑的作用

脑科学技术创新还有很多,例如,单细胞测序技术是一种能够对单个神经元进行基因组学分析的技术。它可以帮助我们了解不同神经元类型的特征和功能,并在研究神经元发育、变异和可塑性等方面提供重要的信息。另外,神经记录技术用于记录神经元的电活动,例如,电极阵列可以同时记录多个神经元的活动。神经刺激技术可以用来刺激特定的神经元或神经回路,从而研究神经元网络的功能和行为。这些只是一部分的典型领域,但完全可以展开专门编写一本书。

这些技术创新不断推动脑科学领域的发展,拓展了人类对大脑的认识,为脑科学研究和应用提供了更强大的工具。同时,随着技术的不断进步,脑科学领域也面临着更多新的挑战和机遇。

7.4.4 脑科学与社会责任

脑科学是研究大脑结构、功能和行为的领域,随着科技的发展,涉及了一系列的伦理、社会责任和法律问题。

脑-机接口技术可以实现大脑和计算机之间的直接交互,同时也引发了个人隐私权的问题。保护个体的脑活动数据和隐私,避免滥用数据,成为重要的社会责任[26]。脑科学技术可以解读脑活动,例如,预测个体的行为和情绪。然而,准确解读脑活动可能会触及个人隐私和自主性,需要谨慎处理。脑科学对教育领域的影响逐渐显现,但如何合理利用脑科学的研究成果,同时避免过度干预学生的脑发展,是一个重要的社会责任问题。脑活动的解读可能涉及人的意识、意愿等方面,引发了关于自主权的讨论。如何平衡科技的发展和个体自主性,是脑科学领域的一个重要课题。

在医学伦理中,脑死亡被认定为一个人死亡的标志。脑死亡患者的器官可用于移植。然而,脑死亡的确诊和器官捐赠的伦理问题仍然是社会和医学界的关注焦点。脑科学对心理健康和神经疾病的研究有重要意义。社会需要制定相关政策,保障脑健康,促进心理健康,同时减少脑疾病的社会负担。脑科学技术有望为脑疾病患者提供新的治疗方法,但应考虑患者权益和治疗效果的验证。

脑科学领域的发展涉及诸多伦理、法律和社会责任问题。科学家、政策制定者和公众需要共同合作,确保脑科学技术的发展和应用在合理的伦理框架下进行,同时充分考虑社会的需要和潜在风险。

7.5 生命科学创新与社会责任

生命科学创新包括生物技术、医药研发、基因编辑、再生医学、脑科学等广泛领域的创新,这些创新对人类健康、环境保护和社会进步产生着深远的影响。生物技术在食品领域的应用也引起了广泛关注。生命科学创新推动着社会创新和实现着社会价值,同时,生命科学中的基因编辑技术引发了许多伦理和社会问题。企业在进行基因编辑研究时,应当遵循伦理准则,并确保其在法律和道德框架下进行。

7.5.1　生命科学创新推动社会创新

生命科学创新对社会创新的推动具有重要影响。生命科学创新涉及医药研发、生物技术、基因编辑、精准医疗等领域,这些创新为社会带来了许多积极的变革和进步。

生命科学创新为医疗领域带来了许多重要的突破,包括新药研发、生物医药产品、精准医疗等。这些创新可以提高医疗保健水平,改善疾病预防和治疗手段,延长寿命,提高生活质量,对社会的健康水平产生积极影响。生命科学创新在农业和食品领域也发挥着重要作用。转基因作物、生物农药等创新技术可以提高农业产量、改善粮食质量,应对全球粮食安全挑战,促进可持续农业发展。生物技术和环保科技的创新为环境保护和可持续发展带来了新的解决方案。例如,生物降解技术可以减少对环境的污染,生物能源技术可以促进清洁能源的利用。生命科学创新在脑科学领域也具有重要意义。脑-机接口技术的发展为残障人士带来了新的希望,可以帮助他们恢复运动能力和交流能力,促进社会包容性。

随着信息技术的发展,数字化和数据越来越受生命科学企业的关注。在生命科学创新与数字驱动型创新结合的情况下,将会从研发、制造和供应链、商业组织等许多环节影响和带动社会创新,引发更多令人兴奋的趋势,大量的跨界创新不断涌现,例如,大数据与人工智能的药物研发、区块链技术的使用的分散式生产、基于人工智能(AI)和机器学习(ML)的医疗诊断设备等,如图7-12所示[23]。

当然,生命科学创新涉及许多伦理和社会问题,例如,基因编辑技术的应用,社会伦理和科技治理的探讨成为必要。这种探讨有助于社会共识的形成,确保科技创新在伦理框架下进行。

生命科学创新在医疗、农业、环保、脑科学、数字化等多个领域的创新推动社会创新,为社会带来了积极的变革和进步。然而,企业和科学家在推动生命科学创新的同时也应当关注伦理、法规和社会准则,确保创新技术对人类和社会产生持续的积极影响。

7.5.2　生命科学创新与伦理

生命科学创新与伦理密切相关,因为生命科学研究和创新涉及人类生命和健康,

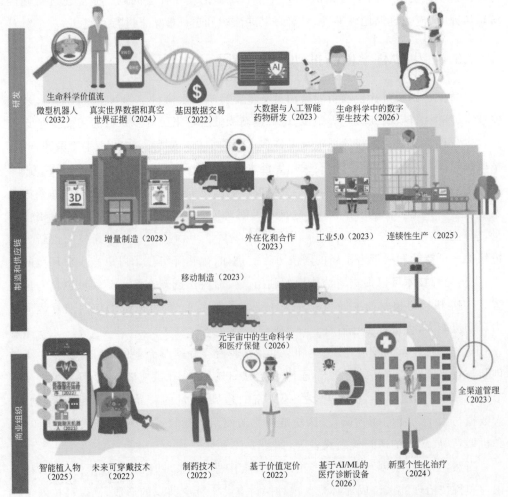

图 7-12　生命科学创新与数字驱动型创新结合各种可能的社会融合创新

对社会和个人都有重大的影响。伦理是关于道德原则和价值观的研究，它涉及人类行为和决策的道德准则，以及对他人和社会的影响。以下是生命科学创新与伦理之间的一些关键问题。

（1）人类试验和研究：生命科学研究涉及人类的试验和研究。在进行人体试验和研究时，必须遵守伦理原则，确保试验参与者是自愿参与、知情同意，并对其进行隐私保护。

（2）基因编辑和基因技术：基因编辑技术的发展引发了一系列伦理问题。例如，基因编辑技术是否应该用于修改人类基因组,如何平衡基因编辑技术的潜在益处和风险。

(3) 遗传隐私:随着生命科学研究的进步,个体的遗传信息越来越容易获取。保护遗传隐私和个人数据安全成为伦理关注的焦点。

(4) 精准医疗:生命科学创新为精准医疗提供了新的机会,但涉及个体的基因组学信息和医疗数据使用,需要考虑患者知情同意和数据隐私等问题。

(5) 人工智能和自主决策:在生命科学创新中,人工智能在医疗诊断、药物研发等方面发挥重要作用。然而,如何确保 AI 系统的决策是公正、透明的,且符合伦理准则,是一个值得关注的问题。

(6) 社会公平:生命科学创新可能导致社会中资源和机会的不平等分配。伦理要求人们思考如何确保技术创新的公平获益和社会包容性。

总之,生命科学创新必须在伦理框架下进行,并考虑个体和社会的权益,遵守道德原则,确保技术创新的安全性、公平性和社会可接受性。伦理的引导对于生命科学领域的持续发展和社会受益至关重要。很多生命科学的创新还处在早期,因此,人们还将面临更多的伦理问题和挑战。

7.5.3 生命科学创新实现社会价值

生命科学创新对实现社会价值具有广泛的影响和贡献,在前面讨论中已经多次提到。这里对生命科学创新如何实现社会价值的几个关键方面做个小结。

(1) 改善健康和医疗:生命科学创新推动了医学的发展和进步,提供了更精确、高效和个性化的医疗解决方案。新药物、疫苗、诊断技术和治疗手段的研发使得疾病的预防和治疗更加有效,帮助人们更好地保持健康和提高生活质量。

(2) 促进精准医疗:生命科学创新为精准医疗奠定了基础,通过分析个体的基因组学信息和医疗数据,制订个性化的医疗方案,提高医疗效果,减少医疗资源的浪费。

(3) 推动农业和食品安全:生命科学创新在农业和食品领域有着重要应用。转基因作物和生物农药等技术提高了农业产量和品质,有助于解决全球粮食安全问题,保障人类的食品安全。

(4) 促进环境保护:生命科学创新也涉及环境保护领域,例如,生物降解技术、生物能源技术等。这些创新技术有助于减少对环境的污染,推动可持续发展。

(5) 提升生活质量:生命科学创新改善了人们的生活质量。例如,脑-机接口技术帮助残障人士恢复运动能力，智能健康监测设备帮助人们更好地管理健康。

（6）创造就业和经济增长：生命科学创新促进了医药、生物技术和相关产业的发展，创造了大量就业机会，对经济增长起到推动作用。

（7）促进科学文化和科普教育：生命科学创新促进了科学文化的传播和普及，激发公众对科学的兴趣和认识。

可以看出，生命科学创新对实现社会价值具有重要意义。它改善了医疗、农业、环境和生活领域，推动了社会的健康、可持续发展和经济增长。同时，为了更好地实现社会价值，生命科学创新需要遵守伦理准则，保障公平和公正，确保技术的安全性和可持续性。

7.5.4 生命科学创新与社会责任

生命科学作为最博大精深而又神秘的学科，深刻影响着社会责任，因此，在"科技向善"的指引下发展生命科学创新就变得尤为重要。前面几节已经从多个侧面展示了生命科学创新对社会责任的影响，下面从社会责任要素的角度做个小结。

1. 经济

（1）医药产业增长：生命科学创新在药物研发和医疗技术领域具有巨大的商业潜力。新药物的开发和生产，以及医疗设备和诊断工具的创新，都可以促进医药产业的增长，创造就业机会，提高经济效益。

（2）生物技术公司创业：生命科学创新推动了生物技术公司的创业热潮。这些创业公司通常专注于生物医药、基因编辑、合成生物学等领域，它们的创新活动有助于经济多样化和技术转移。

（3）创新生态系统：生命科学创新需要跨学科的合作，涉及生物学、化学、工程学、计算机科学等多个学科。这种多学科的创新生态系统促进了相关产业的发展，进一步推动经济增长。

（4）生命科学园区和科研机构：生命科学创新吸引了大量资金投入生命科学园区和科研机构。这些园区和机构成为经济增长的热点，吸引了创新企业和投资者。

（5）全球医疗旅游：一些国家和地区因其先进的医疗科技而吸引了国际患者前来接受医疗治疗，从而促进了医疗旅游业的发展，增加了经济收入。

（6）农业和食品产业：生命科学创新在改进农业和食品产业方面发挥了关键作

用。新品种的培育、生物农药的开发和食品加工技术的改进有助于提高农产品产量和质量，推动相关产业的增长。

2. 法律

（1）知识产权保护：生命科学领域创新通常涉及知识产权，如专利、商标和版权。法律确保创新者的知识产权得到保护，鼓励企业和研究机构进行更多的生命科学研发。

（2）伦理法规：生命科学领域涉及一系列伦理问题，如基因编辑、生殖医学和人体试验。法律框架需要反映这些伦理原则，以确保生命科学研究和应用是合法和道德的。

（3）临床试验和药品监管：生命科学领域的新药物和医疗器械需要经过严格的临床试验和监管审批。法律规定了这些程序，以确保产品的安全性和有效性。

（4）生物安全和生物伦理：生命科学研究中存在生物安全和生物伦理问题，如生物恐怖主义和生物犯罪。法律框架需要制定安全标准和法规，以防范这些威胁。

（5）个人隐私和数据保护：生命科学研究和医疗实践可能涉及个人健康数据的收集和处理。法律规定了对个人隐私和数据保护的要求，以确保数据的安全和合法使用。

（6）生态保护法规：一些生命科学研究涉及生态系统保护和野生动植物保护。法律规定了这些活动的法规，以确保生态系统的健康和可持续性。

（7）伦理委员会和审查：生命科学研究和临床试验通常需要伦理审查。法律要求建立伦理委员会，以评估研究项目的伦理合规性。

（8）食品和药品标签法规：法律规定了食品和药品的标签和说明书的要求，以确保公众能够获得准确的信息，做出明智的决策。

3. 伦理

（1）基因编辑和遗传伦理：新兴的基因编辑技术（如 CRISPR-Cas9）引发了伦理问题，包括修改人类基因、遗传信息的隐私和道德原则。伦理原则需要平衡科学进步和尊重人类尊严。

（2）生殖医学伦理：生命科学的进步在生殖医学领域引发了伦理挑战，如体外受精、代孕和胚胎筛查。伦理要求确保生殖医学的实践是安全、公平和道德的。

（3）生命伦理：伦理原则涉及生命的价值和尊重。生命科学创新引发了关于人工生命的伦理问题，包括人工智能、合成生物学和生命的合成。

（4）伦理审查：生命科学研究和临床试验通常需要伦理审查，以确保项目是合乎伦理的。伦理委员会的建立和监督有助于保护研究参与者的权益。

（5）个人隐私：生命科学研究和医疗实践通常涉及个人健康数据的收集和处理。伦理原则要求对个人隐私的尊重和数据保护，以防止滥用或泄露。

（6）生态伦理：生命科学也关注生态系统和生物多样性的保护。伦理原则要求在生态研究和环境保护中考虑生态伦理，以确保生态系统的健康。

（7）社会公平：生命科学创新需要考虑社会公平和公正，以确保新技术和治疗方法对所有人都可获得，并减少社会不平等。

4. 慈善

（1）资金支持：生命科学创新带来了对人类健康和福祉的改善。很多慈善机构和组织投入资源和资金，用于基础科学研究、临床试验、新药研发、医疗设备创新和生态研究等领域。资金支持有时候以影响力投资的形式，甚至科学捐赠。这些资金有助于推动创新，加速新科技的开发和应用。

（2）教育和培训：慈善机构可能资助教育和培训项目，以培养下一代生命科学研究人员、医生、工程师和科学家。这有助于提高人才水平，促进科学领域的可持续发展。

（3）医疗援助：一些慈善机构支持生命科学技术在发展中国家的应用，以改善医疗水平和卫生保健。这有助于解决全球卫生不平等问题。

（4）医疗设备和药品赠予：慈善机构和制药公司通常向贫困地区提供医疗设备、药物和疫苗，以应对重大疫情和公共卫生威胁，如艾滋病、疟疾和流感。

（5）疾病研究和治疗：慈善捐款通常用于资助特定疾病的研究，如癌症、糖尿病和艾滋病。这有助于发现新的治疗方法和药物，提高患者的生存率和生活质量。

（6）生态保护和野生动植物保护：一些慈善机构致力于生态系统和生物多样性的保护。他们资助生态研究、野生动植物保护项目和生态可持续性计划。

（7）公共卫生宣传和教育：慈善机构可以资助公共卫生宣传活动，提供健康教育和疫苗接种，以改善社区的健康状况。

5. 环境

（1）生态系统保护：生命科学研究对生态系统的理解和保护至关重要。这些研究帮助识别濒危物种、生态系统健康和生态平衡的问题，并为保护野生动植物栖息地提供了科学依据。

（2）环境监测：生命科学的创新技术，如遥感和生物传感器，有助于监测环境中的污染物、气象条件和生物多样性。这些信息对环境管理和决策制定至关重要。

（3）生态修复：生命科学创新包括生态修复方法，可以帮助修复受损的生态系统，减轻环境污染和生态破坏。

（4）农业可持续性：生命科学在改善农业和食品生产的可持续性方面发挥了关键作用。新品种的培育、生物农药的开发和高效的水资源管理有助于减少农业对环境的不利影响。

（5）污染控制：生命科学研究有助于开发新的污染控制技术，包括废水处理、废物处理和大气污染控制，以减少对环境的污染。

（6）气候变化研究：生命科学研究也与气候变化研究相关，特别是生态系统对气候变化的适应性和影响。这有助于制定气候应对政策和环境保护措施。

（7）资源管理：生命科学的创新有助于改进自然资源管理，包括森林、渔业和水资源。这有助于维护资源的可持续性和生态系统的健康。

（8）生态伦理：伦理原则要求在生命科学研究和应用中考虑生态伦理，以确保研究和创新不会对环境产生负面影响。

生命科学创新是最为广阔和最有前景的领域，对可持续发展的实现和履行社会责任产生着深远的影响，推动着社会的进步。生命科学创新推动了医疗、农业、生物技术等领域的发展，创造了大量就业机会，带动了经济增长。同时，生命科学创新为创业者和企业家提供了新的商机，促进了创新型产业的发展。生命科学创新还涉及人类遗传学、精准医疗等领域，对社会健康产生深远影响。然而，随着生命科学的不断进步，也需要不断关注伦理和社会问题，确保科技的应用符合道德和社会价值，践行社会责任。生命科学创新的复杂性及其众多未知的领域，需要政府、科研机构、各类相关组织、企业，甚至国家之间共同努力。生命科学创新对社会责任多层面影响，使由生命科学创新作为重要组成部分的科技创新成为"社会责任 2.0"的核心要素展示了鲜明特征，是前面已有的核心要素无法取代的。

参 考 文 献

[1] 江虎军,冯锋,杨新泉,等.生命科学的发展与当前的重要研究问题[C].北京:中国科学基金,科学论坛,2001(4):228-232.

[2] 马帅.生命科学产业链上游系列研究之科研产品图谱篇:生物研发包罗万象,国产化进程加速[R].深圳:安信证券研究中心,2022.

[3] 朱国广,周新明.生命科学服务产业链:景气上行,国产替代正当时[R].苏州:东吴证券研究所,2022.

[4] 江亮,罗荆玮.基因慧:2021基因行业蓝皮书[R].苏州:基因慧,2021.

[5] DOUDNA J A, CHARPENTIER E. The New Frontier of Genome Engineering with CRISPR-Cas9[J]. Science,2014,346(6213).

[6] 简思华.2022年全球生命科学行业展望大规模数字化:实现科学的承诺[R].上海:Deloitte,2022.

[7] ANTONIO R A. Chinese Scientists are Creating CRISPR Babies[R]. MIT Technology Review,2018.

[8] Annie.关注再生医学 继续与我们携手同行[R/OL].再生医学网,2021.

[9] 吴静.2022年中国再生医学行业概览:中国再生医学、正海生物、诺普医学搭乘上"永生"行驶的船舶(摘要版)[R].南京:头豹研究院,2022.

[10] XU P X, HE H, GAO Q, et al. Human Midbrain Dopaminergic Neuronal Differentiation Markers Predict Cell Therapy Outcomes in a Parkinson's Disease Model[J]. The Journal of Clinical Investigation,2022,132(14):1-18.

[11] ZHANG J, WHRLE E, RUBERT M, el al. 3D Bioprinting of Human Tissues:Biofabrication,Bioinks,and Bioreactors[J]. International Journal of Molecular Sciences,2021,22(8):3971.

[12] TAKAHASHI K, YAMANAKA S. Induction of Pluripotent Stem Cells from Mouse Embryonic and Adult Fibroblast Cultures by Defined Factors[J]. Cell,2006,126(4):663-676.

[13] MR. MA.大脑的结构与功能[N].医学影像分析,2019-11-05.

[14] 陆林,刘晓星,袁凯等.中国脑科学计划进展[J].北京大学学报(医学版),2022,54(5):791-795.

[15] MARKRAM H. The Human Brain Project[J]. Scientific American,2012,306(6):50-55.

[16] AMUNTS K, LEPAGE C, BORGEAT L, et al. BigBrain:An Ultrahigh-Resolution 3D

Human Brain Model[J]. Science,2013,340(6139):1472-1475.

[17] OKANO H,SASAKI E,YAMAMORI T,et al. Brain/MINDS:A Japanese National Brain Project for Marmoset Neuroscience[J]. Neuron,2016,92(3):582-590.

[18] 松禾资本管理有限公司. 被称为生命科学"终极疆域"的脑科学,能否成为下一个颠覆性产业? (一)[N]. 松禾资本管理有限公司,2022-08-12.

[19] BANDETTINI P A,WONG E C. A Hypercapnia-Based Normalization Method for Improved Spatial Localization of Human Brain Activation with fMRI[J]. NMR in Biomedicine,(1997): 10(4-5),197-203.

[20] NUNEZ P L,Srinivasan R. Electric Fields of the Brain:The Neurophysics of EEG[M]. 2nd edn. British:Oxford University Press,2006.

[21] FENNO L,YIZHAR O,DEISSEROTH K. The Development and Application of Optogenetics [J]. Annual Review of Neuroscience,2011,34:389-412.

[22] FLUMERI G D,CKESCENZIO F D,BERBERIAN B,et al. Brain—Computer Interface-Based Adaptive Automation to Prevent Out-of-The-Loop Phenomenon in Air Traffic Controllers Dealing with Highly Automated Systems[J]. Frontiers in Human Nauroscience, 2019,13(290):1-17.

[23] 蒲慕明. 脑科学研究的三大发展方向[J]. 中国科学院院刊,2019,34(7):807-813.

[24] 脑科学这个商业前景被严重低估的领域,AI如何助力其产业化[N/OL]. 动脉网,2020-04-29.

[25] IENCA M,HASELAGER P. Hacking the Brain:Brain—Computer Interfacing Technology and The Ethics of Neurosecurity[J]. Ethics and Information Technology,2016,18:117-129.

[26] HILLEK T,VOGEL M,DR KLARA G,et al.生命科学行业趋势[R]. 北京:毕马威德国会计师事务所,2022.

第3篇　未来科技创新与社会责任

第 8 章

未来科技

学习目标

(1) 探索未来科技。
(2) 了解突破摩尔定律、机器人、能量及寿命极限的可能未来科技。
(3) 认识未来科技与社会责任。

8.1 未来科技综述

未来科技总是让人们充满想象和期待,回顾过去的一个世纪,人们就是在不断想象、不断期待、不断实现的过程。当前,人类进入科技日新月异、快速发展的时代,人们对未来更加充满想象和期待。现代科技已经是包罗万象,而且前面提到的很多领域还处在早期或快速发展期,未来的发展空间还很大。例如,备受关注的人工智能和机器学习技术将继续快速发展,不仅在科学研究中发挥重要作用,还在工业、医疗、农业、金融等各个领域推动创新。预测、模式识别、自动决策等功能将得到进一步加强。基因编辑技术,如 CRISPR-Cas9 的应用将不断扩展,为治疗遗传性疾病、癌症和传染性疾病提供更精准和个性化的方法。基因治疗将成为一种常规的治疗手段。生物技术和合成生物学将推动新型生物材料、生物制药和生物能源的研发。人工合成生物体和组织的创造也有望实现,为器官移植和再生医学提供更多可能。纳米技术将有助于开发更强、更轻、更智能的材料,应用于电子、航天、医疗和能源等领域。纳米医疗技术有望带来更精准的药物传递和诊断方法。对脑的研究将进一步深入,脑-机接口技术将实现更高效和复杂的脑控制设备,为残障人士带来更多帮助,同时开启脑意识和机器融合的新领域。可再生能源技术将持续发展,太阳能和风能等清洁能源的利用将更加高效。同时,能源存储技术也会得到改进,解决可再生能源波动性的问题。人类对外太空的探索将继续进行,月球和火星等目标的探测任务有望实现。同时,外太空资源的开发也将成为未来的重要任务。虚拟现实和增强现实技术将进一步融入日常生活,应用于教育、娱乐、医疗和工业等领域,改变人们的交互方式和体验。量子计算和量子通信技术的发展有望在信息处理和通信领域带来革命性变化,解决传统计算机无法解决的复杂问题。

由于篇幅所限,这里只能选择几个对科技发展最具影响的、对社会变革最深刻的、对人们生活改善最直接的典型领域做些探讨,使人们对未来的发展边界和突破有更清晰的认识,希望能引发更多启发和思考,有效地推动科技的进步。

如今正在进入智能时代,无论是工作还是生活,人们高度依赖各种各样的电子设备,而电子设备的核心是芯片。关于芯片有一个著名的摩尔定律,是指集成电路上可容纳的晶体管数量每隔一段时间翻倍,但目前已经接近物理极限。那么未来的集成电路发展将如何突破极限?如何实现更小、更强大的电子器件,继续推动计算机性能的提升?

机器人技术也是发展很快的领域,相当比例的工厂已经变成无人工厂,全部的生产过程由机器人完成。随着机器人在感知、学习、决策和行动方面更加智能和灵活,各种服务机器人逐渐出现,而且开始尝试人形机器人。那么未来的机器人可以服务的极限在哪里?人机融合可以到什么程度?

能源是人们生活的最基本的资源,也是国家的命脉之一。能源转化成人们生活中需要的能量,如何打破传统能量的极限?如何提高能源的转换效率?同时研发更先进的能量存储技术时,如何解决能源供需平衡和气候变化的挑战?

出行是每个人几乎天天碰到的问题,虽然目前出行的交通工具及系统已经发展进步得很快,市内交通:私家车、网约车、公交、地铁等,城市之间交通:大巴、高铁、飞机等,但是如何实现更快的交通工具和交通系统?如何突破当前的速度极限?

最终,人们最期待的还是人本身,虽然,自第二次世界大战以来,人的平均寿命增加了20~30岁,甚至更多,但是人们还是奢望如何可以更加长寿。目前,大部分国家平均寿命在70~80岁,那么30年或50年以后人的寿命还能延长多少?如何挑战寿命的极限?

8.2 摩尔定律

摩尔定律是一项关于计算机芯片性能发展的经验规律。摩尔定律是由英特尔公司的联合创始人之一，戈登·摩尔(Gordon Moore)于1965年提出的。

摩尔定律的核心观点是：集成电路上可容纳的晶体管数量每隔18～24个月翻倍，而其成本却保持不变。也就是说，随着时间的推移，芯片上能容纳的晶体管数量将呈指数级增长，这导致计算机性能和存储能力不断提高，而价格却相对稳定或下降。

这一定律在过去几十年中得到了广泛验证，推动了计算机技术的快速发展和革命。然而，随着技术的发展，晶体管的尺寸逐渐接近物理极限，一些人开始质疑摩尔定律是否能够继续持续下去。目前，一些技术挑战确实导致了摩尔定律的减速，但计算机科学家和工程师仍在努力寻找新的创新方法来推动技术发展。

摩尔定律对于解释计算机行业长期的快速进步具有重要意义，它为我们提供了一个关于计算机技术未来发展的重要参考。

8.2.1 摩尔定律的现状

摩尔定律的发展已经开始面临一些挑战。随着集成电路上晶体管数量的不断增加，一些物理和工程上的限制开始出现，导致传统摩尔定律的继续使用受到了威胁。随着晶体管尺寸越来越小，到达纳米级别甚至更小，出现了一些物理限制。例如，量子隧穿效应和晶体管之间的电子相互干扰等问题，导致在继续缩小晶体管的同时，能耗和发热等问题日益严重。制造小型化、高密度芯片的成本显著增加。新的制造技术和材料的引入，以及制造过程的复杂性，导致生产芯片的成本大幅上升。随着晶体管数量增加，性能的提升相对于花费的资源和成本所带来的效益递减。在一些应用场景下，继续追求更高性能的芯片可能不再切实可行。

目前，科学家和工程师们认为摩尔定律在未来可能不再像过去几十年那样严格成立。因此，行业逐渐形成共识，认识到摩尔定律的减速趋势，并开始寻找其他途径推动计算机技术的发展。

接下来就要迎接挑战,寻找新的创新方法,突破摩尔定律极限,以推动半导体技术和计算机领域的不断发展。

8.2.2 突破摩尔定律的可能的技术创新

半导体技术和计算机是当代科技最重要的领域,而且也涉及极其广泛的领域,例如,材料、设计、算法及众多交叉学科,所以全球有大批的顶级科学家和工程师在广泛的领域研究和实验,通过技术创新突破摩尔定律极限。下面是一些重要的相关技术创新。

1. 三维集成(three dimensional integration technology)

三维集成是一种将多个晶体管层次堆叠在一起的技术,以增加集成电路的密度和性能。通过在垂直方向上组合多个层次的晶体管,形成一种类似于"楼房"的结构,通过这种垂直结构,可以在有限的芯片尺寸内容纳更多的器件,电路的信号传输距离减少,可以降低功耗和延迟,从而提高计算能力。此外,三维集成还可以在不同的层次中使用不同的材料和工艺,从而实现更复杂的功能,如图 8-1 所示[1]。

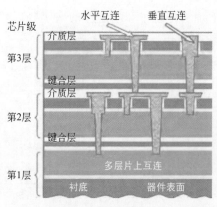

图 8-1 典型三维集成电路的结构示意图

三维集成是一个广泛的概念,可以细分为多种类型,取决于堆叠的层次和应用。例如,垂直堆叠的三维集成将多个晶体管层次垂直堆叠在一起。通过在垂直方向上堆叠,可以增加晶体管密度并减少电路的尺寸。三维集成电路(3DIC)是将多个晶体管层次堆叠在一起,并在堆叠的层次之间实现互连。这些层次可以由不同的半导体材料和制程组成。3DIC 技术可以实现更高的集成度和性能,并减少功耗。

堆叠存储器是一种将多个存储器芯片垂直堆叠在一起的技术。这种技术可以实现更大的存储容量和更高的存取速度,同时减少存储器占用的空间。堆叠传感器是一种将多个传感器芯片垂直堆叠在一起的技术。这种技术可以实现更多种类的传感器集成在一个模块中,提高感知系统的多样性和灵活性。集成光子学是将光子学器件和传统电子器件垂直堆叠在一起的技术。通过将光电子器件结合在一起，可以实现更快速的通信和数据传输。3D逻辑堆叠的三维集成是指在垂直方向上堆叠多个逻辑器件，实现更复杂的计算和控制功能。华为于2022年成功实现了3D堆叠技术。

3D堆叠技术是利用堆叠技术或通过互连和其他微加工技术在芯片或结构的竖轴方向上形成三维集成。信号连接及晶圆级、芯片级和硅盖封装具有不同的功能，是针对包装和可靠性技术的三维堆叠处理技术。该技术用于微系统集成，是在片上系统(SOC)和多芯片模块(MCM)之后开发的先进的系统级封装制造技术[2]。随着技术的发展，可能还会出现更多新的三维集成类型和应用，突破摩尔定律的极限。

2. 量子计算(quantum computing)

量子计算是一种基于量子力学原理的计算模型，利用量子比特(qubit)而非传统二进制位(b)来进行计算。每位只能处于0或1的状态。而量子计算使用量子比特，它可以同时处于0和1的叠加态，以及通过纠缠状态与其他qubit之间形成的特殊关系来实现更复杂的计算如图8-2所示[3]，使得计算能力在某些特定问题上具有指数级的加速优势。与其相

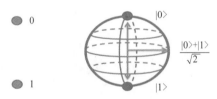

图8-2 经典比特与量子比特

关的量子存储技术是一种利用量子力学的原理来存储和读取信息的新型存储技术。与传统的存储技术(如硬盘、固态硬盘等)相比，量子存储技术具有更高的存储密度、更快的数据读写速度和更低的能耗。

2023年1月31日，中国第一条量子芯片生产线公开亮相。其实早在2022年1月就已经投入运营了，短短一年时间孵化出了3套自研的量子芯片专用设备，生产了1500多个批次流片试制的产品，交付了多个批次的量子芯片及量子放大器等产品。这意味着什么？简单来说，它是一条全新的芯片技术路线，与传统光刻机生产的硅基芯片完全不在一条路上，因为量子芯片是以光量子为基本单元的，可以不受摩尔定律的限制而无限堆叠[4]。如果能操控100个量子，那么它的算力就能达到全世界算力总和的几百万倍，是不是很夸张？一言以蔽之，这完全是一项颠覆性的技术，这也就意味着一旦技术成熟，摩尔定律极限将被彻底打破。

3. 第三代芯片材料(the third generation chip)

第三代芯片材料是相对于传统的硅材料而言，用于制造集成电路的新型半导体材料。这些材料通常是化合物半导体，如氮化镓(GaN)、碳化硅(SiC)(在本书 6.3 节详细介绍)、氮化铝镓(AlGaN)等。它们具有更高的电子迁移率、更高的饱和漂移速度和更好的热传导性能，用于制造高性能、高功率效率和高频率的集成电路，如图 8-3 所示[5]。耐高压和耐高温等性能有助于实现设备的小型化，突破摩尔定律极限。

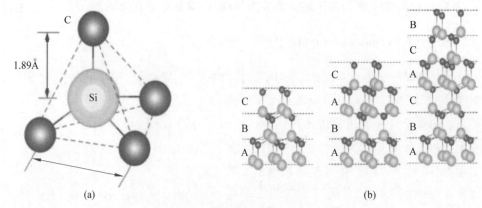

图 8-3　第三代芯片材料
(a) SiC 单位晶体结构图；(b) 3C\4H\6H-SiC 结构图

4. 异构集成电路(heterogeneous integration of silicon electronics)

异构集成电路是指将不同材料、不同工艺或不同功能的器件集成在一起的技术，以实现更高效、更灵活的集成电路。这些器件可以是传统的半导体器件、光电子器件、自旋电子器件、MEMS(微电子机械系统)等。通过将这些不同类型的器件有机地结合在一起，可以实现更复杂、更高性能的集成电路，突破摩尔定律极限。

5. 量子点技术(quantum dots)

量子点技术是一种用于制造纳米级半导体结构的技术，其中的量子点是非常小的半导体晶粒，通常在纳米尺度范围内。这些量子点由几十个原子组成，具有特殊的电子能级结构，使得它们在光电子学、光电探测器、显示器、太阳能电池等领域中有着广泛的应用。由于量子点是纳米级的半导体结构，可用于制造更小、更高性能的晶体管和光电子器件,突破摩尔定律极限。

6. 基因计算(DNA computing)

基因计算是一种新兴的计算模型,利用生物分子(如DNA或蛋白质)来进行计算和问题求解。它利用分子之间的相互作用和自组装性质来进行计算和问题求解。基因计算的主要优势在于并行性和高度并发性,可以在短时间内处理大量的信息,从而实现进化和优化算法,也将成为突破摩尔定律极限的又一可能途径。

7. 自组装技术(self-assembly of nanoparticles)

自组装技术是一种利用物质自身的性质和相互作用,使其在特定条件下自动组装成有序的结构或器件的技术。这种技术利用了物质的自发性,无不需要外部操控,可以实现高的精确度和复杂性。

自组装技术可以应用于多个领域,包括纳米科技、集成电路制造、生物医学、光电子学等。在纳米尺度下,自组装技术可以实现纳米颗粒、纳米线或纳米结构的自组装,用于制造纳米材料和纳米器件。在集成电路制造中,自组装技术可用于制造微小的晶体管或其他电子器件,从而实现摩尔定律极限的突破。

8. 光计算(optical computing)

光计算是一种利用光子而非传统的电子来进行信息处理和计算的技术。在光计算中,信息通常编码为光信号,然后利用光学元件(如激光器、光波导、光学非线性材料等)进行操作和处理。光计算利用光的高速传输、并行处理能力和低能耗等优势,可以实现更快速、更高效的计算和数据处理。因此,光计算有许多潜在的应用领域,包括高性能计算、数据中心通信、量子计算、人工智能等。在高性能计算领域,光计算可用于提高计算速度和数据传输速率,从而加速复杂计算任务的执行。在量子计算中,光子也可以用作量子比特,参与量子运算和量子通信,这是突破摩尔定律极限的又一途径。

这些技术创新都是当前正在研究和探索的领域,虽然一些技术可能已经取得了初步的突破,但要实现真正的突破和应用还需要更多的研究和发展。随着技术不断创新,还将会有更多方法和技术涌现出来,突破摩尔定律的极限不是问题。

8.3 机器人

机器人是一种可以执行特定任务的自动化设备,它通常是由计算机控制的机械装置。机器人可以根据预先编程的指令或传感器获取的信息来执行任务,从而模拟人类的动作和行为。

机器人通常包含以下组件。

机械结构:机器人的物理外形和运动系统,可以根据任务需要设计成各种形状和大小。

传感器:机器人配备了各种传感器,如摄像头、激光雷达、红外线传感器等,用于感知周围环境和收集数据。

控制系统:机器人的控制系统通常由计算机或嵌入式系统组成,负责处理传感器数据和执行预先编程的任务。

执行器:机器人通过执行器,如电机、液压系统或气动系统,来实现机械运动和执行任务。

机器人的应用领域非常广泛,包括工业制造、医疗保健、农业、物流、教育、探险等。在工业制造中,机器人可以自动完成生产线上的装配、焊接、喷涂等工作,提高生产效率和质量;在医疗保健领域,机器人可以用于手术辅助、康复训练等任务;在农业中,机器人可以进行自动化的种植和收获;在探险领域,机器人可以用于勘探未知地区或执行危险任务。

8.3.1 机器人的现状

美国是工业机器人技术发展最早的国家,机器人发展体系较为成熟,日本、德国和韩国的工业机器人发展紧随其后,机器人使用密度居于全球领先地位。中国的机器人是后起之秀,中国和这4个国家的机器人市场占到了全球的75%[6]。发展机器人技术的主要国家具体现状如下。

美国一直是机器人技术领域的领先者之一。美国的许多大学和研究机构在机器人研究方面处于国际领先地位。美国在工业机器人、军事机器人、医疗机器人、自动驾驶车辆等领域有着广泛的应用和投入。此外，美国的一些高科技公司也在机器人技术研发和商业化方面发挥着重要作用。

中国在机器人技术领域也取得了显著进展。中国政府将机器人技术列为战略性新兴产业，并出台了一系列支持政策。中国在工业机器人、服务型机器人、无人机、人工智能等领域有着广泛的应用和发展。中国的一些科技企业在机器人领域取得了重要成就，并成为国际竞争的重要力量。

日本是机器人技术发展的重要国家之一，拥有悠久的机器人研究历史。日本在制造业、医疗保健、家庭服务机器人等领域拥有广泛的机器人应用。日本的一些大型企业和研究机构在机器人技术研究和商业化方面具有丰富经验。

韩国也是机器人技术的重要发展国家之一。韩国政府将机器人产业视为未来增长的战略性产业，并采取了一系列支持政策。韩国在服务型机器人、教育机器人、农业机器人等领域有着广泛的应用和研究。

欧洲在机器人技术领域也有着重要的发展。欧盟成员国，如德国、法国、瑞士等在机器人研究和应用方面具有较高水平。欧洲在工业机器人、医疗机器人、航空航天机器人等领域拥有广泛的应用。

需要指出的是，机器人技术发展是一个全球性的趋势，许多国家都在积极推进机器人技术的研究和应用。随着科技的进步和不断地投入，机器人技术有望在全球范围内取得更多的创新和突破。

从机器人的技术及应用来讲，目前主要有以下一些类型。

工业机器人：工业机器人是最早得到广泛应用的机器人类型之一。它们在制造业中被广泛使用，可以自动执行重复性和危险性高的任务，如装配、焊接、喷涂等。工业机器人在提高生产效率、质量和安全性方面发挥着重要作用。

服务型机器人：服务型机器人主要应用于服务业和日常生活中。例如，清洁机器人、导购机器人、医疗辅助机器人等。这些机器人可以帮助人们处理日常琐事，提供便利和支持。

农业机器人：农业机器人在农业生产中得到广泛应用，可以实现自动化的种植、收获、喷洒等任务。它们可以提高农业生产的效率和产量，并减少人力成本。

教育与研究：机器人技术在教育和研究领域也得到广泛应用。机器人被用于教育学生编程、学习机器人技术和培养创造力。在科学研究中，机器人被用于探索未知环境、执行危险任务和收集数据。

自主导航：自主导航技术是机器人领域的重要进展之一。通过激光雷达、摄像头、超声波传感器等感知设备，机器人可以实现自主导航和避障，不依赖外部指引就能够自主移动和定位。

人工智能与机器学习：人工智能技术对机器人的智能化发展起到了重要作用。机器学习算法和深度学习技术使得机器人能够从数据中学习和改进自己的表现，提高了其自主决策和适应能力。

协作机器人：人机协作和机器人之间的合作成为一个重要研究方向。协作机器人可以与人类共同工作，共享任务和空间，使得机器人能够更好地适应人类需求和行为。

虽然机器人技术在许多领域取得了显著进展，但仍然存在一些挑战，例如，机器人伦理、安全性和隐私保护等问题。随着科技的进步和研究的不断投入，机器人技术有望在未来实现更多的创新和突破。

8.3.2　突破机器人极限的可能的技术创新

突破当前机器人极限的技术创新是推动机器人技术不断发展的重要驱动力。下面列出一些可能的技术创新，这些技术创新有助于实现机器人在各个领域的更高阶能力。

1. 人工智能和深度学习

通过引入人工智能和深度学习技术进行机器人创新，为机器人赋予更高级、更智能的能力，以提高其适应性、学习能力和自主性。人工智能和深度学习是机器人创新的重要驱动力，为机器人带来了巨大的发展潜力和广阔的应用前景。人工智能使机器人能够模拟人类的智能行为，如感知、认知、决策和行动等。这些技术包括计算机视觉、自然语言处理、语音识别和运动规划等。通过这些功能，机器人能够更好地与人类进行交互，并执行复杂的任务。尤其 2022 年底引起高度关注的 ChatGPT。

ChatGPT 是一种基于 OpenAI 的 GPT 架构的大型语言模型，它是目前最先进的通用人工智能预训练模型之一。GPT 代表"生成式预训练"（generative pre-trained transformer），它是一种使用 transformer 架构的深度学习模型。ChatGPT 是一种产生 AIGC（AI-generated content）的人工智能模型。它可用于自动回复、自动写作、内容生成等任务，可以生成包括文章、对话、故事等多种类型的文本内容；可以帮助机器人与人类进行更自然、流畅的交互；可以作为机器人的智能助理，帮助用户解答问题、提供信息和建议，以及执行一系列任务；可以根据用户的需求和偏好，提供个性化的服务和建议；可以与机器人的其他部分相结合，形成一个全面的学习系统；还可能进一步扩展，使其具备情感识别和情感回应的能力，机器人可以更好地理解用户的情感，并在交互中表现出更贴心和人性化的特点等，详细如图8-4所示[7]。

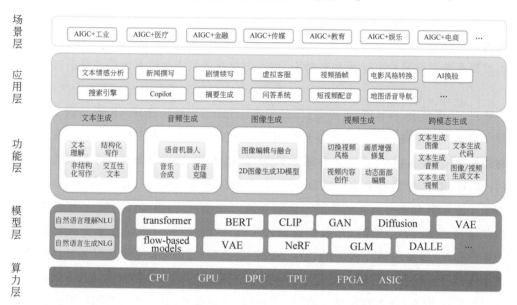

图 8-4 AIGC 产业图谱

然而，ChatGPT 是一个纯粹的语言模型，其在机器人中的应用还需要结合其他技术和硬件设备来实现。在机器人创新中，还需要考虑感知、控制、运动规划等方面的技术，以及确保机器人的安全性、可靠性和合规性。综合利用不同领域的技术，将 ChatGPT 与其他机器人技术相结合，可以创造出更加智能和适用的机器人系统。

深度学习是人工智能的一个重要分支，其核心是神经网络模型。深度学习可以让机器人从大量的数据中学习，并自动优化其算法和表现。这使得机器人可以逐渐改进其功能和表现，甚至在未来能够自我学习和进化。在很多机器人创新领域中人工智能和深度学习发挥了重要作用，例如，深度学习使机器人能够通过对环境感知数据，实现自主导航和路径规划，避免障碍物和优化路径。通过自然语言处理和情感识别技术，机器人可以更好地理解人类语言和情感，并更好地与人类进行交流和协作。在制造业和工业领域，通过引入深度学习和机器视觉技术，机器人可以实现更高效的生产和质量控制。机器人在医疗领域的应用越来越广泛,包括外科手术辅助、医疗影像分析和康复辅助等,其中,深度学习在这些应用中发挥了重要作用。通过无人机和智能机器人结合人工智能和深度学习技术,可以实现农业作物的自动监测和精准农业管理及环境监测和保护。

总的来说,人工智能和深度学习在机器人创新中的应用极大地拓展了机器人的能力和应用范围,为未来智能机器人的发展前景打开了广阔的视野。然而,也需要注意相关技术的伦理和安全问题,确保机器人的智能使用和合理发展。人工智能和深度学习是促进突破机器人状况的重要途径。

2. 柔性机器人和可变形机器人

柔性机器人和可变形机器人是一类新兴的机器人技术,它们的设计灵感来源于生物体的结构和运动方式。相比传统刚性结构的机器人,柔性和可变形机器人具有更大的适应性和灵活性,使它们能够适应更多种类的任务和环境。

柔性机器人是指由柔性材料构建的机器人,这些材料通常具有高度可变形的特性。这些机器人可以进行类似蠕虫运动的变形,从而能够在狭小、复杂或危险的环境中穿行,例如,在灾难现场进行救援任务或在狭小的空间内执行操作。由于其材料的柔韧性,它们还可以与人类用户更安全地进行交互[8]。

可变形机器人是指可以改变自身形态以适应不同任务和环境的机器人。这些机器人通常具备自主控制或遥控控制系统,使其能够根据需要在不同的形态之间切换。可变形机器人在探索未知或不规则环境时具有优势,因为它们能够适应地形的变化,例如,在探险任务中或在行星表面上执行探索任务。

这两种类型的机器人在许多领域都有潜在的应用,包括探索、救援、医疗、军事、建筑和制造业。它们的出现为解决一些传统机器人难以处理的问题提供了新的解决方案,并为未来机器人技术的发展带来了更多可能性。然而,由于柔性机器人和可变形机器人的复杂性,仍然存在一些挑战,如控制系统的设计和可靠性的提高,这些问题需要进一步地研究和发展。在进一步的创新推动下,柔性机器人和可变形机器人是突破机器人状况的有效方式。

3. 协作机器人

协作机器人(collaborative robots,又称cobots)是一类专门设计用于与人类工作人员一起工作的机器人。与传统的工业机器人相比,协作机器人更加灵活、安全,并且更容易集成到生产线或工作场所中,而不需要独立的安全围栏或防护设施。这使得协作机器人能够直接与人类共享同一个工作空间,共同完成任务。

协作机器人的特点包括以下内容。

安全合作:协作机器人采用先进的传感器技术,如视觉传感器、力/扭矩传感器等,可以实时监测周围环境和与人类的互动。当它们与人类共同工作时,可以实时感知人类的存在并自动减速或停止运动,以避免发生意外碰撞或伤害。

灵活适应:协作机器人通常具有较小的体积和质量,使它们能够在狭小的空间内操作,并适应不同的任务。它们还具备易于编程的特点,可以快速地调整和适应不同的生产需求。

人机交互:协作机器人通常具备直观友好的用户窗口,使得人类工作人员可以轻松地与它们进行交互和指导。这种人机交互使得机器人的操作更加简单和高效。

多样化应用:协作机器人广泛应用于多个行业,包括制造业、物流和仓储、医疗保健等。它们可以协助人类完成装配、包装、搬运、检测和处理等各种任务。

尽管协作机器人的出现大大增加了工作场所的灵活性和效率,但在引入这些机器人时仍需谨慎考虑安全因素,并确保机器人的设计和操作符合相关的安全标准和规范,以保障工人和机器人的安全。

改进机器人之间的协作能力,使它们能够与其他机器人和人类无缝合作,共同完成复杂任务,是突破机器人现状的一个创新领域。

4. 仿生机器人

仿生机器人是受生物学原理启发而设计的机器人,它们的结构和功能模仿生物体的特点和行为。通过模仿生物体的结构和运动方式,仿生机器人旨在实现更高的适应性、灵活性和效率,以应对不同的任务和环境挑战。

仿生机器人的设计可能受到以下方面的影响。

生物体结构:仿生机器人可以模仿动物或昆虫的外形和内部结构。例如,一些仿生机器人的设计灵感来自昆虫的翅膀、鳍状结构或四肢,从而使机器人在空气、水或地面上的运动更加高效。

运动方式:仿生机器人的运动方式通常模仿动物的运动方式,如行走、奔跑、爬行、游泳或飞行。通过模仿这些运动方式,机器人可以更好地适应特定的环境,并执行特定的任务。

感知能力：仿生机器人的感知系统可能受到生物体感官器官的启示。例如，一些仿生机器人使用视觉传感器模仿动物的眼睛，用于实时地感知和理解周围环境。

自主控制：仿生机器人的自主控制系统可以模仿动物的神经系统和智能行为。这些控制系统可以让机器人在执行任务时做出适应性决策，并快速适应变化的环境。

仿生机器人在许多领域都有潜在的应用，包括探险、救援、军事、医疗和环境监测等。通过借鉴自然界的设计原理，仿生机器人在解决传统机器人难题方面具有巨大的潜力。然而，仿生机器人的设计和开发仍然面临技术挑战，如复杂的运动控制、能源供应和材料选择等，需要持续的研究和发展，是突破机器人现状的重要领域，也是具有挑战性的创新领域。

除了上面提到的一些机器人创新突破的类型，还有很多相关创新领域，如改进机器人的可靠性和耐久性，使其能够长时间稳定运行，适应更长时间的任务需求。利用量子计算和量子传感技术，提高机器人的计算能力和感知能力，从而更高效地处理复杂问题。研发更高效的能源和动力系统，延长机器人的使用时间和工作能力。这些也都是突破机器人现状的创新手段。

然而，在机器人创新的过程中，伦理和安全性也是在开发和应用机器人技术时需要考虑的重要问题。随着机器人技术的快速发展，对于如何确保机器人的行为符合伦理标准，并保障其安全性越来越受到关注。以下是关于机器人创新伦理和安全性的一些重要考虑。

伦理标准：在开发机器人技术时，需要考虑伦理标准，确保机器人的行为符合道德和法律要求。这涉及避免机器人对人类或其他生物造成伤害，避免侵犯隐私，以及确保机器人在执行任务时遵循道德准则。

透明度与责任：机器人的行为应该是可解释和可预测的，机器人应该能够解释其决策过程，并为其行为负责。透明度和责任是确保机器人行为符合伦理标准的重要因素。

安全性：机器人应该设计成具有高度的安全性，以防止对人类和环境造成伤害。这包括机器人在与人类共享工作空间时的碰撞检测和避免机制，以及在紧急情况下能够安全停止运动。

数据隐私：对于涉及数据收集和处理的机器人，保护用户数据的隐私和安全至关重要。机器人应该遵守数据保护法律，并采取措施确保数据的机密性和安全性。

社会影响：机器人技术的广泛应用可能对社会产生深远影响。因此，在开发和应用机器人技术时，需要考虑其对社会的影响，并积极参与公众讨论和决策过程。

由此看出，机器人创新伦理和安全性是机器人技术发展中不可忽视的方面。在机器人技术的发展和应用过程中，确保机器人的行为符合伦理标准，并保障其安全性，是保障人类和社会受益的关键。同时，伦理标准和安全性措施的建立需要多方参与，包括科技研究者、法律专家、伦理学家、政策制定者和公众，共同促进机器人技术的可持续发展。

在有效地解决伦理和安全问题的前提下，上面谈到的及未来创新的这些技术将推动机器人技术向更高级、更智能、更灵活和更安全的方向发展，使机器人在更多领域发挥更重要的作用，为人类带来更多便利和创新。

8.4 能量

能量是物理学中一个重要的概念，它是指系统中可以产生物理变化的能力。在自然界中，能量是各种物质和力的基本属性，是许多自然现象和过程的基础。能量在不同形式之间可以相互转换，但总能量在封闭系统内保持不变，符合能量守恒定律。常见的能量形式包括以下内容。

动能：动能是物体由于运动而具有的能量。它与物体的质量和速度相关，公式为动能 $= 0.5 \times$ 质量 $\times$ 速度^2。例如，一个运动中的车辆具有动能，可以执行有关动能的任务，如驱动发动机。

势能：势能是物体由于位置或形状而具有的能量。例如，把一个物体抬高到一定高度，它具有势能。势能可以转换为动能或其他形式的能量，例如，把物体从高处释放，其势能转化为动能，使其开始运动。

热能：热能是物质内部粒子运动的能量。它与物体的温度相关，较高温度表示更多的热能。热能可以用来加热物体或执行其他与温度相关的任务。

电能：电能是电荷在电场中具有的能量。在电路中，电能可以转换为其他形式的能量，如机械能或热能。

化学能：化学能是由化学反应而产生的能量，例如，在燃烧过程中，化学能转换为热能和光能。

能量的单位通常使用国际单位制中的焦耳(Joule)表示。在实际应用中,还使用千焦耳(kiloJoule,kJ)、卡路里(calorie)等单位来表示能量。

能量是自然界中无处不在的基本概念,它在各个领域和科学中都有重要的应用,包括物理学、工程学、化学、生物学等。能源的开发和利用也是人类社会发展的重要课题,因为能量的供给直接影响到社会经济的稳定和可持续发展。

8.4.1 能量的现状

能量的现状主要从能源和电力两方面的主要国家体现出来。

1. 能源

能源是各国经济和社会发展的关键支撑,不同国家在能源生产、消费和转型方面面临着各自的挑战和发展情况。以下是一些主要国家的能源现状概述。

中国:中国是全球最大的能源消费国,依赖煤炭作为主要的能源来源,但在近年来已经开始大力推动清洁能源的发展,包括风能、太阳能和核能。中国在可再生能源方面的投资和发展都取得了显著进展。

美国:美国是全球最大的石油和天然气生产国之一,同时也是可再生能源的重要发展国家。美国在页岩气和油气开采方面取得了显著进展,但也面临能源转型的挑战,以减少对化石燃料的依赖并推动清洁能源的发展。

俄罗斯:俄罗斯是世界上最大的天然气生产国和出口国之一,也是重要的石油出口国。该国对于化石燃料的依赖较大,但也在积极推动可再生能源的开发和利用。

印度:印度是全球第三大能源消费国,其经济发展对能源需求的增长有着巨大影响。印度在可再生能源方面取得了重要进展,包括太阳能和风能的大规模部署。

欧盟成员国:欧盟成员国在能源转型方面一直处于领先地位,致力于减少对化石燃料的依赖,推动可再生能源和能源效率的提高。一些欧盟成员国已经实现了高比例的可再生能源消费,并采取了积极的减排措施。

巴西:巴西是全球可再生能源利用最广泛的国家之一,尤其是生物质和生物燃料的开发利用。巴西在可再生能源产业方面取得了显著进展,并致力于减少对传统石油和天然气的依赖。

每个国家在能源方面都有其独特的挑战和机遇。在全球范围内,许多国家都在推动能源转型,加大可再生能源的发展和利用,以减少碳排放并应对气候变化。能源转型是一个复杂的过程,需要政府、企业和社会各方的共同努力,以实现能源的可持续发展和保障全球能源安全。

2. 发电能力

发电能力是一个国家能源供应和经济发展的重要指标。不同国家的能源发电能力受到能源资源的可用性、经济发展水平、政策支持和技术水平等因素的影响。以下是一些主要国家的能源发电能力现状的简要概述。

中国:中国是世界上最大的能源消费国,也是全球最大的发电国。中国的能源发电能力主要依赖于煤炭和水资源,并逐渐推动可再生能源的发展,包括风能、太阳能和核能。此外,中国还在推进清洁能源和智能电网的建设。

美国:美国是世界上第二大能源消费国和第二大发电国。美国的能源发电能力主要来自石油、天然气、煤炭和核能,同时也在推动可再生能源的发展,尤其是风能和太阳能。

印度:印度是全球第三大能源消费国和第三大发电国。印度的能源发电能力主要来自煤炭和可再生能源,包括太阳能和风能。印度政府积极推动可再生能源的部署,力争实现能源的多元化。

俄罗斯:俄罗斯是世界上最大的天然气生产国和第三大发电国。俄罗斯的能源发电能力主要来自石油、天然气和核能。虽然俄罗斯在可再生能源方面的发展较为有限,但也在逐渐推进风能和太阳能等可再生能源项目。

日本:日本是全球第四大发电国。日本的能源发电能力主要来自进口的石油、天然气和煤炭及核能。由于福岛核电站事故的影响,日本政府在近年来加大了对可再生能源的投资和发展。

德国:德国是欧洲最大的发电国之一,也是全球可再生能源发展的领军国家。德国在推动可再生能源发展方面取得了显著进展,尤其是风能和太阳能。它还制定了一系列政策和目标,以减少对化石燃料的依赖,并逐步淘汰核能。

每个国家的能源发电能力都在不断变化和发展,受到各种因素的影响。在全球范围内,许多国家都在努力实现能源转型,增加可再生能源的比例,以应对气候变化和能源安全等挑战。能源发电能力的发展将继续受到技术创新、政策支持和市场需求等多方面的影响。

8.4.2 突破能量极限的可能的技术创新

突破能量极限是一个备受关注的科技挑战,尤其是在能源领域。科学家和工程师一直在探索各种可能的技术创新,以实现更高效、更清洁和更持久的能源生产和利用。以下是一些可能的技术创新,可以帮助突破能量极限。

1. 核聚变能——人造太阳

核聚变能是一种利用核聚变反应产生能量的能源形式。核聚变是两个轻原子核结合成一个较重的原子核的过程,并释放出巨大能量的过程。这是太阳和恒星内部主要发生的反应过程。

核聚变反应堆通常使用一种可从海水中提取的氢同位素,称为氘(^2H)。当受到高热和高压时,电子被迫离开氘原子,产生等离子体。这种等离子体是一种过热的电离气体,需要用强磁场来控制,因为它的温度可以达到1亿℃以上,是太阳核心温度的10倍。辅助加热系统将温度提高到核聚变所需的水平(1.5亿~3亿℃),通电的等离子体粒子发生碰撞并加热。这些条件允许高能粒子在碰撞时克服其自然电磁排斥力,将它们融合在一起并释放出巨大的能量,如图8-5所示[9]。

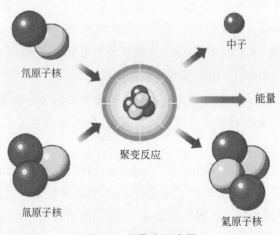

图 8-5 核聚变示意图

核聚变过程中产生的废物主要是稳定的氦气,相对于核裂变产生的放射性废物要少得多。因此,核聚变是一种潜在的清洁、安全和可持续的能源形式,因为它不产生温室气体和长半衰期的放射性废物。此外，核聚变所需的燃料——氘和氚，可以从水中提取，并且在地球上非常丰富。这使得核聚变成为了一个具有吸引力的能源选择。

受控核聚变技术是一种旨在实现可控的、可持续的核聚变反应的技术。这是太阳和恒星内部主要的能源来源。受控核聚变技术的目标是在地球上复制这种能源产生过程，以实现清洁、可持续、高效的能源供应。

受控核聚变的关键挑战之一是创造并维持高温、高密度的等离子体环境，以便核聚变反应能够持续进行。通常，核聚变反应需要在极端的条件下进行，例如，在数百万摄氏度的温度和高压下。为了实现这一目标，科学家们使用了磁约束和惯性约束等不同的方法。

据路透社2023年8月7日的报道，受控核聚变技术取得了重大进展。美国劳伦斯利弗莫尔国家实验室（Lawrence Livermore National Laboratory，LLNL）宣布，时隔仅8个月再次完成了核聚变点火试验。受控核聚变的原料就是氢元素，而1g氢元素聚变所产生的能量相当于8t汽油，氢元素大部分来源于水中，而地球上水资源丰富，所产生的电能可以供我们用到太阳系毁灭。聚变过程还不会产生污染，地球变暖的问题将迎刃而解，一切高耗能的产业包括海水淡化、污染治理、制造业、轻重工业等成本都会极大地降低，人类社会将迎来前所未有的繁荣时代。最重要的就是战争将基本结束，因为人类历史上大部分的战争归根结底都是能源之争，那时候电几乎都是免费的了[10]。

然而，要实现可控核聚变仍然是一个具有挑战性的科学目标。目前，核聚变实验仍面临技术和工程上的困难，例如，高温、高压和稳定的等离子体控制等问题。国际上建设了多个核聚变实验装置，如ITER（国际热核聚变实验堆），旨在探索可控核聚变的可行性。如果成功实现可控核聚变，那么将为人类提供一个清洁、安全且可持续的能源来源，极大地改变全球能源格局，为未来的能源供应带来巨大的潜力，是突破能量极限的重要手段。

2. 超导电力技术

超导电力技术是利用超导材料的特殊性质来提高电力传输和电能输送的效率的技术。超导电力技术的主要目标是实现无损耗的电力传输，以减少电能损耗，提高能源利用效率，并改善电力系统的稳定性和可靠性。超导电力技术的关键特点包括无电阻——超导材料在超导状态下电阻为零，可以无损耗地传导电流。这使得电能在输送过程中几乎不损失,大大提高了电力传输的效率。高电流密度——超导材料可以承载相对较高的电流密度,使得电力输送能力大幅度提高。高磁场容限——超导材料在超导状态下能够承受较高的磁场,这为超导磁体和电力设备的应用提供了可能[11]。

超导电力技术有很多应用场景,如超导电缆,它是将超导材料包裹在绝缘层中制成的电缆。通过使用超导电缆,可以实现高效、大容量的电力传输,减少输电损耗。超导输电线路利用超导材料的无损耗特性,在高压输电线路中替代传统的铜导线,提高电能输送效率。超导材料在制冷条件下可以形成强大的磁场,用于制造超导磁体,如MRI设备、磁悬浮列车和磁能储存系统。利用超导材料制造的超导电机具有高效率和较小的体积,可应用于发电厂、舰船和航天器等。

尽管超导电力技术具有许多优势,如高效率、高容量和稳定性,但目前仍面临一些挑战。其中最主要的挑战是制造和制冷超导材料的成本较高,以及超导材料在高温和高磁场条件下的稳定性问题。随着科技的不断发展和超导材料技术的进步,超导电力技术有望在未来得到更广泛的应用。

2023年7月底,韩国的科学家研发的室温超导LK-99备受关注。华中科技大学的几位博士生在实验室成功合成了可以磁悬浮的LK-99晶体,但其他参数还有待验证。虽然验证结果很有可能LK-99不是室温超导,但是的确给人们带来足够的想象。如果真的实现了室温超导,则特高压输电那一套就要被淘汰了,全世界那么多的高压电线,高压电站可能都会被拆除并改建成超导电线电站,把超导材料铺到马路上、轨道上,高铁的车轮就完全失去了意义,磁悬浮才是最好的解决方法,一个小时从北京开到广州,完全不是梦,是突破能量极限的颠覆性方法。

除了上面的可能颠覆性创新技术之外,还有许多技术创新在不断推进,如通过碳捕获和储存技术,将二氧化碳从工业排放或发电厂排放中捕获,并将其储存在地下或其他地方,以减少温室气体的排放,从而减缓气候变化。太阳能是一种无限可再生的能源来源,通过不断提高太阳能电池的效率和降低成本,可以更有效地利用太阳能来满足能源需求。风能是另一种可再生能源,通过不断改进风力发电技术,可以提高风能的可靠性和产能,为可持续能源转型做出贡献。利用潮汐能的技术可以从潮汐的周期性运动中提取能量,为沿海地区提供一种可再生的能源选择。能量储存技术是解决可再生能源波动性的关键。通过发展高效的能量储存系统,可以在能源需求高峰时储存多余能量,在需求低谷时释放能量。

虽然这些技术创新具有巨大的潜力,但要实现能量极限的突破仍然是一个复杂的任务,需要持续的研究和发展,以及政策和投资的支持。综合利用多种能源形式和能量转换技术,以及持续改进能源利用效率,将有助于实现未来能源系统的可持续和高效发展。

8.5 寿命

人的寿命是指一个人从出生到死亡的时间跨度,也称生命的持续时间。人的寿命是受多种因素影响的复杂结果,包括遗传因素、生活方式、环境因素、社会经济状况和医疗保健水平等。

遗传因素在人的寿命中扮演重要角色。长寿的基因传承可以增加一个人长寿的可能性。然而,遗传并非唯一决定因素,环境和生活方式同样重要。健康的生活方式对于增加寿命和促进健康至关重要,包括均衡的饮食、适量的运动、戒烟和限制酗酒等。居住在有利于健康和长寿的环境中,如洁净的空气、安全的住房和干净的饮用水,有助于提高寿命。社会经济状况对寿命有明显的影响。高收入、良好的教育和医疗保障等因素通常与较长的寿命相关联。现代医疗技术和保健水平的提高可以延长人的寿命。及早发现和治疗疾病、健康检查、疫苗接种等都有助于提高人的生存率和寿命。

全球范围内,人的寿命有显著的地区差异。发达国家通常具有较高的平均寿命,而发展中国家的平均寿命可能较低,这主要是由于医疗条件、经济水平和健康状况的差异。

虽然人的寿命有一定的上限,但随着医学科技和生活水平的不断提高,人类的平均寿命在过去几十年里持续增长。未来,随着科学技术的不断进步,人的寿命可能会继续延长。

8.5.1 寿命的现状

世界上人的寿命正在持续增长,这主要归因于医疗科技的进步、生活条件的改善及公共卫生措施的推广。以下是一些世界上人的寿命现状的概述。

平均寿命:在全球范围内,平均寿命在过去几十年里显著增加。根据世界卫生组织(WHO)的数据显示,截至 2021 年,全球平均寿命约为 72.6 岁。

区域差异:寿命在不同地区和国家之间存在显著差异。在发达国家,平均寿命通常在 75 岁以上,一些国家甚至达到 80 岁以上。而在一些较为贫困的发展中国家,平均寿命可能仍然较低,特别是受到营养不良、疾病和不良卫生条件等因素的影响。

趋势:在全球范围内,平均寿命呈现出持续增长的趋势。这主要归因于医疗技术的不断进步,包括疾病预防、治疗手段的改进,以及更广泛的健康保健服务的普及。

养老人口:由于寿命延长和生育率下降,世界各地都面临着养老人口增加的挑战。这对养老金、医疗保健和社会福利等方面提出了新的需求和挑战。

寿命数据是动态的,会随着时间和各种因素的变化而发生改变。在全球范围内,各国和地区都在努力提高人民的健康水平和生活质量,以进一步延长寿命并改善人们的生活,通过技术创新突破寿命极限。

8.5.2 突破寿命极限的可能的技术创新

人类寿命的极限仍然是一个科学和伦理上的复杂问题。虽然医学和科技的进步已经显著延长了人类的寿命,但要突破人类寿命的极限还存在许多未知和困难。然而,一些可能的技术创新和研究方向可能有助于推动人类寿命的进一步延长。

1. 基因编辑技术

基因编辑技术已经在第 7 章中详细介绍,基因编辑技术可以用来修复、替换或删除特定基因,从而影响生物体的特性和功能。理论上,通过编辑与寿命相关的基因,或者修复与寿命有关的遗传缺陷,可能会影响生物体的寿命。然而,目前关于影响寿命的基因非常复杂,还面临许多挑战,但是仍然是可能突破人类寿命极限的重要技术之一。

基因编辑技术还涉及伦理和道德问题。修改人类基因以延长寿命可能引发一系列伦理争议,包括长寿是否会导致人口过多、社会不平等等问题。因此,任何涉及人类基因编辑的研究都需要经过慎重的伦理审查和监管。

2. 干细胞和组织工程技术

由于对生命科学的重要性,干细胞和组织工程技术也在第 7 章详细探讨,前面的介绍了解到:干细胞和组织工程技术可以帮助修复受损的组织和器官,从而延缓身体衰老和疾病发展。这些技术有望提高人类的健康状况和生命质量。

干细胞是一类具有自我更新和分化为多种细胞类型能力的细胞，它们在组织修复和再生过程中起着重要作用。干细胞治疗可用于治疗各种退化性疾病和损伤，从而改善生命质量，但目前仍处于研究和临床试验阶段。虽然干细胞治疗可能帮助改善一些与寿命相关的健康问题，但直接延长寿命仍需深入研究。

组织工程技术涉及将细胞和生物材料结合以构建人工组织和器官。这项技术可以应用于器官移植，帮助替代或修复受损的组织和器官。通过成功进行器官移植，可以延长患者的生命并提高生活质量。然而，这也受到供体匮乏、免疫排斥等问题的限制。

虽然寿命是一个复杂的生物学现象，受到遗传、环境、生活方式等多种因素的影响。干细胞和组织工程技术可能在一定程度上改善与寿命相关的健康问题，是可能突破人类寿命极限的重要技术之一。

此外，使用干细胞和组织工程技术也需要充分考虑伦理和安全问题，确保治疗的安全性和效果，避免出现不良的副作用或风险。综合来看，干细胞和组织工程技术在改善健康和生命质量方面有潜力，但与寿命的直接关系还需要更多研究来明确。

3. 人工智能

人工智能在医疗和生物医学领域的应用，包括对寿命的影响，正变得越来越重要，而且影响着很多方面，如 AI 在医疗诊断和预测方面具有潜力，可以通过分析大量的医疗数据来辅助医生进行疾病诊断和预测。通过更准确地诊断疾病和早期发现患者健康问题，可以采取更及时有效的干预措施，从而改善生命质量和可能延长寿命。AI 在药物研发过程中可以加速药物筛选和设计，从而更快地找到治疗疾病的药物。此外，通过分析个体的遗传信息、基因组学数据和临床数据，AI 可以帮助定制更个体化的治疗方案，提高治疗效果。AI 可以分析个人的健康数据，提供个性化的健康建议和预防措施，帮助人们更好地管理自己的健康状况。这种健康管理和预防的方法有助于减少慢性疾病的风险，从而可能影响寿命。AI 在生命科学领域可以帮助加速基础研究的进展，从而更好地理解生物学过程和寿命的机制。通过深入探索基因、蛋白质、细胞等方面的信息，人们可以更好地了解寿命的生物学基础。因此，AI 可能从多方面突破寿命极限。

然而，需要注意的是，AI 在医疗和生物医学领域的应用也面临一些挑战和限制。

例如,数据隐私和伦理问题,AI 算法的可解释性,以及在临床实践中的有效性和安全性等问题都需要认真考虑。在实际应用中,需要综合考虑多种因素,确保 AI 技术的有效性、安全性和伦理性。

4. 纳米机器人

纳米机器人是一种极小尺度的机器人,通常在纳米尺度(1/10 亿 m)范围内操作和执行任务。虽然纳米机器人的概念在科幻作品中经常出现,但目前实际应用还处于研究阶段。纳米机器人进入身体不同部位的最佳方式是通过循环系统的"高速公路"——血管。磁力一直是驱动纳米机器人游动的最主流方式。来自苏黎世联邦理工学院和宾夕法尼亚大学的研究团队研发了磁性的人工微管,可在复杂的体内环境里快速可靠地传输磁性微纳米机器人,还有科学家们设计的由 DNA 折纸结构组成的纳米机器人,如图 8-6 所示[12]。

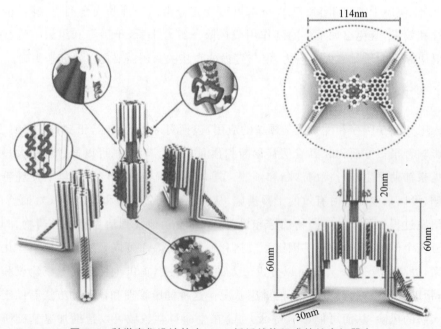

图 8-6 科学家们设计的由 DNA 折纸结构组成的纳米机器人

纳米机器人在医疗领域有潜力应用于诊断、治疗和药物输送等方面,可能会对健康和寿命产生影响。例如,纳米机器人可以设计成可以携带药物或治疗物质,并将其准确地输送到患者的目标部位。这种精确的药物输送可能会提高药物的效率,减少不良反应，并帮助治疗疾病，从而影响健康和寿命。纳米机器人可能在细胞和组织水平上进行修复和再生，从而帮助延缓衰老和促进组织健康。纳米机器人可能用于检测和监测生物体内的微小变化，帮助早期发现健康问题，从而采取更早的干预措施，影响健康和寿命。虽然与目前的基因编辑技术不同，但纳米机器人理论上可以被设计成精确地编辑和修复基因，可能在某种程度上影响与寿命相关的基因变化。

微纳米机器人领域是多学科交叉的前沿研究领域，涵盖生物、化学、物理、材料、电子等领域。随着这些领域的不断发展，微纳米机器人也将不断地融入新技术、新材料，产生新的突破与成果。微纳米机器人可以继续从自然界中汲取灵感，仿效生物细胞内种类繁多、功能多样的分子机器，不断提升微纳米机器人的能力。如同宏观世界中各种工业机器人为人类社会发展带来的巨大推动作用一样，微观世界中微纳米机器人的不断发展也将为人类社会的生活、医疗、健康等方面带来积极而深远的影响，是可能突破寿命极限的重要技术[13]。

需要强调的是，纳米机器人技术目前仍处于实验室研究和概念验证阶段，离实际应用还有很大的距离。此外，纳米机器人的应用也可能涉及伦理、安全性和可控性等问题，需要认真考虑和解决。

5. 新药研发及抗老化药物

新药研发包括抗老化药物，是一个极其复杂和持续的过程。首先新药研发是一个漫长且高风险的过程。研究人员需要从理论和实验室研究开始，逐步进行动物实验和临床试验，以确定药物的安全性、有效性和可能的副作用。这个过程可能需要数年甚至几十年时间。随着许多新药的出现，许多疑难杂症迎刃而解，无疑对延长寿命有着直接影响。同时，科学家们正在积极探索可能的抗老化药物，而抗老化药物的研发也面临复杂的生物学和生理学挑战。衰老是一个多因素、多层面的生物过程，涉及基因、细胞、分子通路等多个层次。因此，开发能够有效干预这些层次的药物是极具挑战性的任务。但目前还没有一种药物被明确证实可以延长人类的寿命。

例如，屠呦呦研究员因发现青蒿素这一杰出的贡献获得了 2015 年诺贝尔生理学或医学奖。屠呦呦研究员是第一个得到有效活性成分（青蒿提取物和晶体）的人。也是第一个证明在人体内青蒿提取物具有抗疟活性的人。青蒿素挽救了数百万人的生命，它对人类健康的改善所起的作用是立竿见影的。青蒿素的发现也改变了抗疟药物研发和疟疾治疗的方向。它的诞生对公众健康、人类生产力和科学研究等方面都有着深远的影响,它的发现被认为是中国对全球人类健康所做出的最重要的贡献之一[14]。

美国顶级癌症治疗和研究机构希望城市(City of Hope)国家医疗中心2023年8月发布公告称,在临床前的研究中,该机构科学家开发出一种能杀死所有实体恶性肿瘤(癌瘤)的靶向化疗药物AOH1996。AOH1996是一款用来遏制肿瘤细胞增殖的口服小分子PCNA(增殖细胞核抗原)抑制剂,如图8-7所示[15]。目前,AOH1996还处于临床前试验阶段,后面还有临床一期、二期、三期,可能需要经历10年甚至更长。如果这项研究最终被成功实现了,那将是人类癌症史上的重大里程碑,至少宣告了实体恶性肿瘤正式退出人类绝症的历史舞台,自然也是会对突破寿命极限产生巨大影响。

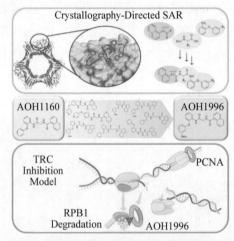

图8-7　AOH1996遏制肿瘤细胞增殖的口服小分子PCNA抑制剂

抗老化药物的目标不仅仅是延长寿命,更重要的是改善健康状况、减缓衰老过程及提高生活质量。一些药物可能会影响衰老相关的生理机制,减少慢性疾病的风险,从而间接地影响寿命。抗老化药物的研发是一个令人振奋但也充满挑战的领域。虽然目前还没有一种药物可以直接延长人类的寿命,但通过研究人员持续努力,希望能够找到可以改善健康和生活质量的新方法。

抗老化药物的研发也引发了一系列伦理问题,如是否应该延长寿命、如何平衡资源分配等。科学家和社会都需要共同思考这些问题,确保研发和应用的合理性,确保其安全性和有效性。

然而,要突破人类寿命的极限,除了技术上的创新,还需要处理一系列伦理、社会和政策问题。人类寿命的延长可能对社会和资源产生巨大影响,如养老金、医疗保健和环境资源等。因此,需要仔细考虑和平衡技术创新的社会影响,同时,积极推动相关研究的发展和规范。

尽管目前的科学水平还无法确定人类寿命的极限,但科学家和医学界的持续努力,可能会在未来为人类寿命的延长带来更多的可能性。

8.6　未来科技与社会责任

8.2~8.5节就摩尔定律、机器人、能量、寿命4个领域对未来科技进行了探讨,已经包括了非常丰富的内容:三维集成、量子计算、芯片材料、光计算、人工智能和深度学习、柔性机器人、仿生机器人、核聚变、超导电力技术、基因编辑技术、干细胞和组织工程技术、纳米机器人、新药研发等广泛的领域,虽然还只是未来科技的一小部分,但是已经足够让人眼花缭乱、浮想联翩了,未来科技的展望充满了无限的可能性,将在各个领域带来深远的变革和影响。科技的发展是一个不断变化的过程,充满了不确定性和挑战。随着技术的进步,社会将需要积极参与讨论和决策,确保科技的应用符合伦理、法律和人类的共同利益。未来科技的发展将给各个领域带来巨大的变革和影响,但同时也需要关注和承担相应的社会责任。以下是一些与未来科技发展相关的社会责任方面应考虑的问题。

伦理和道德:科技的发展可能引发一系列伦理和道德问题,需要权衡技术的应用与其潜在的影响。例如,基因编辑、人工智能、自动驾驶等技术引发了一系列伦理争议,社会需要思考如何平衡技术发展和道德价值,确保科技的应用符合人类价值观。

隐私和数据安全:许多新技术需要收集和处理大量的个人数据。社会需要确保隐私权受到保护,个人数据不被滥用或泄露。同时,技术公司和研究者也需要负起责任,采取措施保障数据安全。例如,社交媒体平台在收集和使用个人数据方面面临伦理和隐私问题。用户的数据隐私需要受到保护,相关公司应该遵循透明、合规的数据使用原则,以及保障用户数据安全。

社会包容性:新技术应该能够普惠所有人,而不仅仅是少数特定群体。例如,"数字鸿沟"可能导致某些人无法获得新技术的好处,进一步加剧社会分化。社会应该关注如何确保科技的普惠性,让所有人都能分享科技带来的好处。

就业和人才培养：自动化和人工智能等技术可能对就业产生影响，一些传统工作可能会被取代。社会需要思考如何为人们提供新的职业机会，以及如何培养人才来适应未来科技的需求。

安全和风险管理：技术的发展可能带来一些风险，如网络攻击、数据泄露等。例如，物联网设备的脆弱性可能被黑客用来入侵用户的隐私。

透明度和可解释性：一些复杂的技术，如人工智能和机器学习，可能难以解释其决策过程。这就需要确保技术的透明度，以使人们能够理解和信任其运作原理。

环境影响：新技术可能对环境产生影响，如电子废弃物、能源消耗等。例如，大规模的数据中心运营可能需要大量的能源，对环境造成负面影响。社会需要在技术发展中考虑环境可持续性，寻找更加环保的解决方案。

社会文化影响：科技的发展可能改变社会文化，影响人们的价值观和行为。例如，社交媒体的普及可能改变人们的社交方式和沟通习惯。

国际合作和治理：科技的发展通常跨越国界，需要国际合作来制定共同的规范和标准。例如，人工智能伦理原则的制定需要国际共识。

总之，未来科技的发展与社会责任密不可分。社会需要确保科技的发展不仅仅考虑经济效益，还要充分考虑伦理、社会、环境等多个维度的影响，以实现科技与人类社会的和谐共存。政府、科研机构、企业和公众都需要共同合作，共同承担起科技发展所带来的社会责任。未来科技创新发展也使科技创新作为"社会责任2.0"的核心要素为"社会责任2.0"的创新发展扩展了空间。

参 考 文 献

[1] 王喆垚.三维集成技术[M].北京：清华大学出版社，2014.

[2] 凡亿教育.首次公开！华为芯片堆叠技术来了[N/OL].今日头条，2022-04-09.

[3] 薄智泉，徐亭.智能与数据重构世界[M].北京：电子工业出版社，2020.

[4] 壹零社."悟空"问世！我国成为第三个具备量子计算机整机交付能力的国家[N/OL].搜狐，2023-02-11.

[5] 刘双锋，孙芳芳.半导体材料系列：第三代半导体碳化硅行业前瞻[R].深圳：中信建投证券股份有限公司，2022.

[6] 罗连发，储梦洁，刘俊俊，等.机器人的发展：中国与国际的比较[J].宏观质量研究，2019，7(3)：

38-50.

[7] AIGC 发展研究[R].清华大学新闻与传播学院元宇宙文化实验室,2023.

[8] JIAO Z D,ZHANG C,WANG W,et al. Advanced Artificial Muscle for Flexible Material: Based Reconfigurable Soft Robots[J]. Advanced Science,2019,6(21):1901371.

[9] 李哲,占豪.商业可控核聚变及先行受益产业链[R].上海:民生证券研究院,2022.

[10] US Scientists Repeat Fusion Ignition Breakthrough for 2nd Time[N]. Reuters,2023-08-07.

[11] 王银顺.超导电力技术基础[M].北京:科学出版社,2011.

[12] 武俊.纳米机器人照进现实还有多远[N].齐鲁晚报,2022-08-18.

[13] 李梦月,杨佳,焦念东,等.微纳米机器人的最新研究进展综述[J].机器人,2022,44(6):732-749.

[14] 苏新专,MILLER L H,李剑.青蒿素的发现与诺贝尔生理学或医学奖[J].中国科学:生命科学,2015,45(11):1148-1152.

[15] GU L,LI M,LI C M,et al. Small Molecule Targeting of Transcription-Replication Conflict for Selective Chemotherapy[J]. Cell Chemical Biology,2023,30(10):1235-1247.

第 9 章

未来科技创新与社会责任的挑战与展望

学习目标

(1) 了解未来科技创新和社会责任的挑战。

(2) 熟悉"科技向善"与时代责任、"科技向上"与精神风貌、"科技向美"与人文融合、"科技向久"与持续发展、"科技向真"与严谨态度、科技创新与企业使命。

(3) 认识社会责任的创新。

在未来的 20 年中,科学技术将成为国家获得优势的关键途径。那些能够利用科技提高生产率的国家将拥有更多的经济机会,并能更有效地解决发展和社会问题。技术发展的速度可能会加快,影响力进一步加强。技术将改变人们的生活,增强人类的能力,帮助人们提高应对老龄化、气候变化和低生产率增长等挑战的潜力。然而,技术发展也可能在社会、产业和国家内部及三者之间带来新的紧张和混乱。全球围绕技术核心要素(如人才、知识和市场)和领先地位的竞争将日益激烈,这可能造就新的技术领导者[1],也为企业社会责任带来机会和挑战,使人们对未来的科技创新充满期待。

9.1 未来科技创新的挑战

信息科技、生物科技、航天科技、"五新技术"(新技术、新工艺、新能源、新材料、新设备)是全球研发投入最大、发展最快的 4 个领域。以芯片和元器件、云操作系统、区块链、人工智能为核心的技术加速发展,人类进入数字化、网络化、智能化和万物互联时代,将对产业结构、产业形态、社会生产生活方式带来决定性影响,全球科技创新进入密集活跃期。同时,未来科技创新也将面临许多挑战。

1. 技术复杂性

随着科技的不断发展,新技术的复杂性也在不断增加。这使得研究人员需要更多的时间和资源来理解和掌握新技术,从而推动科技创新的进程。

2. 资金和资源

科技创新需要大量的资金和资源,包括研究设备、人力资源和资金支持等。这对于许多初创企业和研究机构来说是一个巨大的挑战。数据显示,2019 年全球对研发经费投入最高的是美国,研发投入费用为 4765 亿美元;中国位居第二,投入费用达 3706 亿美元[2]。

3. 法律和道德问题

随着科技的不断发展,涉及法律和道德问题的情况也越来越多。例如,人工智能的发展可能会引发隐私和安全问题,而基因编辑技术可能会引发伦理和道德问题。

4. 竞争和市场压力

科技创新是一个竞争激烈的领域,许多公司和研究机构都在争夺有限的市场份额和资源。这使得科技创新者需要不断地提高自己的技术水平和创新能力,以保持竞争优势。

5. 可持续性和环境问题

科技创新需要消耗大量的能源和资源,这可能会对环境造成负面影响。因此,科技创新者需要考虑如何在保持创新的同时,减少对环境的影响,实现可持续发展。

以上是一些将要面临的挑战,除此以外,还有技术风险、社会接受度等诸多挑战。

9.2 未来科技创新的展望

未来科技创新就是为了更好地服务于人类,其中智能、低碳和健康是人类追求的长远目标。要想有更智能的生活,就需要传感、连接和计算等信息技术进一步打通原子世界和比特世界的壁垒,人工智能、卫星互联网、量子信息、先进计算和人机交互等领域的新变革有望重塑信息基础设施,全面提升智能化水平。低碳是一种以低耗能、低污染、低排放为特征的可持续发展模式,对人类社会的可持续发展具有重要意义[3]。未来科技创新的展望包括以下几方面。

1. 新兴技术的趋势

未来的科技创新将继续围绕人工智能、物联网、大数据、区块链、生物技术、新能源、新材料、量子计算、虚拟与现实等领域展开。这些技术将不断发展,为人类带来更多便利和改变。

2. 技术推动的变革

随着新兴技术的发展,各行各业都将面临技术驱动的变革。例如,人工智能将改变制造业、医疗、教育等领域的生产方式和服务模式;区块链技术将重塑金融、供应链等行业的基础设施。

3. 跨界融合引发创新

不同领域的技术将越来越多地相互融合,产生新的创新机会。例如,生物技术与信息技术的结合将推动生物计算和基因编辑等领域的发展;新能源技术与物联网的结合将促进智能电网和可持续能源系统的建设。

4. 技术竞争日益激烈

随着全球科技创新的加速,各国和企业之间的技术竞争将变得更加激烈。这将推动各方加大研发投入,加快技术创新的步伐。

5. 技术更替速度加快

随着科技创新的加速,技术的更替速度也将不断加快。这意味着,企业和个人需要不断适应新技术,更新自己的知识和技能,以应对不断变化的市场环境。

未来科技创新将继续改变人们的生活和工作方式,为人类带来更多的机遇和挑战。人们需要密切关注新兴技术的发展趋势,把握技术变革的机遇,积极参与跨界融合创新,以应对日益激烈的技术竞争和加快的技术更替速度。

9.3 社会责任的挑战

随着科技不断创新、社会发展的变化,加上当前国际形势,面临全球气候变化、粮食安全危机、国际供应链遭受冲击等诸多问题,使社会责任也面临各种挑战,下面重点说明4方面。

1. 未来科技创新

随着科技创新日新月异,理念创新、产品创新、服务创新、管理创新、经营模式创新等层出不穷,互联网、新媒体、自媒体、自组织千变万化,给社会责任带来创变的空间和手段,也带来了许多不确定性和更大的挑战。随着科技的不断进步,涉及基因编辑、人工智能、生物技术等领域的伦理问题和技术边界变得更加模糊。数字时代的信息爆炸导致了大量信息的传播,包括虚假信息。如何在信息泛滥的环境中保持真实、可靠的信息传播,是一个挑战。如何在科技创新中避免伦理冲突和潜在风险,也成为挑战。社会各方在积极参与科技创新,推动技术的发展和应用的同时,也需要应对科技创新带来的安全和伦理问题的挑战及对现有生活方式改变的挑战,确保科技的发展符合社会和环境的可持续发展。

2. 经济发展新常态

随着经济的发展,可能出现其不均衡化,经济发展不均衡可能导致贫富差距扩大,使社会不平等加剧,影响社会稳定和可持续发展。经济发展对环境和自然资源的需求增加,可能导致生态破坏和资源枯竭,那么就需要实现经济增长与环境可持续性的平衡。因此,在积极推动经济的可持续发展的同时,也需要关注社会公平和环境保护等问题的挑战。

3. 社会发展新变化

现代社会问题通常十分复杂,涉及多个领域和利益相关者。在处理这些问题时,需要平衡不同利益、价值观和意见,以及考虑到问题的多维性。人口老龄化带来社会养老压力,需要建立完善的社会保障体系来支持老年人的生活质量。在解决社会问题时,资源(包括财政、人力、技术等)通常是有限的,如何高效利用资源以实现最大的社会利益是一个挑战。一些社会问题的影响会持续影响多代人,如气候变化对未来世代的影响。如何在当前采取行动,保护未来世代的权益,是一个挑战。

4. 国际经济新环境

国际经济关系紧密相连,但国际合作可能受到政治、经济等因素的影响,需要克服国际合作的障碍,共同应对全球性问题。不同国家之间的贸易争端和经济不稳定可能影响全球经济格局,需要寻找解决方案,维护国际经济秩序。在全球层面,缺乏有效的全球治理机制可能导致一些重要问题无法得到妥善解决,如气候变化、跨国公司责任等。全球化使得不同文化交流增加,但也可能引发文化冲突和社会融合问题,需要平衡文化多样性和社会和谐。中国制定的"一带一路"倡议,在实施的过程中,在参与国际化经营的过程中,要适应不同国家的法律、历史、宗教、文化、民族、民俗等。

社会责任还将面临:政策制定的复杂性、公共健康危机、不平等和社会正义、社会期待不一等挑战。

9.4 社会责任的展望

新一轮科技革命和产业变革中各类颠覆性技术进步和创新层出不穷,为各国科技创新实现跨越发展带来重大机遇,也挑战当前前沿技术储备和科技创新制度环境的适应性。数字经济时代进入深度繁荣期,云计算、物联网、移动互联网、大数据等新一代信息技术更加广泛应用并渗透于经济和社会发展的各个领域,推动信息经济以数字经济、网络经济、分享经济等新面貌涌现,使科技创新从多个维度影响着社会责任。科技创新带来的多形态造就了多重主导角色,清晰了"社会责任 2.0"(social responsivity 2.0)的主角内核。科技创新提高整个社会效率、改善了人们生活体验等,强化了科技创新成为"社会责任 2.0"的核心要素。然而,科技创新又给社会责任带来了许多新的挑战,如数字平台带来的隐私问题、人工智能带来的公平问题、虚拟与现实中虚拟角色如何与现实角色协调问题、生命科学带来的伦理问题等,科技创新也在为社会责任提出思考和挑战,需要在推进科技创新的同时,研究和发展社会责任。

在科技创新引领和强调可持续发展的今天,企业社会责任向"社会责任 2.0"的转化变成必然,在科技创新走向未来的同时,不仅"社会责任 2.0"受到越来越多的关注,而且针对"社会责任 2.0"的研究与实践也越来越受到重视,以便进一步指导科技创新实践。古今中外,凡基业长青的企业,无不以民生为念。承担更多社会责任已成为全球政府、企业和社会公众的共识。唯有服务客户、保护环境、回馈社会、维护道德、创造价值的组织、机构、企业才能赢得社会的尊重,才能筑牢可持续发展的根基。

9.5 科技投资与社会责任

1. 科技投资

科技投资是指投资者将资金投入科技领域的企业、项目或创新中,以期望获得未来的经济回报。除了资金投入,经常还包括将资源和时间投入科技领域,以支持科学研究、技术创新和科技产业的发展。这种投资通常涉及研发新产品、改进现有技术、探索新的科学领域、支持创业企业或市场应用等。科技投资可以涵盖广泛的领域,包括信息技术、生物技术、清洁能源、人工智能、医疗健康等。科技投资通常包括风险投资、私募股权投资、创业投资等不同形式,投资者可能是风险资本家、天使投资者、创业者、企业等。

这种投资可以采取多种形式,包括购买科技公司的股票、投资科技早期公司、购买科技相关的债券或其他证券,或直接资助科技研发项目。科技投资是非常专业的商业活动。科技投资需要投资者具有深入的行业知识、风险管理能力和审慎的投资决策,因此,需要考虑一些关键因素。

1)市场趋势

科技行业的发展速度非常快,新的科技趋势和创新可能迅速改变市场格局。因此,投资者需要密切关注市场趋势,了解新的科技发展和潜在的市场机会。

2)投资风险

科技投资通常涉及较高的风险,因为许多科技项目和公司可能无法成功或实现预期的财务回报。这可能是由于技术失败、市场接受度低、竞争激烈或其他因素。因此,投资者需要仔细评估投资风险,并考虑进行多元化投资以降低风险。

3) 估值

被投项目的估值可能会受到市场情绪、预期增长速度、利润能力和其他因素的影响。在投资时,投资者需要理解这些影响因素,并对公司的估值进行独立的分析。

2. 科技投资与社会责任

在科技创新的时代,科技投资与社会责任之间存在紧密的关系。科技创新的迅速发展为社会带来了巨大的机遇和挑战,科技投资作为推动创新的重要力量,承担着多重社会责任。

科技投资可以加速科技创新,推动社会的技术进步和经济增长。投资者通过支持高风险的科技创新项目,促进新技术、新产品的研发和市场应用,从而推动社会的科技进步。科技创新带来新的产业和业务模式,创造了许多就业机会。科技投资可以帮助创业者和初创企业实现快速扩张,为社会创造更多的就业岗位。科技创新可以解决社会面临的许多问题,如医疗保健、环境保护、能源效率等。科技投资可以支持那些关注社会问题和可持续发展的创新项目,从而促进社会的改善。科技创新与可持续发展密切相关,科技投资可以支持清洁能源、环境保护、资源利用效率等领域的创新项目,为可持续发展做出贡献。科技投资者在选择投资项目时,需要考虑项目的伦理和社会影响。投资者可以选择那些符合道德和社会价值观的创新项目,避免投资可能对社会产生负面影响的领域。

科技投资在科技创新时代承担着多重社会责任,通过支持创新、促进经济发展和社会进步,为社会的可持续发展和进步做出贡献。随着社会责任变得越来越重要,在科技投资中发展出一个门类:影响力投资。

影响力投资也是一种投资方法,旨在不仅追求金融回报,还着重于实现社会和环境方面的积极影响。影响力投资者希望通过他们的投资,推动社会责任、可持续发展和社会变革。影响力投资的主要特点是双重目标,即在实现金融回报的同时,也要产生积极的社会和/或环境影响。投资者追求平衡金融利益与社会责任的目标。影响力投资可以关注各种社会和环境问题,如贫困缓解、环境保护、可再生能源、社会企业支持、教育改善等。投资者可以选择他们感兴趣的领域来进行投资。可以设立专门的影响力投资基金和平台,帮助投资者识别和选择符合其价值观和目标的投资机会。例如，TIAA-CREF Social Choice Equity Fund 是美国一家大型退休金管理公司 TIAA-CREF 推出的基金，旨在支持社会责任。该基金投资于遵循 ESG 标准、具有良好环境、社会和治理记录的公司。中国参与影响力投资的基金有：绿动资本、道资本等。进一步强调履行社会责任的科技创新，目前又慢慢开始了科学捐赠。

科学捐赠是一种资助科学研究和教育的慈善行为，通常由个人、家庭、企业、基金会或其他组织提供。这些捐款可用于支持科学项目、科学机构、研究人员和科学教育。科学捐赠提供了资金支持，有助于推动基础科学研究、应用研究和创新。这种资金支持可用于实验室设备、实验室聘用、研究资金和科学项目的开展。科学捐赠可用于提供科学教育和培训机会。这包括大学课程、研究生奖学金、科学教育项目和科学教师培训。捐赠资金有助于培养科学家和研究人员，鼓励他们进行创新研究，推动科技进步和新技术的开发。科学捐赠可以用于解决社会和环境挑战，如气候变化、疾病控制、清洁能源研究等。这有助于找到创新的解决方案，改善人类生活质量。一些科学捐赠可能用于建立科学研究机构、实验室或科学中心，以推动科学研究和创新。许多著名大学的研究院或实验室的大量资金都来自科学捐赠，随着科技创新及社会责任变得越来越重要，科学捐赠的力度还会不断增加。

科技投资推动着社会责任，发展起来了影响力投资，也萌发了科学捐赠，一起推动着科学研究、科技创新、教育和人才的培养，改善健康、环境、技术和可持续发展领域的问题。确保科技创新对社会的影响是积极的、有益的，履行社会责任和促进可持续发展。

9.6 "科技向善"与时代责任

在 3.5 节中全面介绍了"科技向善"，强调科技创新过程中科技转化为整个社会对善的追求，是以"向善"为目标的使命驱动型创新来服务人和社会。

"科技向善"首先是对内在的善的追求。所谓内在的善，就是要求从科技研发者到普通的用户，在科技活动与科技产品的应用中都应该报以善的意图。从这些好的意图出发，不仅可以促使人们规范自己的行为，划定伦理的底线，而且可以让科技努力站在人性的高处，致力于将科技所强化和重构的物质力量转化为人们的美好生活。更进一步而言，如果将这种内在的善与专业精神和专业荣誉结合起来，科技创新者和应用者就可以在对善的追求中获得一种内在的满足感，甚至养成"向善"的习惯与美德。其次，"科技向善"重视科技活动的过程与后果，力求使其达成外在的善。所谓外在的善，就是要使人们在科技运用中的良好意图切实转换成良好的结果，让包括科技创新者在内的所有人都能从中获益[4]。

具体来讲，"科技向善"作为科技创新的核心准则，而科技创新又是"社会责任2.0"核心要素，因此，"科技向善"各要素与社会责任具有密切联系。

政治："科技向善"可以提高政治透明度，促进民主参与，例如，通过在线投票和社交媒体平台让公民更容易参与政治讨论。

经济："科技向善"可以提高生产效率，创造新的就业机会，例如，通过自动化和人工智能来提高生产力，同时为新兴产业创造就业岗位。

文化："科技向善"可以促进文化交流和理解，例如，通过互联网和社交媒体平台让不同文化的人们更容易互相了解和交流。

环境："科技向善"可以帮助解决环境问题，例如，通过可再生能源技术减少温室气体排放，以及通过遥感技术监测和保护生态系统。

法律："科技向善"可以提高法律服务的效率和公平性，例如，通过在线法律咨询和人工智能法律助手来提供更便捷、更公平的法律服务。

伦理："科技向善"可以帮助我们更好地理解和应对伦理问题，例如，通过人工智能和大数据分析来研究和解决道德困境。

慈善："科技向善"可以提高慈善事业的效率和影响力，例如，通过在线捐款平台和数据分析来更有效地筹集资金和评估项目成果。

"科技向善"引导科技创新对社会责任的积极推动，在各个领域的主体，包括政府、企业、研究机构、各类相关组织和公民的共同努力下，在未来科技发展和创新的过程中关注社会和环境问题，确保科技的应用能够造福人类，承担社会责任。

9.7 "科技向上"与精神风貌

科学精神是人类理性的源泉，是科技文化精髓，人文精神是人类社会和谐进步的基础，两者是人类文化的重要组成部分，体现着整体的精神风貌。而"科技向上"除了突出科技创新方向性的重要性，还承载着精神风貌的内涵，包括价值观、道德观、审美观等方面。

1. 创新

科技创新是推动"科技向上"的关键因素。通过不断创新，人们可以发现新的科技成果，解决现有问题，提高生产效率。科技创新也可以激发人们的创造力和想象力，培养积极向上的精神风貌。

2. 可持续发展

可持续发展是指在满足当前需求的同时，不损害后代子孙的利益。"科技向上"可以为可持续发展提供技术支持，如绿色能源、环保技术等。可持续发展有助于培养人们的环保意识和责任感，提高社会的道德水平。

3. 数字化

数字化是指利用数字技术对信息进行处理、传输和存储。"科技向上"推动了数字化的发展，使得信息传播更加迅速、便捷。数字化可以提高人们的信息素养，培养科学的思维方式和习惯。

4. 教育

"科技向上"对教育产生了深远的影响。一方面，科技进步为教育提供了更多的资源和手段，如在线教育、虚拟现实等。另一方面，"科技向上"要求人们不断学习新知识，提高自身素质。教育可以培养人们的道德观、价值观，提高整体的精神风貌。

5. 科技竞争

科技竞争是国家之间、企业之间争夺科技优势的过程。科技竞争可以激发人们的进取心和创新精神，促进"科技向上"。同时，科技竞争也可能导致一定程度的压力和焦虑，需要妥善引导和调节。

以上从5方面展示了"科技向上"与精神风貌之间存在的密切的联系。"科技向上"可以推动社会进步，提高人民生活水平，培养积极向上的精神风貌。而实现科学精神与人文精神的相互融合发展,不仅要发扬人文精神,体现人文关怀,将人文精神的思想灌入科学精神中,而且还要大力弘扬科学精神,将科学精神求真务实的风范引入人文精神,体现"科技向上"的精神风貌。然而,"科技向上"也可能带来一定的负面影响,如压力、焦虑等。因此,我们需要在"科技向上"的过程中,关注人的全面发展,培养健康的精神风貌,因此,"科技向上"是科技创新相关于精神风貌的参考。

9.8 "科技向美"与人文融合

自现代科学体系诞生以来,人类的认知体系被分为了人文科学、社会科学、自然科学、工程科学等几个门类。但在科学体系更清晰的同时,也人为地在不同领域之间塑造了无形的界限。随着近年来科技创新的突飞猛进,尤其是人工智能、大数据、网络科技的广泛应用,加速了人文与科技之间的融合,人文行为与人文科学经常推动科技的发展,而科技成果也在方方面面赋能人文。"科技向美"就是指科技与美学、人文价值观相结合,以创造更和谐、可持续和人性化的环境和产品,所以"科技向美"恰恰强调了科技的人文特质及属性。

"科技向美"与人文融合就是将科技与人文精神相结合,创造出既具有和谐环境、人文气息的产品和服务,又能满足人们生活需求的科技成果。这种融合体现在以下几方面。

1. 可再生能源

随着科技的发展,可再生能源,如太阳能、风能、水能等越来越受到重视。这些能源的利用有助于减少对环境的破坏,降低温室气体排放,实现能源的可持续利用。

2. 绿色交通和智能交通

绿色交通是指低碳、环保、高效的交通方式,如公共交通、自行车、电动汽车等。智能交通系统则通过信息技术、通信技术等手段,实现交通管理、优化出行方式,提高道路安全性和效率。

3. 智慧城市

智慧城市是指通过信息技术、物联网、大数据等手段，实现城市管理、服务、基础设施等方面的智能化，提高城市的可持续发展能力和居民生活质量。智慧城市的建设有助于实现资源的高效利用，减少能源消耗和环境污染，提高城市的宜居性。

4. 设计美学

科技产品和服务的设计应注重美学，使其更符合人类的审美需求。这包括外观设计、交互设计及用户体验设计等方面。例如，智能家居系统可以根据用户的生活习惯进行自动调整，提高生活品质。

5. 文化传承

科技与人文融合可以帮助传承和发扬人类的优秀文化。例如，数字化技术可以对古籍进行高质量的复制和保存，让更多人能够接触到珍贵的文化遗产。例如，"数字敦煌"的建设，利用了华为 AR 地图的 AI 识别，游客可以在莫高窟景区中，利用 AR 效果来观看那些不能参观的洞窟，极大地丰富了游览体验，实现了虚拟世界与千年文化的交融。

6. 教育普及

科技与人文融合可以通过教育普及，提高公众对科技的认识和接受度。例如，科普教育可以帮助人们了解科技的发展和应用，培养科学素养。

"科技向美"与人文融合的趋势有助于实现人类与自然的和谐共生，提高人们的生活质量，同时，科技与人文的耦合还能带来大量机会，促进社会的可持续发展，所以"科技向美"是科技创新的人文融合的参考。

9.9 "科技向久"与持续发展

"科技向久"是指在技术创新和应用中，注重环境、社会和经济的可持续性，强调的正是持续发展，即在满足当前需求的同时，不损害后代满足其需求的能力。科技发展是人类社会进步的重要驱动力,它为人类带来了许多便利,提高了生活质量,推动了经济增长。科技创新是推动"科技向久"与持续发展的关键因素,包括新技术的研发、新产品的创造、新方法的应用等。当前的国际形势,正在从粮食和营养、卫生、教育、环境及和平与安全等方面为可持续发展带来挑战[5]。为了实现科技的持续发展,需要政府、企业和个人共同努力,加大投入,培养人才,加强国际合作,以应对全球性挑战,如气候变化、资源短缺等。因此,"科技向久"与持续发展的关系在于,通过持续创新、技术可持续性、全效环境影响评估等方面,实现技术对环境、社会和经济的可持续性,从而促进持续发展。

"科技向久"与持续发展的实现需要多方面的努力。以下是一些建议和措施。

政策支持:政府应制定有利于科技创新和发展的政策,为科研机构和企业提供资金支持,鼓励创新和研发。

教育培训:加强科技教育,培养具有创新精神和实践能力的科技人才,为科技发展提供人才保障。

科研投入:企业和科研机构应加大研发投入,推动新技术、新产品的研发和应用。

国际合作:加强国际科技合作,共享科技资源,共同应对全球性挑战。

知识产权保护:加强知识产权保护,为创新者提供良好的创新环境,激发创新活力。

绿色科技:发展绿色科技,推动可持续发展,保护环境,实现人与自然和谐共生。

跨学科研究:鼓励跨学科研究,促进不同领域的知识融合,推动科技创新。

产学研结合:加强产学研结合,促进科研成果转化为实际生产力,推动经济发展。

创新文化:培育创新文化,鼓励创新思维,为科技创新提供良好的社会环境。

通过这些措施,我们可以进一步推动"科技向久"与持续发展,为人类社会的持续进步和繁荣提供强大动力。同时,我们也要关注科技发展带来的挑战和问题,如"数字鸿沟"、隐私保护等,以确保科技发展造福全人类。

科技发展提出了可持续发展问题,是可持续发展的强大动力。而可持续发展战略的实施必须依靠科技进步。我们要以科技创新和体制创新为动力,为可持续发展提供强有力的科学技术支撑,全面推进经济、社会与环境的协调发展。

可持续发展是一个覆盖全方位、多学科、多层次的系统工程、系统理论,不仅在于其理论性、观念性,更在于其探索性和实践性[6]。以信息技术、生物技术、新材料和新能源技术为标志的高新技术革命,是实现"科技向久"与持续发展的当代科学技术基础，并日益发挥着重要的作用，显而易见，"科技向久"强调科技创新的可持续发展。

9.10 "科技向真"与严谨态度

"科技向真"是指在科学技术研究和实践过程中对真实本质的关注、真正科学的追求、真实道德的坚持、价值观及真实能力的强化，而严谨态度就是追求真实、准确和客观的态度，也是实现"科技向真"的重要手段。这种态度对于科学家和工程师来说至关重要，因为科学技术的发展依赖于对现实世界的准确理解和严密推理。

在科学研究和技术开发中，要求具备严密的逻辑思维能力，遵循科学方法，避免因为主观臆断、盲目推测或情感偏见而导致的错误。追求真实和客观，对待科学问题要有实事求是的态度，不断验证和修正自己的观点和理论，以确保研究成果的可靠性和有效性。科学技术研究往往需要长时间的投入和努力，要有持之以恒、勤奋刻苦的精神，不怕困难，勇于攻坚。科学技术的发展需要跨学科、跨领域的合作与交流。要具备良好的团队合作精神，尊重他人的观点和成果，积极参与学术交流，共同推动科技进步。科学家和工程师要具备高度的职业道德和社会责任感，遵循科研伦理，确保科技成果的安全、合法和可持续发展。

"科技向真"与严谨态度是科学技术发展的基石，对于科学家和工程师来说，具备这种态度是实现科技创新和社会进步的关键。无疑，"科技向真"强调的科技创新的严谨态度。

9.11 "社会责任 2.0"的创新

在科技创新的时代，本书首次全面论述了"社会责任 2.0"，但是还仅仅是一个开始。"社会责任 2.0"本身同样需要不断完善和创新，需要更多的研究者及实践者继续探讨与发展。

社会责任的创新是指在现有的社会责任框架内,探索和实施新的方法、策略和实践,以更有效地解决现代社会面临的问题,同时推动可持续发展和社会进步。社会责任的创新可以涉及不同领域和层面,以下是一些社会责任创新可能的领域和方向。

科技驱动的社会创新:利用科技创新解决社会问题,如开发数字解决方案来改善教育、医疗保健和社会服务。例如,在偏远地区推出在线教育平台,提供医疗远程诊断服务等。

社会企业和创业创新:利用商业模式创新来解决社会问题,社会企业将社会责任融入其商业运营中,追求社会和经济的双重效益。例如,提供基于社会价值的产品和服务,如环保产品、公益性就业项目等。

共享经济和社会互助平台:利用共享经济模式促进资源共享,满足社会需求。例如,通过共享经济平台分享闲置物品、共享交通工具,同时减少资源浪费和环境负担。

环境可持续创新:推动环保、可持续能源和循环经济,以减少对环境的影响。例如,推广可再生能源、减少塑料污染,推动资源的循环利用等。

社会投资和社会金融:开发社会投资和社会金融工具,将资金投入有益于社会的项目中,如社会债券、社会投资基金等。

教育和意识提升:开展社会责任教育和宣传活动,提高公众的科技素养、环保意识和社会责任意识。

社会创新竞赛和挑战:举办社会创新竞赛和挑战,鼓励创新者提出解决社会问题的新思路和创意。

跨界合作和伙伴关系:推动不同部门、组织和领域之间的跨界合作,共同解决社会问题。

数字化和数据应用:利用大数据、人工智能等技术来分析社会问题,提供更精准的解决方案。

社会创新政策:政府可以出台鼓励社会创新的政策,提供支持和激励,为社会创新创造良好的环境。

其实,从第4~第8章,包含了丰富的场景和案例,很多还都是在早期状态,有着巨大的创新发展空间。社会责任的创新是不断适应变化的社会需求和挑战的过程,通过创新方法和策略,使社会责任更加灵活、高效地解决问题,从而推动社会的可持续发展和进步。不断科技创新推动社会责任,社会责任在不断履行中创新。

参 考 文 献

[1] 美国国家情报委员会.全球趋势2040：竞争更激烈的世界[R].华盛顿：美国国家情报委员会（NIC），2021.

[2] 2020中国硬科技创新白皮书[R].北京：北京亿欧网盟科技，中国科学大学经济与管理学院，华为技术有限公司，等，2020.

[3] 彭健，滕学强.赛迪观点：未来产业最新动向及趋势展望[R].北京：赛迪工业和信息研究院，2022.

[4] 段伟文.科技向善：为科技确立合乎人性的发展目标[R].北京：科学出版社科学人文分社，2020.

[5] 周宏春，史作廷，江晓军.中国可持续发展30年：回顾、阶段热点及其展望[J].中国人口·资源与环境，2021(9)：171-178.

[6] 莎朗·伯奇·杰弗里.2022年可持续发展目标报告[R].纽约：经济和社会事务部发行之联合国出版物，2022.

后 记

在当今科技引领的时代,无疑科技创新是关注焦点,而科技创新带来的经济高速发展对社会方方面面产生的影响力使得社会责任变得越来越重要。例如,气候变化、资源短缺、贫富差距等问题。在这种背景下,"社会责任2.0"应运而生,它包含了广泛的主体,增加了科技创新要素,以及多维度的社会责任。综合地平衡经济、社会、伦理、环境、科技创新等核心要素,实现高质量的可持续发展。本书完整逻辑如图1所示。

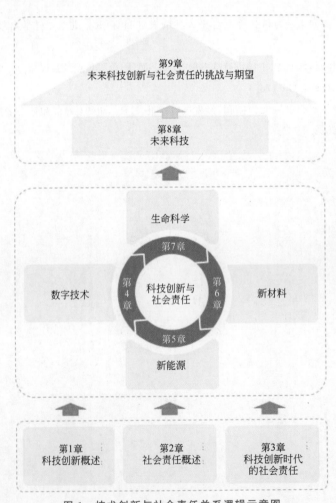

图1 技术创新与社会责任关系逻辑示意图

后记

本书第 1 篇首先介绍了科技创新的概述,包括其定义、类型、过程和影响。科技创新不仅包括技术创新,还涉及管理、组织和商业模式等方面的创新。接下来,讨论了企业社会责任的概述,包括其起源、理论基础、主要内容和实践方法。企业社会责任涵盖了经济、法律、道德和自愿性责任等多个层面,并扩展企业社会责任模型为:"金字塔"(ELEPE)模型和排列模型。在科技创新的时代,重新定义了"社会责任 2.0",进一步扩展为:ELEPES 模型,并设立了新要素科技创新的准则:"科技向善"。在完整地诠释"科技向善"的同时,并提出一系列重要的相关概念:"科技向上""科技向美""科技向久""科技向真",努力从更多维度规范科技创新,使科技创新与社会责任的关系更加生动具象,初步奠定了完整和系统的理论基础。

第 2 篇围绕四大科技创新方向展开:数字技术、新能源、新材料、生命科学,这些科技领域都是与社会责任具有高关联度的。科技创新是推动社会进步和经济发展的重要引擎。通过不断引入新的技术和创新方案,使从国家到社会,从企业到个人,都能够提高效率、优化资源利用、改善服务和体验,并在全球竞争中保持竞争优势。同时,科技创新也为解决社会和环境问题提供了新的可能。数字技术的快速发展创造了数字化转型的机遇,新能源和新材料的研发为可持续发展带来了新的希望,生命科学的进步为人类健康和医疗领域带来了革命性的突破。在四大科技创新领域里,又进一步在其中选择一些深刻影响着社会、环境、民生、可持续发展战略意义的场景,例如,数字技术的"东数西算"和智慧农业,新能源的"百乡千村"计划和电动汽车,新材料的纳米材料和光伏玻璃,生命科学的基因工程和脑科学,使科技创新与社会责任的关系呈现得更系统、更形象、更立体。科技创新与社会责任是相辅相成,互为依托的。科技创新需要各方力量的支持和努力,而社会责任意识又促使在科技创新中考虑社会、环境及伦理等的影响。只有将科技创新与社会责任相结合,才能实现可持续的发展和社会的共同进步。

未来科技的发展给人们带来丰富的想象空间,过去 50 年,甚至 20 年前认为不可能的,很多都变成了现实,未来的 20 年甚至 50 年就更有太多的可能性了,而且对社会和环境的影响会越来越大。第 3 篇仅仅是选择一些具有代表性的,如机器人的极限、寿命的极限等,并梳理"科技向善"及其相关概念的核心特性或关联要点,说明了"科技向善"及其相关概念对科技创新的指导或参考作用,为"社会责任 2.0"的完善、发展及实践提供了思路和方向,努力成为本书推出的理论体系的新的起点。

近些年来,关于科技创新与社会责任的文章层出不穷,然而,目前为止还没有针对科技创新与社会责任进行系统性的分析,由于编者水平有限,因此,本书试图做一些尝试,意在抛砖引玉。

在结束本书的同时,呼吁各界共同努力,携手关注科技创新时代的社会责任的发展和实践。只有通过合作与共享,才能共同创造一个更加繁荣、可持续和公正的未来。

祝愿大家在科技创新和社会责任的道路上获得成功!

编　者

2024 年 3 月